高等学校财会类专业核心课程系列教材

会 计 学

主 编 谭 青

西安电子科技大学出版社

内 容 简 介

会计学不仅是会计、财务管理、审计专业的入门课程，也是经管类专业必修的一门专业课。本书面向非会计学专业学生，根据市场环境和企业对会计人才的现实需求，围绕会计基础、财务管理、成本会计三个方面系统地介绍了会计的基本概念和核算方法，以及财务报表、成本会计、管理会计、财务管理等相关知识。书中将会计的重要内容系统、全面地融为一体，在会计核算的基础上增加了经营管理决策、成本决策、投资决策等内容，可丰富非会计学专业学生的会计专业知识，并有助于提升其经营管理、成本决策和投资分析的能力。

本书专门为非会计学专业的本科生编写，也可作为会计从业人员的培训教材或会计入门者的自学参考书。

图书在版编目(CIP)数据

会计学/谭青主编. —西安：西安电子科技大学出版社，2022.8
ISBN 978 - 7 - 5606 - 6544 - 3

Ⅰ. ①会⋯   Ⅱ. ①谭⋯   Ⅲ. ①会计学—高等学校—教材
Ⅳ. ①F230

中国版本图书馆 CIP 数据核字(2022)第 119383 号

策　　划　陈　婷
责任编辑　陈　婷
出版发行　西安电子科技大学出版社(西安市太白南路 2 号)
电　　话　(029)88202421　88201467　　邮　编　710071
网　　址　www. xduph. com　　　　电子邮箱　xdupfxb001@163. com
经　　销　新华书店
印刷单位　咸阳华盛印务有限责任公司
版　　次　2022 年 8 月第 1 版　2022 年 8 月第 1 次印刷
开　　本　787 毫米×1092 毫米　1/16　印张　17.5
字　　数　414 千字
印　　数　1~4000 册
定　　价　48.00 元
ISBN 978 - 7 - 5606 - 6544 - 3/F
XDUP 6846001 - 1

＊＊＊如有印装问题可调换＊＊＊

前　言

在经济全球化的背景下，"会计"作为一个信息系统，面临着更多的发展机遇和竞争压力。"会计"以核算为手段，目的是为企业提供解决经营管理、成本核算和投资决策等问题的行动方案，提高企业的经济效益，降低代理成本，成为企业之间成本最低的一种信任机制。"会计"本质上是企业经济管理控制系统的重要组成部分。"会计学"作为经济、工商管理等非会计专业的一门基础课程，目前授课内容与会计学专业的"会计学基础"基本雷同，主要聚焦于会计的借贷记账法、会计科目、会计账户、会计程序、经济业务的账务处理和编制财务报表，不太适合非会计专业的学生全面了解会计及财务等综合知识的需求。经济和管理学等专业的学生学习"会计学"的目的，不是为了将来从事会计核算工作，而是要明白会计数字的形成过程、经济内涵，为经济业务运行提供正确决策。会计和财务的相关知识是经济系统的重要组成部分，非会计学专业的学生掌握这些知识能形成一定的复合性思维，拓展职业能力，并对其未来职业生涯的规划和发展起重要作用。因此，非会计学专业的学生学习"会计学"的目的与会计学专业的学生学习"会计学基础"的目标存在明显差异。目前很多高等院校的非会计学专业虽然设置了"会计学"课程，但几乎采用的都是"会计学基础"相关教材，局限于会计核算系统的相关内容，这显然不适合非会计学专业学生未来职业生涯对财会知识的需求。

本书基于《会计法》《企业会计准则》等国家有关财经法规，立足非会计学专业学生的现实需求，在阐明会计基本概念和理论框架的基础上，沿着企业经济业务发生、发展的主线，融入企业经营决策、成本决策、投资决策等重要内容，旨在帮助学生形成会计思维，并将会计与业务紧密结合，培养学生会计知识具体运用和财务事项决策等能力。

本书的特色体现在三个方面：一是将"会计学基础"的知识体系全面、系统地融入书中，并根据目前会计信息化进程的具体情况缩减了基础会计中有关账户、凭证、账簿、核算组织程序等相关内容，力求与时俱进；二是本书不但介绍了会计流程和方法，还包含了管理会计、成本会计、财务管理中的一些核心知识点及重要内容，通过对本书的学习，学生将了解会计核算的基本知识和技能，掌握企业经营管理决策、成本核算的方法、手段，熟悉相关投资决策等实战业务，实现业财融合；三是内容深入浅出，结合理论知识和相关例题强化学生对会计和财务理论知识的理解，在每章后均通过客观题、思考题及案例分析题强化学生对理论知识的掌握和实务知识的运用。

本书既可作为高等院校非会计专业学生学习"会计学"的教材，也可作为想要从事会计实务的读者自学成才、形成会计思维的参考书，还可作为中国资本市场爱好者了解上市公司财务状况、熟悉会计相关知识并进行投资决策的首选读物。

本书在内容和编写思路方面都是一次新的尝试，尽管力争包括企业财务会计实务工作中的重要内容，反映会计法规、会计准则的最新变化，但限于编者水平，书中难免存在不足和疏漏之处，恳请广大读者和同行专家不吝批评指正。

编　者

2022 年 5 月

目　　录

第1章　总　　论

【学习目标】　掌握与会计相关的基本概念、职能与目标、会计要素、会计等式和会计核算方法，理解会计核算的基本前提和确认基础，了解会计的计量属性和会计信息质量要求，熟知会计职业道德规范、胜任能力与职业判断等内容及相关要求。

【引导案例】　中国古代位于云南地区的佤族人把一根绳索高挂于墙上，用于记载与清算债权、债务。他们将一根用来记载或记事的绳索分为三个区间，分别代表放债数额、放债利息和放债时间。如在绳的上部结出三个大结，表示已借出去三元滇币；在绳的中间结出一个大结和一个小结，表示每半年应收一枚滇币的利息；在绳的下部结出三个大结和一个小结，则表示上述债务已经借出去三年半了。

讨论：根据上述资料讨论会计的目标。

1.1　会计的含义、职能与目标

1.1.1　会计的含义

物质资料的生产是人类社会存在和发展的基础，会计是一种社会现象，作为一项记录、计算和汇总工作，它一开始就以管理的形态出现。会计与社会生产发展有着不可分割的联系，社会愈发展，会计愈重要。

在原始社会，人们为了满足计算生产成果等需要，产生了计数和计算。在文字产生以前，这种计算是用"结绳记事""刻木记事"或凭人们的记忆来进行的。在文字产生以后，人们开始对物质资料生产与消耗使用文字记载。奴隶社会和封建社会的会计主要是用来核算和监督政府开支，即为官方服务的。随着商品货币经济的发展，特别是在欧洲产业革命以后，生产日益社会化，生产规模日趋扩大，需要会计从价值量的角度全面、完整、系统地对其内涵及外延不断丰富和发展。

广义地说，会计是为了满足决策和管理的需要而对一个主体(如企业等组织)的经济信息进行确认、计量、记录和报告的过程。会计包括三层含义：其一，会计的目的是决策和管理的需要，具体的服务对象包括会计主体的管理者、所有者、债权人、潜在投资者、公司员工、有关政府部门(如税务当局)等；其二，会计的对象是会计主体发生的经济业务所生成的各种经济信息；其三，会计的手段和工作过程包括确认、计量、记录和报告。目前国内外对于会计的定义主要有两种观点：管理活动论和信息系统论。管理活动论认为会计是一项管理活动，信息系统论则强调会计是向利益相关者提供经济决策所需的信息。总体而言，会计是以货币为主要计量单位，反映和监督一个单位经济活动的一项经济管理工作。

1.1.2　会计的职能

会计的职能是指会计在经济管理工作中所具有的功能或能够发挥的作用,包括核算、预测、参与决策、监督等。随着经济的发展和对管理要求的提高,会计职能也在不断变化,会计的基本职能是核算与监督。

会计的核算职能是以货币计量为主要单位,对各种单位经济业务活动或者预算执行情况及其结果进行连续、系统、全面的记录和计量,并据以编制会计报表。会计的监督职能是指会计具有按照一定的目的和要求对企业和行政事业单位的经济活动进行控制,使之达到预期目标的功能。会计的两个基本职能是密不可分、相辅相成的。核算职能是监督职能的基础,如果没有会计核算提供可靠、完整的会计信息,会计监督就没有客观依据,也就无法进行有效监督;监督职能又是核算职能的保证,不进行监督、控制,就不可能提供真实、可靠的会计信息,也就不能发挥会计管理的能动作用。

1.1.3　会计的目标

对于会计的目标,存在决策有用观和受托责任观两种学术观点。决策有用观认为会计的目标是要向信息使用者提供决策有用信息;受托责任观则认为资源的受托方要有效管理资源,承担资产保值增值责任,如实报告受托责任履行情况。两个观点适用的经济环境有所区别。

我国《企业会计准则——基本准则》第四条规定:财务会计报告的目标是向财务会计报告使用者提供与企业财务状况、经营成果和现金流量等有关的会计信息,反映企业管理层受托履行责任情况,有助于财务会计报告使用者做出经济决策。

1.2　会计对象、会计要素与会计等式

1.2.1　会计对象

会计对象是指会计核算和监督的内容,即会计工作的客体。由于会计通常以货币为主要计量单位,对特定会计主体的经济活动进行核算和监督,因而会计并不能核算和监督社会再生产过程中所有的经济活动,而只能核算和监督社会再生产过程中能够用货币表现的各项经济活动。以货币表现的经济活动通常又称为价值运动或资金运动。

资金运动包括特定对象的资金投入、资金循环和周转、资金退出等过程,下面以制造业企业为例说明资金运动的过程。

1. 资金的投入

制造业企业进行生产经营资金的来源包括所有者投入的资金和债权人投入的资金两部分,前者属于企业所有者权益,后者属于企业债权人权益——企业负债。投入企业的资金用于购买机器设备、原材料并支付职工的工资等,最终构成企业流动资产、非流动资产和费用。

2. 资金的循环和周转

制造业企业的经营过程包括供应、生产和销售三个阶段。在供应过程中企业要购买原

材料等劳动对象，发生材料买入价、运输费、装卸费等材料采购成本，与供应单位发生货款的结算关系。

在生产过程中，劳动者借助劳动手段将劳动对象加工成特定的产品，同时发生原材料消耗、固定资产磨损的折旧费、生产工人劳动耗费的人工费等。在销售过程中将发生销售费用、收回货款、交纳税金等业务活动。综上所述，资金的循环就是从货币资金开始依次转化为储备资金、生产资金、产品资金，最后回到货币资金的过程，周而复始。

3. 资金的退出

资金的退出包括偿还债务、上缴各项税金、向所有者分配利润等，退出使得这部分资金离开本企业，不再参与企业资金的循环与周转过程。

上述资金运动的三个阶段是相互支持、相互制约的统一体，没有资金的投入，就没有资金的循环与周转，就不会有债务的偿还、税金的缴纳和利润的分配等；随着部分资金的退出，新一轮资金投入，企业将不断进步和发展。

1.2.2 会计要素

会计要素是对会计核算对象的基本分类。我国《企业会计准则——基本准则》将企业的会计要素分为六类，即资产、负债、所有者权益、收入、费用和利润。其中，前三项反映企业在某特定日期的财务状况，又称静态会计要素；后三项反映企业一定时期的经营成果，又称动态会计要素。

1. 反映企业财务状况的会计要素

1) 资产

《企业会计准则——基本准则》第二十条规定：资产是指企业过去的交易或事项形成的，由企业拥有或控制的，预期会给企业带来经济利益的资源。

资产具有以下特点：

第一，资产是由过去的交易或事项形成的。也就是说，作为企业资产，必须是现实的而不是预期的资产，它是企业过去已经发生的交易或事项所产生的结果，包括购置、生产、建造等行为或其他交易或事项。预期在未来发生的交易或事项不形成资产，如计划购入的机器设备等。

第二，资产是由企业拥有或控制的。所有权的概念包括占有、使用、支配和处分权。控制是指企业对某些资源虽然不享有所有权，但该资源能为企业所控制。

第三，资产是预期能给企业带来经济利益的流入。预期会给企业带来经济利益是指直接或者间接导致现金和现金等价物流入企业的潜力。例如，厂房机器、原材料等可以用于生产经营，制造的商品出售后回收货款可带来相应的现金流入。

资产按流动性可以分为流动资产和非流动资产。

流动资产指企业可以在一年或者超过一年的一个营业周期内变现或者耗用的资产，如应收账款、存货等。有些企业经营活动比较特殊，其经营周期可能长于一年，如造船、大型机械制造，从购料到销售商品直到收回货款，周期比较长，往往超过一年，这时要将经营周期作为划分流动资产的标志。

非流动资产是指不能在一年或者超过一年的一个营业周期内变现或者耗用的资产，如长期投资、固定资产、无形资产等。按流动性对资产进行分类，有助于掌握企业资产的变现能力，从而进一步分析企业的偿债能力和支付能力。一般来说，流动资产所占比重越大，说明企业资产的变现能力越强。在流动资产中，货币资金、短期投资比重越大，则支付能力越强。

2) 负债

负债是指过去的交易或者事项形成的、预期会导致经济利益流出企业的现时义务。

负债具有以下特点：

第一，负债是由过去的交易或事项形成的。只有过去的交易或事项才形成负债，企业在未来发生的承诺、签订的合同等交易或者事项不形成负债。

第二，负债是企业承担的现时义务。企业的经济活动结果不一定都会形成会计上的负债。因为未来经济业务可能产生的经济责任暂时尚不存在，所以就不能确认为会计上的负债。

第三，负债预计会导致经济利益流出企业。一般来说，企业履行偿还义务时，会支付现金、提供劳务、转让其他财产等。同时，未来流出的经济利益的金额能够可靠计量。

按偿还期限的长短，一般将负债分为流动负债和非流动负债。预期在一年或一个经营周期内到期清偿的债务属于流动负债，例如短期借款、应付账款等。除上述情形外的债务，即为非流动负债，一般包括长期借款、应付债券、长期应付款等。

3) 所有者权益

所有者权益是指企业资产扣除负债后，由所有者享有的剩余权益。所有者权益又称股东权益。所有者权益是所有者在企业资产中享有的经济利益，其金额为资产减去负债后的余额，又称为净资产。

相对于负债，所有者权益具有以下特点：

第一，所有者权益不像负债那样需要偿还，除非发生减值、清算破产。

第二，企业清算时，负债往往优先清偿，而所有者权益只有在清偿所有的负债之后才返还。

第三，所有者权益能够分享利润，而负债则不能参与利润分配。所有者权益在性质上体现为对企业资产的剩余收益，在数量上也就体现为资产减去负债后的余额。

所有者权益按其来源主要包括所有者投入资本、直接计入所有者权益的利得和损失、留存收益等。

(1) 所有者投入资本是指所有者投入企业的资本部分，包含实收资本和资本公积(资本溢价)两部分。

① 实收资本是投资者按照企业章程或合同、协议的规定，实际投入企业的资本，从企业角度来说就是实际收到投资者缴入的资本，股份有限公司称为股本。

② 资本公积是投入资本超过注册资本或者股本部分的金额，即资本(股本)溢价等。

(2) 直接计入所有者权益的利得和损失是指不应计入当期损益、会导致所有者权益发生增减变动、与所有者投入资本或者与向投资者分配利润无关的利得或损失。

① 利得是指由企业非日常活动形成的、会导致所有者权益增加的、与所有者投入资本无关的经济利益的流入。

② 损失是指由企业非日常活动形成的、会导致所有者权益减少的、与向所有者分配利润无关的经济利益的流出。

（3）留存收益是指企业历年实现的净利润留存在企业的部分，主要包括盈余公积和未分配利润。

① 盈余公积是指企业按照规定的比例从净利润中提取的法定盈余公积和任意盈余公积。企业的盈余公积可以用于弥补亏损、转增资本和分配利润。

② 未分配利润是企业留待以后分配的结存利润。

2. 反映企业经营成果的会计要素

1）收入

收入是企业在日常活动中形成的、会导致所有者权益增加的、与所有者投入资本无关的经济利益的总流入。

收入具有以下特点：

第一，收入是企业在日常活动中形成的。日常活动应理解为企业为完成其经营目标所从事的经常性活动以及与之相关的活动。而企业非日常活动所形成的经济利益的流入不能确认为收入，应计入利得。

第二，经济利益总流入。经济利益是指现金或最终能转让为现金的非现金资产。收入只有在经济利益很可能流入，从而导致资产增加或者负债减少，经济利益的流入额能可靠计量时才能予以确认。经济利益总流入是指本企业经济利益的流入，包括销售商品收入、劳务收入、使用费收入、租金收入、股利收入等主营业务和其他业务收入，不包括为第三方或客户代收的款项。

第三，收入会导致所有者权益的增加。不符合这一特征的经济利益的流入不属于企业收入。例如：旅行社代客户购买门票、飞机票等收取的票款，性质上属于代收款项，应作为暂收应付款计入相关的负债类科目，而不能作为收入处理。

第四，收入与所有者投入资本无关。所有者向企业投入资本也会导致经济利益流入，但这并不是在日常活动中产生的，增加的是所有者权益，不能确认为企业收入。

收入的确认至少应当符合以下条件：与收入相关的经济利益应当流入企业；经济利益流入企业的结果会导致资产的增加或者负债的减少；经济利益的流入额能够可靠计量。

以上收入是指狭义的收入，又称为营业收入。广义的收入还包括营业外收入。

2）费用

费用是指企业在日常活动中发生的、会导致所有者权益减少的、与向所有者分配利润无关的经济利益的总流出。费用与收入相配比，即为企业经营活动中取得的盈利。

根据费用的定义，确认费用的条件是：

第一，在日常活动中发生。企业在销售商品、提供劳务等日常活动中所发生的费用，可划分为两类：一类是企业为生产产品、提供劳务等发生的费用，应计入产品成本，包括直接材料、直接人工和制造费用；另一类是不应计入成本而直接计入当期损益的期间费用，包括管理费用、财务费用和销售费用。成本和费用均反映资金的耗费，产品是成本的实物承担者，费用则与期间相关。

第二，经济利益流出。费用与收入相反，是企业资金的付出，会减少企业的所有者权益，其实质是一种资产流出，最终导致企业资源减少。费用只有在经济利益很可能流出从而导致企业资产减少或负债增加，而且经济利益的流出额能够可靠计量时才能予以确认。

第三，费用与向所有者分配利润无关。企业向所有者分配利润可能会导致经济利益流出企业，但结果是企业利润的减少而不是费用增加，不应确认为费用。

以上费用是指狭义的费用，又称为营业费用。广义的费用还包括营业外支出。

3）利润

利润是企业在一定会计期间的经营成果，即收入与费用配比相抵后的净额。利润的确定是会计计量的核心，企业利润的取得，通常显示为以货币额表现的资产的净增加。

利润为营业利润和营业外收支净额的总额减去所得税费用之后的余额。营业利润是企业在销售商品、提供劳务等日常活动中产生的利润。营业外收支是与企业的日常经营活动没有直接关系的各项收入和支出，营业外收入项目主要有捐赠收入、固定资产盘盈、处置固定资产净收益、罚款收入等，营业外支出项目主要有固定资产盘亏、处置固定资产净损失等。利润总额反映企业生产经营的最终结果和企业的获利能力。

1.2.3　会计等式

会计等式又叫会计平衡公式，是关于会计要素之间基本关系的结构模式，用来说明会计要素变动的数量关系和产权归属关系。它是设置会计账户、复式记账和编制会计报表的理论依据。

在某一特定会计期间，资产、负债和所有者权益具有下列基本关系：

$$资产＝负债＋所有者权益$$

上述会计等式具有以下含义：① 在会计期间的某一时日（如期初、期末等）企业的资产总额等于其当日的负债总额和所有者权益总额之和；② 作为企业资金占用形式的资产只有两个来源，即股东和债权人；③ 资产、负债和所有者权益之间的变动具有内在联系，有一定数额的权益（债权和所有权），就必然形成相应数额的资产。

例如，一个初创企业发生了三笔业务：

① 公司发起人投入 300 万元作为实收资本；② 从银行贷 300 万元购买固定资产；③ 公司用银行存款 300 万元归还银行借款。这三笔业务形成以下平衡关系：

资　产		负债和所有者权益	
＋银行存款	300 万元	＋实收资本	300 万元
＋固定资产	300 万元	＋短期借款	300 万元
－银行存款	300 万元	－短期借款	300 万元

在某一特定会计期间，收入、费用和利润具有下列基本关系：

$$收入－费用＝利润$$

收入、费用和利润之间的关系实际上是利润计量（收益决定）的基本模式。其基本含义是：① 收入的取得、费用的发生直接影响企业期间利润的确定；② 来自特定会计期间的收入与其相关费用进行配比，可以进而确定企业的利润数额；③ 利润是收入与相关费用比较的差额。

例如，某企业购买 A 产品 100 个，每个产品的售价为 50 元，成本是 20 元，其中销售费用为 1 000 元,支付管理人员工资为 1 000 元。在这一特定会计期间,企业 A 产品的收入、费用和利润之间的动态平衡关系如下。

项 目	本月数/元
一、营业收入	5 000
减:营业成本	2 000
销售费用	1 000
管理费用	1 000
二、营业利润	1 000

从企业经济活动的整体上看,企业经济交易的发生不仅会导致静态会计要素发生变动,而且也会使动态会计要素同时发生变动。因此,基于企业资金运动状态的各个会计要素之间还具有下列关系:

$$资产＋费用＝负债＋所有者权益＋收入$$

1.2.4 会计核算方法

会计核算方法是对会计对象进行连续、系统、全面的核算和监督所应用的方法。会计核算主要包括七种专门的方法:设置会计科目及账户、复式记账、填制和审核凭证、登记账簿、成本计算、财产清查和编制会计报表。这七种方法相互联系共同组成会计核算的方法体系。

1. 设置会计科目及账户

设置会计科目及账户是对会计对象具体内容进行的分类反映和监督方法,是根据会计对象具体内容的不同特点和经济管理的不同要求选择一定的标准进行分类,并事先规定分类核算项目,在账簿中开设相应的账户,以取得所需要的核算指标。

正确、科学地设置会计科目及账户,细化会计对象,提供会计核算的具体内容,是满足经营管理需要,完成会计核算任务的基础。

2. 复式记账

复式记账是指对每一项经济业务都要在两个或两个以上相互联系的账户中进行登记的一种方法。复式记账一方面能全面、系统地反映经济业务引起资金运动增减变化的来龙去脉;另一方面可通过账户间的平衡关系检查会计记录的正确性。

3. 填制和审核凭证

各单位发生的任何会计事项都必须取得原始凭证,证明其经济业务的发生或完成。原始凭证要送交会计审核其填制内容是否完备、手续是否齐全、业务的发生是否合理合法等,经审核无误后,才能编制记账凭证。审核和填制会计凭证能保证会计记录的完整、可靠，提高会计核算质量。

4. 登记账簿

登记账簿就是根据会计凭证采用复式记账法，把经济业务分门别类、内容连续地在有关账簿中进行登记的方法。借助于账簿，就能将分散的经济业务进行分类汇总，系统地提供每一类经济活动的完整资料，了解一类或全部经济活动发展变化的全过程，适应经济管理的需要。

5. 成本计算

成本计算是按照一定对象归集和分配生产经营过程中发生的各种费用，以便确定各对象的总成本和单位成本的一种专门方法。例如，工业企业要计算生产产品的成本，就要把企业进行生产活动所耗用的材料、支付的工资以及发生的其他费用加以归集，并计算产品的总成本和单位成本。产品成本是综合反映企业生产经营活动的一项重要指标。正确地进行成本计算可以考核生产经营过程的费用支出水平，同时又是确定企业盈亏和制定产品价格的基础，并为企业进行经营决策提供重要数据。

6. 财产清查

财产清查就是通过对各项财产物资、货币资金进行实物盘点，对往来款项进行核对，以查明实存数同账存数是否相符的一种专门方法。财产清查中发现有财产、资金账面数额与实存数额不符的情况，应该及时调整账簿记录，使账存数与实存数一致，并查明原因，明确责任。通过财产清查，可以查明各项财产物资、债权债务、所有者权益的情况，可以促进企业加强物资管理，保证财产的完整，并能为编制会计报表提供真实、准确的资料。

7. 编制会计报表

编制会计报表是根据账簿记录的数据资料，采用一定的表格形式，概括、综合地反映各单位在一定时期内经济活动过程和结果的一种方法。编制会计报表是对日常核算工作的总结，是在账簿记录基础上对会计核算资料的进一步加工整理。会计报表提供的资料是进行会计分析、会计检查的重要依据。

从填制会计凭证到编制会计报表，一个会计期间（一般指一个月）的会计核算工作即告结束，然后按照上述程序进入新的会计期间，如此循环往复，持续不断地进行下去。这个过程也称为会计循环。

上述会计核算的方法相互联系、密切配合，构成了一个完整的核算方法体系。这些方法相互配合运用的程序如下：

（1）经济业务发生后，取得和填制会计凭证。

（2）按会计科目对经济业务进行分类核算，并运用复式记账法在有关会计账簿中进行登记。

（3）对生产经营过程中的各种费用进行成本计算。

（4）对账簿记录通过财产清查加以核实，保证账实相符。

（5）期末，根据账簿记录资料和其他资料实行必要的加工计算，编制会计报表。

会计核算方法体系如图 1-1 所示。

```
┌─────────────────────────────┐
│      取得和填制会计凭证        │
└─────────────────────────────┘

┌─────────────────────────────────────────────┐
│  进行分类核算，并运用复式记账法在有关会计账簿中进行登记  │
└─────────────────────────────────────────────┘

┌─────────────────────────────┐
│         进行成本计算          │
└─────────────────────────────┘

┌─────────────────────────────┐
│    对账簿记录通过财产清查加以核实    │
└─────────────────────────────┘

┌─────────────────────────────┐
│        期末编制会计报表         │
└─────────────────────────────┘
```

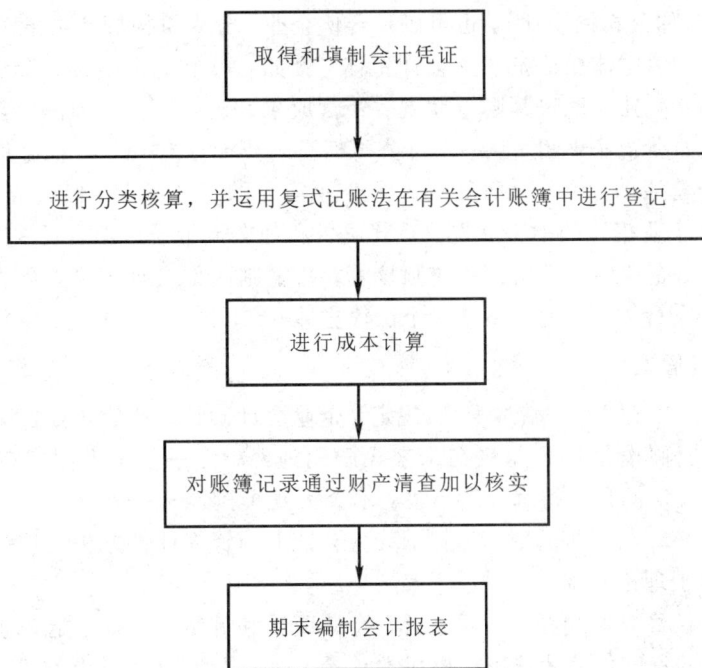

图 1-1 会计核算方法体系

1.3 会计核算的基本前提、确认基础与计量属性

1.3.1 会计核算的基本前提

在市场经济条件下，企业会面临许多风险，企业的经济活动本身具有许多不确定性。因此，在会计实务中，会计人员进行相关会计处理时往往需要运用"判断"和"估计"。在会计上，会计人员需要根据客观情况或正常趋势对那些未经确切认识或无法正面论证的经济事项或会计现象进行合理推断，并以此作为会计核算的前提条件。

会计核算的基本前提也称为会计的基本假设，包括会计主体假设、持续经营假设、会计分期假设和货币计量假设。

1. 会计主体假设

会计主体是指核算和报告会计信息的特定单位或组织。该假设界定了会计确认、计量和报告的空间范围。我国《企业会计准则——基本准则》规定企业应当对其本身发生的交易或事项进行会计确认、计量和报告。这一规定意味着，就企业而言，某一特定企业的会计确认、计量和报告，应该也只能是该企业"本身"发生的交易或事项，而不应该包含该企业之外的其他任何组织或个人发生的交易或事项，无论这些组织或个人与该企业的联系程度如何。企业会计人员只是记录和报告某一特定企业的经济交易与事项，而不是其投资者或其他企业的经济交易与事项。

确定会计主体的基本形式主要是根据经济单位在实质上对其经济活动和行政控制管理所负的责任来界定的，而不是单纯看经济单位的法律形式。会计主体不同于法律实体，它可以是独立法人（如公司制企业），也可以是合伙企业、分支机构等非法律实体。

一般来说，法律主体往往是一个会计主体。例如，一个企业作为一个法律主体，应当建立会计核算体系，独立反映其财务状况、经营成果和现金流量。但是，会计主体不一定是法律主体，比如在企业集团里，一个母公司拥有若干个子公司，在企业集团母公司的统一领导下开展经营活动。为了全面反映这个企业集团的财务状况、经营成果和现金流量，就有必要将这个企业集团的财务状况、经营成果和现金流量予以综合反映。有时为了内部管理需要，可以对企业内部重要部门单独核算，并编制内部会计报表，企业内部核算单位也可以视为一个会计主体，但它不是一个法律主体。

2. 持续经营假设

我国《企业会计准则——基本准则》规定：企业会计确认、计量和报告应当以持续经营为前提。持续经营假设是指企业将在未来无限期地经营下去。至少假定在可以预见的将来，企业会按照既定的目标持续经营下去，不会大规模削减业务或倒闭。持续经营假设的目的是界定会计核算与报告的时间范围，其为会计上的资产计价方法及相关费用的确认与计量方法等奠定了理论基础。

企业是否持续经营影响会计政策选择、会计确认和计量。只有假定企业是持续不断地经营下去，企业的资产价值才能以历史成本计价，而不是采取现行市价或公允价值。企业取得机器设备时，才可以按支付的所有价款作为固定资产的账面价值，并按一定的方法计提折旧计入成本费用，但如果面临清算，该项固定资产只能按当时的公允价值重新计价。处于非持续经营现实状态下的企业，不再适用持续经营基础上的会计原则与会计方法，而应采用特殊的会计程序与方法，如破产、清算会计等。

3. 会计分期假设

会计分期是指将一个企业持续经营的生产经营活动人为地划分为若干个连续、相等的期间，分期确定各个会计期间的收入、费用和利润，及时向各利益相关者提供有关企业财务状况、经营成果和现金流量的信息。

根据持续经营前提，企业将按当前的规模和状况继续经营下去。若要最终确定企业的经营成果，只能等到若干年后企业所有的生产经营活动全部结束后计算企业净收益并进行利润分配。但是，经营活动和财务经营决策要求及时得到有关信息，这就要将持续不断的经营活动划分为一个个相等的期间来分期核算和反映。由于会计分期，出现了权责发生制和收付实现制的区别，进而出现了应收、应付、递延、预提、待摊这样的会计方法。

世界多数国家或地区均以年度为主要会计期间，称为"会计年度"。在我国，使用公历年度，即每年1月1日至12月31日止，并与我国的计划年度、财政年度保持一致。

4. 货币计量假设

货币计量是指采用货币作为计量单位来记录和反映企业的生产经营活动。企业资产、负债和所有者权益，尤其是资产可以采取不同的计量属性，如数量计量（个、张、根等）、人工计量（工时等）。而会计是对企业财务状况和经营成果全面系统的反映，需要货币这样一个统一的量度单位。当然统一采用货币计量尺度也有不利之处，比如，企业经营战略、在消费者当中的信誉度、企业的地理位置、企业的技术开发能力等，这些因素能影响企业财务状况和经营成果因素，但不能用货币计量，从而不能在会计报表中反映。因此为了弥补货币量度的局限性,允许企业采用一些非货币指标在会计报告中披露。

我国《会计法》第十二条规定:会计核算以人民币为记账本位币。业务收支以人民币以外的货币为主的单位,可以选定其中一种货币作为记账本位币,但是编报的财务会计报告应当折算为人民币。

1.3.2　会计确认基础——权责发生制

会计主体的生产经营活动在时间上是持续不间断的,不断地取得收入,不断地发生各种成本、费用,将收入和相应的费用相配比,就可以确定企业生产经营活动中所产生的利润(或亏损)。由于企业生产经营活动是连续的,而会计期间是人为划分的,企业交易或者事项的发生时间与相关货币收支时间有时并不完全一致,也就是有一部分收入和费用出现应归属期间和收支期间不一致的情况。

我国《企业会计准则——基本准则》第九条规定:企业应当以权责发生制为基础进行确认、计量和报告。当企业发生货币收支业务的时间与交易或事项本身的发生时间不完全一致时,为了明确会计核算的确认基础,更真实地反映特定会计期间的财务状况和经营成果,要求企业在会计核算过程中以权责发生制为基础。

权责发生制又称应计制,要求企业在确认报告期内的收入和费用时,应遵循的操作规则是:凡是当期已经实现的收入和已经发生或应当负担的费用,不论款项是否收付,都应当作为当期的收入和费用;凡是不属于当期的收入和费用,即使款项已在当期收付,也不应当作为当期的收入和费用。因此,权责发生制解决了收入和费用何时予以确认及确认多少的问题。

1.3.3　计量属性

计量属性是指企业经济活动所表现的价值数量特性。会计计量属性也称"计量基础"或"计价基础"。可供选择的会计计量属性包括历史成本、重置成本、可变现净值、现值和公允价值等。

1. 历史成本

历史成本又称实际成本,是指企业为取得或制造某项资产并使其达到可供使用状态所实际发生的全部支出,包括资产的原始交易价格和以其为基础的"调整项目"(如取得后的费用摊销)。在历史成本计量下,资产按照其购置时支付的现金或现金等价物的金额,或者按照购置资产时所付出的对价的公允价值计量。负债按照其因承担现时义务而实际收到的款项或者资产的金额,或者承担现时义务的合同金额,或者按照日常活动中为偿还负债预期需要支付的现金或者现金等价物的金额计量。

2. 重置成本

重置成本又称现行成本,是指按照当前市场条件,重新取得同样一项资产所需支付的现金或现金等价物金额。在重置成本下,资产按照现在购买相同或者相似资产所需支付的现金或者现金等价物的金额计量。负债按照现在偿付该项债务所需支付的现金或者现金等价物的金额计量。

3. 可变现净值

可变现净值是指在生产经营过程中以预计售价减去进一步加工成本和销售所必需的预计税金、费用后的净值。在可变现净值计量下，资产按照其正常对外销售所能收到现金或者现金等价物的金额扣减该资产至完工时估计将要发生的成本、估计的销售费用以及相关税金后的金额计量。

4. 现值

现值是指对未来现金流量以恰当的折现率进行折现后的价值，是考虑货币时间价值因素等的一种计量属性。在现值计量下，资产按照预计从其持续使用和最终处置中所产生的未来现金流入量的折现金额计量。负债按照预计期限内需要偿还的未来现金流出量的折现金额计量。

5. 公允价值

公允价值是指在公平交易中熟悉情况的交易双方自愿进行资产交换或者债务清偿的金额。

我国 2006 年颁布的《企业会计准则》在金融工具、投资性房地产、企业合并（非同一控制下）、债务重组、非货币性资产交换等方面采用公允价值计量属性。在公允价值计量下，资产和负债按照市场参与者在计量日发生的有序交易中，出售资产所能收到或者转移负债所需支付的价格计量。2014 年，我国颁布《企业会计准则第 39 号——公允价值计量》，要求对相关资产和负债按公允价值进行计量。采用公允价值计量披露的财务信息，更能反映金融市场环境对企业经营活动的影响，更有利于利益相关者的经济决策。

例如，在"非金融资产的公允价值计量"中，企业以公允价值计量非金融资产，应当考虑市场参与者将该资产用于最佳用途产生经济利益的能力，或者将该资产出售给能够用于最佳用途的其他市场参与者产生经济利益的能力。最佳用途是指市场参与者实现一项非金融资产或其所属的资产和负债组合的价值最大化时该非金融资产的用途。

在"负债和企业自身权益工具的公允价值计量"中，企业以公允价值计量负债，应当假定在计量日将该负债转移给其他市场参与者，而且该负债在转移后继续存在，并由作为受让方的市场参与者履行义务。企业以公允价值计量自身权益工具，应当假定在计量日将该自身权益工具转移给其他市场参与者，而且该自身权益工具在转移后继续存在，并由作为受让方的市场参与者取得与该工具相关的权利，承担相应的义务。

在"金融资产和金融负债的公允价值计量"中，企业以市场风险和信用风险的净敞口为基础管理金融资产和金融负债的，可以以计量日市场参与者在当前市场条件下有序交易中出售净多头（即资产）或者转移净空头（即负债）的价格为基础，计量该金融资产和金融负债组合的公允价值。市场风险或信用风险可抵消的金融资产或金融负债，应当是由《企业会计准则第 22 号——金融工具确认和计量》规范的金融资产和金融负债，也包括不符合金融资产或金融负债定义但按照《企业会计准则第 22 号——金融工具确认和计量》进行会计处理的其他合同。与市场风险或信用风险可抵消的金融资产和金融负债相关的财务报表列报，应当适用其他相关会计准则。

1.4　会计信息质量要求

会计信息质量要求是对企业财务报告中所提供会计信息质量的基本要求。2006年2月财政部颁布的《企业会计准则——基本准则》中规定会计信息质量要求包括可靠性、相关性、可理解性、可比性、实质重于形式、重要性、谨慎性和及时性，这是会计确认、计量和报告质量的保证。

1. 可靠性

可靠性就是要求企业应当以实际发生的交易或事项为依据进行会计确认、计量和报告，如实反映符合确认和计量要求的各项会计要素及其他相关信息，保证会计信息真实可靠、内容完整。会计信息只有真实可靠，才值得财务报告使用者信赖，这是对会计工作的基本要求，也是会计核算工作最基本、最重要的指导原则。

可靠性包括两方面内容：一是会计必须根据审核无误的原始凭证，采用特定的专门方法进行记账、算账、报账，保证所提供的会计信息内容完整、真实可靠；二是会计人员在进行会计处理时应保持客观，遵循会计原则，运用正确的会计方法，得出具有可检验性的会计信息。

为了贯彻可靠性要求，企业应当做到：

第一，以实际发生的交易或者事项为依据进行确认、计量，将符合会计要素定义及其确认条件的资产、负债、所有者权益、收入、费用和利润等如实反映在财务报表中，不得根据虚构的、没有发生的或者尚未发生的交易或者事项进行确认、计量和报告。

第二，在符合重要性和成本效益原则的前提下，保证会计信息的完整性，其中包括编制的报表及其附注内容等应当保持完整，不能随意遗漏或者减少应予披露的信息，与使用者进行决策相关的有用信息都应当充分披露。

第三，包括在财务报告中的会计信息应当是中立的、无偏的。

2. 相关性

相关性是指企业所提供的会计信息应与财务会计报告使用者的经济决策相关，有助于财务会计报告使用者对企业过去、现在或者未来经济状况作出评价或预测。根据相关性原则，要求在收集、记录、处理和提供会计信息过程中能充分考虑各方面会计信息使用者决策的需要，满足各方面具有共性的信息需求，向使用者提供相关的、具有反馈价值和预测价值的会计信息。对于特定用途的信息，不一定都通过财务报告来提供，也可以采取其他形式加以提供。

相关性与可靠性是同等重要的会计信息质量特征，有用的信息要可靠、相关。如果相关性失去可靠性的支持，就会降低甚至失去相关性，会对使用者产生误导作用；如果信息真实可靠，但与使用者的需求相去甚远，也会因不具备相关性而失去可靠性存在的意义。可见相关性与可靠性是紧密联系在一起的，既不能离开可靠性去谈相关性，也不能离开相关性去谈可靠性，它们同时影响或决定信息的有用性。我们必须对二者给予同等重视，它们的排列顺序并不重要，重要的是当二者不能同时兼顾时，是牺牲相关性还是可靠性，这要根据具体情况进行取舍。历史上的不同时期各有侧重，在某一时期突出对相关性的要求，而在另一时期则突出对可靠性的要求。另外，相关性和可靠性之间既矛盾又相关，企业提供的会计信息应在保证可靠性的前提下，尽可能地符合相关性，以合理地满足财报使用者的决策需要。

3. 可理解性

可理解性是指企业提供的会计信息应当清晰明了，便于财务会计报告使用者理解和使用。

可理解性要求会计信息简明、易懂，能够简单明了地反映企业的财务状况、经营成果和现金流量，从而有助于会计信息使用者正确理解、掌握企业的情况。同时，会计记录应当准确、清晰，填制会计凭证、登记会计账簿必须做到依据合法、账户对应关系清楚、文字摘要完整。在编制会计报表时，项目逻辑关系清楚、项目完整、数字准确。

4. 可比性

可比性是指要求企业提供的会计信息在纵向和横向之间都应当互相可比。

可比性具体包括两个方面的质量要求。一方面是信息的横向可比，即企业之间的会计信息口径一致，相互可比。企业可能处于不同行业、不同地区，经济业务发生于不同地点，为了保证会计信息能够满足经济决策的需要，便于比较不同企业的财务状况和经营成果，不同企业发生相同的或者相似的交易或事项，应当采用国家统一规定的相关会计方法和程序。另一方面是信息的纵向可比，即同一企业不同时期发生的相同或相似的交易或事项，应当采用一致的会计政策，不得随意改变，便于对不同时期的各项指标进行纵向比较。在此准则要求下，企业不得随意改变目前所使用的会计方法和程序。一旦作出变更，要在会计报告附注中作出说明，如存货的实际成本计算方法有先进先出法、加权平均法等，如果确有必要变更，则应当将变更情况、变更原因及其对企业财务状况和经营成果的影响在财务会计报告附注中说明。

5. 实质重于形式

实质重于形式是指企业应当按照以交易或事项的经济实质进行会计确认、计量和报告，而不应仅以交易或事项的法律形式作为依据。为了真实反映企业的财务状况和经营成果，不能仅仅根据经济业务的外在表现形式来进行核算，而要反映其经济实质。比如，法律可能写明商品的所有权已经转移给买方，但事实上卖方仍享有该资产的未来经济利益，如果不考虑经济实质，仅看其法律形式，就不能真实反映这笔业务对企业的影响。

6. 重要性

重要性是指企业提供的会计信息应当反映与企业财务状况、经营成果和现金流量等有关的所有重要交易或事项。在此原则下，企业在选择会计方法和程序时，要考虑经济业务本身的性质和规模，根据特定的经济业务决策影响的大小来选择合适的会计方法和程序。

在评价某些项目的重要性时，很大程度上取决于会计人员的职业判断。一般来说，应当从质和量两个方面来进行分析。从性质方面来说，当某一事项有可能对决策产生一定影响时，就属于重要项目。例如，一笔经济业务的性质比较特殊，不单独反映就有可能遗漏一个重要事实，不利于所有者以及其他方面全面掌握这个企业的情况，就应当严格核算，单独反映，提请注意；反之，如果一笔经济业务与通常发生的经济业务没有特殊之处，则可以不单独反映。从数量方面来说，当某一项目的数量达到一定规模时，就可能对决策产生影响，属于重要项目，反之则可认为重要性较低。例如，一笔经济业务的金额在收入、费用或资产总额中所占的比重很小，就可以采用较为简单的方法和程序进行核算，甚至不一定严格采用规定的会计方法和程序。

重要性原则与会计信息成本效益直接相关。坚持重要性原则，就能够使提供会计信息的收益大于成本。对于那些不重要的项目，如果也采用严格的会计程序分别核算，分项反映，就会导致会计信息成本高于收益。

7. 谨慎性

谨慎性又称稳健性原则，是指企业对交易或事项进行确认、计量和报告应当保持应有的谨慎，即在存在不确定因素的情况下做出判断时，不应高估资产或者收益、低估负债或者费用。对于可能发生的损失和费用，应当加以合理估计。企业经营存在风险，实施谨慎性原则，对存在的风险加以合理估计，有助于企业在风险实际发生前化解防范，有利于企业做出正确的经营决策，保护所有者和债权人的利益，提高企业在市场上的竞争力。比如，在存货、有价证券等资产的市价低于成本时，相应地减记资产的账面价值，并将减记金额计入当期损益，即体现了谨慎性原则，是对历史成本原则的修正。谨慎性原则并不意味着可以任意提取各种准备，要防范对谨慎性原则的滥用。

8. 及时性

及时性是指企业对于已经发生的交易或事项，应当及时进行会计确认、计量和报告，不得提前或延后。会计信息具有时效性，才能满足经济决策的及时需要，信息才有价值，所以为了实现会计目标，就必须遵循会计信息时效性。

企业应当及时收集关于已发生的交易或事项的会计信息，按照会计准则和制度要求及时处理会计信息，及时编制财务会计报告，并将财务报告传递给会计信息使用者。我国会计准则规定上市公司应该在年度结束后的四个月内发布年度报告。

1.5　会计职业道德规范、胜任能力与职业判断

1.5.1　会计职业道德规范

会计职业道德是会计诚信的基础。由于会计职业的特殊性，会计职业道德规范在会计行为规范中具有十分突出的作用。会计职业道德规范是一般社会道德规范在会计职业行为活动中的具体体现，由会计职业活动的具体内容、方式、所涉及的权责关系等决定。对内而言，会计职业道德规范构成引导、制约、调节会计行为的道德准则；对外而言，会计职业道德规范代表着整个会计职业界对社会所承担的道德责任和义务。会计职业道德规范主要受两个方面因素的影响。一是社会道德文化传统。文明体系、社会传统、伦理价值观念等都直接影响并决定着其相应的精神内容。二是会计职业特性。作为一种专门的职业道德规范，会计职业道德规范不仅反映一个国家社会道德的基本要求，而且着重反映本职业道德的特殊要求，它在一般意义上的社会实践、伦理道德的基础上形成，反映会计这个特定的职业实践基础。会计职业特性在一定程度上决定了会计道德规范的有关内容。

根据我国会计工作和会计人员的实际情况，结合国际上对会计职业道德的一般要求，我国会计人员职业道德的内容可以概括为爱岗敬业、诚实守信、廉洁自律、客观公正、坚

持原则、提高技能、服务意识、洁身自好、以身作则、保守秘密、参与管理等。

1.5.2 会计职业胜任能力

会计职业胜任能力是指会计人员从事会计职业应具备的综合业务能力。会计工作需要有专业的判断能力和大公无私的会计职业道德。胜任能力按照不同的分类标准可以分为以下三类。

1. 按胜任能力的显现程度分类

根据胜任能力的显现程度的不同可以将其分为外显性胜任能力和内隐性胜任能力。外显性胜任能力是易于观察，比较容易开发或培养的能力；内隐性胜任能力是看不见，不太容易发展的，并难以识别的能力。

2. 按胜任能力的适应范围分类

根据胜任能力的适应范围可以将其分为专业技术胜任能力、可迁移胜任能力和通用胜任能力。其中，专业技术胜任能力是指某个特定角色和工作所需要的胜任能力，是员工为完成职责在专业技能方面的要求。可迁移胜任能力是指在企业内多个角色都需要的技巧和能力，但重要程度和精通程度有所不同，如影响力、成就导向等。通用胜任能力是指适用于公司全体员工的胜任能力。

3. 按胜任能力的情景具体性分类

当今会计工作已经从传统账务处理、编制报表转为以信息技术为基础的信息化会计，会计的工作结果、职能都在向着更深更广的方向发展，对会计人员的胜任能力和职业技能提出了更高的要求。一般来说，会计工作人员应具备的胜任能力包括两个方面：专业知识和专业技能。

专业知识是指能为审计师提供与其所从事工作相关的技术、模型以及概念方面的知识。对专业知识的要求可以从资格前教育和资格考试两方面把握。资格前教育是形成专业胜任能力的基础，能为会计工作人员提供在其取得资格后继续自学的能力，一般包括四方面内容：① 会计基础知识；② 企业组织及商务知识；③ 信息技术知识；④ 财务、审计等相关知识。专业技能可使会计工作人员成功运用通过教育所获得的知识。这些技能一般需要通过业务培训和经验积累来掌握。会计工作人员应具备的专业技能包括三类：① 智力技能；② 人际关系技能；③ 沟通技能。为了使会计工作人员在其职业生涯中不断保持和提高专业胜任能力，还需要职业后续教育。

1.5.3 会计职业判断

会计职业判断是指会计人员根据法律、法规和规章等会计标准，充分考虑企业现实与未来的理财环境和经营特点，运用自身专业知识和职业经验，通过识别、计算、分析、比较等方法，对不确定会计事项所做的裁决与断定，其目的是保证会计信息的质量。

会计职业判断具有以下几个方面的特点。

1. 技术性与社会性

会计工作是一个专业化高、技术性强的工作，需要大量的专业知识和专业技能。会计职业判断是会计主体充分利用自己的专业知识和职业经验，对经济业务进行判断和分析的过程，它需要判断主体具有丰富的职业经验和渊博的知识，才能胜任这项工作。会计职业判断是一个具有社会性的工作，其社会性一方面表现在其本身具有的社会性，另一方面表现为经济后果的社会性。

2. 主观性与客观性

会计职业判断是一种主观见之于客观的经济管理活动。作为一种判断，本身就具有主观性。会计准则赋予了企业经营者与会计人员较大的选择权和判断空间，在比较、权衡、取舍的过程中，无疑在一定程度上掺杂了会计主体的主观臆断。另一方面，会计职业判断又具有客观性。这是因为会计职业判断来源于会计实践并广泛存在于社会经济生活之中，其对象和依据都是客观的。会计准则和会计制度赋予了企业会计选择的自由空间，但这并不意味着没有约束，因为会计职业判断必须在准则、制度及相关法律法规所允许的范围内进行。

3. 权衡性和动态性

会计职业判断过程中需要权衡不同利益主体的需求。企业是由一系列相关契约组成的一个整体，不同的利益主体将各自的资源投入企业，对企业有不同的利益诉求，其对会计信息的需求也不尽相同。企业的管理者考虑各个利益相关者的要求并进行权衡，以满足不同利益主体的需要。所以，会计职业判断的过程也是不同的利益主体相互之间力量博弈，最后达到均衡的过程。同时，会计职业判断的方法和结果并不是一成不变的。随着会计业务环境不断变化，会计处理原则、处理方法也不断完善，会计业务包含的经济内容也不断丰富，某一时点或时期做出的会计职业判断是合理、有效的，但随着时间的推移、社会环境及企业生产经营活动的变化及原先的会计职业判断变得不再合理，因此会计职业判断具有动态性。

练 习 题

一、单项选择题

1. 下列各项目中不属于资产的是( )。

A. 预付账款   B. 专利权   C. 应收账款   D. 预收账款

2. 资产通常按流动性分为( )。

A. 有形资产与无形资产   B. 货币资金与非货币资金

C. 流动资产与非流动资产   D. 本企业资产与租入的资产

3. 下列会计等式中不正确的是( )。

A. 资产＝负债＋所有者权益   B. 负债＝资产－所有者权益

C. 资产－负债＝所有者权益   D. 资产＋负债＝所有者权益

4. 下列经济业务中，影响会计等式总额发生变化的是( )。

A. 以银行存款 50 000 元购买材料   B. 购买机器设备 20 000 元，货款未付

C. 结转完工产品成本 40 000 元   D. 收回客户所欠的货款 30 000 元

5. 下列经济活动中，引起资产和负债同时减少的是( )。

A. 以银行存款偿付前欠货款   B. 购买材料货款尚未支付

C. 收回应收账款　　　　　　　　　　D. 接受其他单位捐赠新设备

6. 按我国会计准则对会计要素的划分，营业外支出属于（　　）。

A. 收入　　　　　B. 利润　　　　　C. 所有者权益　　　　　D. 费用

7. 会计的基本职能是（　　）。

A. 核算与监督　　B. 预测与决策　　C. 监督与分析　　D. 计划与控制

8. 企业所提供的会计信息应与财务会计报告使用者的经济决策有关，体现的是（　　）。

A. 有用性原则　　B. 可比性原则　　C. 一贯性原则　　D. 相关性原则

9. 企业对交易或事项进行确认、计量、报告，应保持应有的谨慎，不高估资产或收益，不低估负债和费用。遵循的会计原则是（　　）。

A. 配比　　　　　B. 权责发生制　　C. 谨慎性　　　　D. 客观性

10. 权责发生制所赖以建立的基础是（　　）。

A. 会计主体　　　B. 持续经营　　　C. 会计分期　　　D. 货币计量

二、多项选择题

1. 下列项目中属于所有者权益的有（　　）。

A. 实收资本　　　　　　B. 资本公积　　　　　　C. 未分配利润

D. 应付股利　　　　　　E. 盈余公积

2. 利润总额是指企业在一定会计期间的经营成果，包括（　　）。

A. 投资收益　　　　　　B. 营业利润　　　　　　C. 利得

D. 损失　　　　　　　　E. 负债

3. 关于所有者权益，以下说法正确的有（　　）。

A. 所有者权益＝资产－负债

B. 所有者权益也叫净资产

C. 所有者权益与负债一样，都需要偿还

D. 所有者权益是所有者在企业资产中享有的经济利益

E. 所有者权益是投资者对企业声誉资产的要求权

4. "资产＝负债＋所有者权益"恒等式是（　　）。

A. 设置账户的理论依据

B. 复式记账的理论依据

C. 反映企业资产的产权关系的等式

D. 编制资产负债表的理论依据

E. 为经济管理提供各种会计信息

5. 下列资产项目与权益项目之间的变动符合资金运动规律的有（　　）。

A. 资产某项目增加与权益某项目减少

B. 资产某项目减少与权益项目增加

C. 资产方内部项目之间此增彼减

D. 权益方内部项目之间此增彼减

6. 会计信息使用者有（　　）。

A. 企业投资者　　　　　　　　B. 企业债权人

C. 企业管理当局　　　　　　　D. 与企业有利益关系的团体和个人

7. 会计的特点主要有( )。

A. 对企业未来进行预测

B. 会计以合法的原始凭证为依据,反映过去已经发生的经济活动

C. 以货币作为主要计量单位

D. 连续、系统、全面、综合反映和监督

E. 会计运用一系列专门方法

8. 下列做法中,考虑了谨慎性原则的是( )。

A. 固定资产采用加速折旧法   B. 物价上涨时存货计价采用先进先出法

C. 固定资产采用平均年限折旧法   D. 物价上涨时存货计价采用后进先出法

E. 对应收账款计提坏账准备

9. 可比性信息质量要求,强调的一致是指( )。

A. 资产负债确认一致   B. 企业会计处理方法前后期一致

C. 会计指标计算口径一致   D. 收入和费用确认一致

10. 根据权责发生制原则,下列各项属本年度收入的有( )。

A. 本年度销售产品一批,货款下年初结算

B. 收到上年度所销产品的货款

C. 上年度已预收货款,本年度发出产品

D. 本年度出租厂房,租金已于上年预收

E. 本年度销售产品一批,货款收到存入银行

三、判断题

1. “资产＝负债＋所有者权益”这个平衡公式是企业资金运动的动态表现。( )

2. 某一财产物资要成为企业的资产,其所有权必须属于企业。( )

3. 每项经济业务发生后,都会引起企业的资产和权益总额发生增减变动,但会计等式两边却始终保持平衡。( )

4. 若某项资产不能为企业带来经济利益,即使是由企业拥有或控制的,也不能作为企业的资产在资产负债表中列示。( )

5. 负债是企业过去的交易或事项所引起的潜在义务。( )

6. 会计的基本职能是预测未来。( )

7. 可比性原则包括会计信息的横向比较和纵向比较。( )

8. 会计记录不一定要求连续地记录,对于不重要的经济业务可以不记录。( )

9. 会计对任何社会的经济活动都是必要的,经济越发展,会计越重要。( )

10. 会计核算是会计的基本环节,会计分析是会计核算的继续和发展,而会计检查是对会计核算必要的补充。( )

四、简答题

1. 试述会计要素的含义和内容。

2. 什么是会计等式? 谈谈会计等式的基本原理。

3. 为什么企业经济业务的发生不会影响会计等式的成立?

4. 简述会计的职能。

5. 会计核算为什么要有基本前提? 具体有哪些前提条件? 各自有什么作用?

6. 为什么要对会计信息提出质量要求？会计信息质量要求有哪些？

7. 会计核算方法有哪些？它们之间的联系是什么？

五、思考题

1. 如何理解会计的本质？

2. 如何理解会计的目标？

3. 如何从会计角度理解企业经济活动及其资金运动的特征？

4. 如何理解会计要素之间的基本关系？

5. 如何理解会计计量的含义和计量属性？

6. 如何理解会计信息的质量要求？

7. 如何理解会计职业判断？

8. 如何理解会计职业道德的重要性？

第 2 章　会计科目、账户与借贷记账法

　　【学习目标】　掌握与会计科目、账户和借贷记账法相关的概念，熟知资产类、负债类、所有者权益类、损益类及利润类账户结构，熟练掌握借贷记账法规则编制会计分录并编制试算平衡表。

　　【引导案例】　沃尔玛超市是一家由美国西部杂货店铺发展为当今世界 500 强之一的现代化超市。沃尔玛超市共有 2 万多种商品，主要有水果、粮油、袋装食品、饮料、居家用品、水产品、日常消费用品等，还有诸如自行车、大件家电、汽车用品等价值比较高，使用年限比较长的商品。另外，沃尔玛还有自主独立的品牌产品——惠宜系类食品、SB 休闲服饰类，这些商品如何与其他产品区分开，应该设计怎样的会计科目进行反映？

　　沃尔玛作为一家大型超市，节日促销也成为其必不可少的活动之一。如 2016 年沃尔玛端午节促销方案之一：凡在 5 月 31 日—6 月 2 日促销时间内，在沃尔玛超市一次性购物满 38 元的顾客，凭电脑小票均可在付款处获取一对塑料制的小粽子。这些赠予顾客的小粽子需要设置会计科目进行核算吗？应该如何进行账务处理？

2.1　会　计　科　目

2.1.1　设置会计科目的意义

　　企业在生产经营过程中，经常发生各种各样的会计交易和事项，必然会引起会计要素的增减变动，但是同一会计要素内部的项目内容也往往不同，例如同属资产的"应收账款"和"银行存款"，同属负债的"应付账款""短期借款""长期借款"，其形成原因、债权债务人、偿还日期等皆有所不同。为了更加详细地描述企业的资金运动，对其进行记录，必须对会计要素进行科学分类。会计科目就是对会计对象的具体内容（即会计要素）进行分类核算的项目。每个会计科目都应明确反映特定的经济内容。一方面在账户中分门别类地核算各项会计要素的增减变化情况，为企业经济管理提供一系列数量指标，为会计信息需求者提供全面、准确的信息。另一方面可以将价值形式的综合核算和财产物质的实物核算有机结合，以有效控制企业的财产物资。同时，设置会计科目是正确填制会计凭证、复试记账、登记账簿以及编制会计报表的基础。

2.1.2　会计科目的分类

　　会计科目是按照经济内容对各个要素所做的进一步分类。一个会计科目应明确反映特定的经济内容，但各个会计科目并非彼此孤立，而是相互联系、互相补充地组成一个完整的会计科目体系。会计科目可按其反映的经济内容（即所属会计要素）、提供信息的详细程度以及其统驭关系进行分类。

1. 按反映的经济内容(即所属会计要素)分类

会计科目按其反映的经济内容不同,可分为资产类科目、负债类科目、共同类科目、所有者权益类科目、成本类科目和损益类科目。共同类科目主要是针对金融企业而设置的。一般制造业企业会计科目分为资产、负债、所有者权益、成本和损益五大类。为了在会计核算中更科学地使用这些科目,将利润类的两个科目(本年利润、利润分配)合并到所有者权益类中。为了体现制造业企业的生产特点,将费用类科目按不同的性质分解为两部分,一类为成本类,另一类将费用类科目与收入类科目合并为损益类科目。损益类科目账户期末均无余额,每月末需按配比的原则将所有收入费用类科目发生额转入本年利润账户。

(1)资产类科目,是对资产要素的具体内容进行分类核算的科目,按资产的流动性分为反映流动资产的科目和反映非流动资产的科目。

(2)负债类科目,是对负债要素的具体内容进行分类核算的科目,按负债的偿还期分为反映流动负债的科目和反映非流动负债的科目。

(3)共同类科目,是既有资产性质又有负债性质的科目,主要有"清算资金往来""外汇买卖""衍生工具""套期工具""被套期项目"等科目。

(4)所有者权益类科目,是对所有者权益要素的具体内容进行分类核算的项目,按所有者权益的形成和性质可分为反映资本的科目和反映留存收益的科目。

(5)成本类科目,是对可归属与产品生产成本、劳务成本等的具体内容进行分类核算的项目,按成本的内容和性质的不同可分为反映制造成本的科目、反映劳务成本的科目等。

(6)损益类科目,是对收入、费用等具体内容进行分类核算的项目。

会计科目按其反映的经济内容(即所属会计要素)的分类如表 2-1 所示。

表 2-1 企业常用会计科目表

序号	编号	名 称	序号	编号	名 称
		一、资产类	14	1402	在途物资
1	1001	库存现金	15	1403	原材料
2	1002	银行存款	16	1404	材料成本差异
3	1012	其他货币资金	17	1406	库存商品
4	1101	交易性金融资产	18	1407	发出商品
5	1121	应收票据	19	1410	商品进销差价
6	1122	应收账款	20	1411	委托加工物资
7	1123	预付账款	21	1431	周转材料
8	1131	应收股利	22	1461	存货跌价准备
9	1132	应收利息	23	1521	持有至到期投资
10	1221	其他应收款	24	1522	持有至到期投资减值准备
11	1231	坏账准备	25	1523	可供出售金融资产
12	1321	代理业务资产	26	1524	长期股权投资
13	1401	材料采购	27	1575	长期股权投资减值准备

续表

序号	编号	名称	序号	编号	名称
28	1526	投资性房地产	62	2811	专项应付款
29	1531	长期应收款	63	2901	递延所得税负债
30	1541	未实现融资收益			三、共同类
31	1601	固定资产			略
32	1602	累计折旧			四、所有者权益
33	1603	固定资产减值准备	64	4001	实收资本
34	1604	在建工程	65	4002	资本公积
35	1605	工程物资	66	4003	其他综合收益
36	1606	固定资产清理	67	4101	盈余公积
37	1611	融资租赁资产	68	4103	本年利润
38	1701	无形资产	69	4104	利润分配
39	1702	累计摊销	70	4201	库存股
40	1703	无形资产减值准备			五、成本类
41	1711	商誉	71	5001	生产成本
42	1801	长期摊销费用	72	5101	制造费用
43	1811	递延所得税资产	73	5201	劳务成本
44	1901	待处理财产损益	74	5301	研发支出
		二、负债类			六、损益类
45	2001	短期借款	75	6001	主营业务收入
46	2101	交易性金融负债	76	6051	其他业务收入
47	2201	应付票据	77	6101	公允价值变动损益
48	2202	应付账款	78	6111	投资收益
49	2205	预收账款	79	6117	其他收益
50	2211	应付职工薪酬	80	6301	营业外收入
51	2221	应交税费	81	6401	主营业务成本
52	2231	应付股利	82	6402	其他业务成本
53	2232	应付利息	83	6405	税金及附加
54	2241	其他应收款	84	6601	销售费用
55	2314	代理业务负债	85	6602	管理费用
56	2411	预计负债	86	6603	财务费用
57	2501	递延收益	87	6604	勘探费用
58	2601	长期借款	88	6701	资产减值损失
59	2602	应付债券	89	6711	营业外支出
60	2801	长期应付款	90	6801	所得税费用
61	2802	未确认融资费用	91	6901	以前年度损益调整

2. 按提供信息的详细程度以及其统驭关系分类

会计科目按提供信息的详细程度以及其统驭关系，可分为总分类科目和明细分类科目。

（1）总分类科目，又称总账科目或一级科目，是对会计要素的具体内容进行总括分类，提供总括信息的会计科目。

（2）明细分类科目，又称明细科目，是对总分类科目做进一步分类，提供更为详细和具体会计信息的科目。如果某一总分类科目所属的明细分类科目较多，则可在总分类科目下设置二级明细科目，在二级明细科目下设置三级明细科目。例如，在"生产成本"总分类科目下，可设置二级科目"基本生产成本""辅助生产成本"，如表2-2所示。

表 2-2　总分类科目、子目和细目关系表

总分类科目 (一级科目)	明细分类科目	
	（二级科目、子目）	（三级科目、细目）
原材料	基本生产成本	A 产品
		B 产品
		C 产品
	辅助生产成本	水
		暖
		电

我国会计准则规定，总分类科目一般由财政部统一制定，明细分类科目除会计制度规定，各单位可根据实际需要自行设计。

2.1.3　会计科目的设置

1. 会计科目设置的原则

各单位由于经济业务活动的具体内容、规模大小与业务繁简程度等情况不尽相同，在具体设置会计科目时，应考虑其自身特点和具体情况，但设置会计科目时都应遵循以下原则：

（1）合法性原则：会计科目由财政部统一制定颁布，但企业可根据自身规模的大小、业务的繁简程度等自行增设、减少或合并某些科目。

（2）相关性原则：会计科目的设置必须符合会计目标的要求，以满足企业利益相关者全面了解企业财务状况和经营成果的需要，满足企业内部加强经营管理的需要。

（3）适用性原则：会计科目应满足企业经济管理的需要，结合自身特点进行设置。例如，制造业应设置"生产成本""制造费用"会计科目，用以核算和监督制造业产品的生产耗费，商品流通企业只发生购销业务，则不需要设置这样的科目。

（4）简要性与稳定性原则：会计科目名称应该简洁明了，并保持一定的稳定性。

（5）全面性原则：企业根据资产、负债、所有者权益、收入等内容设置足够的会计科目，以满足全面完整的需要。

2. 会计科目排序和编号

1）会计科目的排序

会计科目按会计要素分类排序，顺序为：先资产后权益，先静态后动态。各项目内的

顺序又分别按流动性、永久性、重要性等标志排列。每个大类中小类的会计科目排列顺序一般按流动性大小排列。例如：资产中把流动资产排在前，其后是长期投资、固定资产、无形资产和其他资产等非流动资产；负债类科目按偿还债务的先后顺序把流动负债排列在前，长期负债和非流动负债排列在后，如表 2-1 所示。

2）会计科目的编号

为便于编制会计凭证、登记账簿、查阅账目、实行会计电算化，会计科目表统一规定了会计科目的编号。总分类科目区"四位数制"编号：千位数码代表会计科目按会计要素区分的类别；百位数码代表每大类会计科目下较为详细的类别；十位和个位数码一般代表会计科目的顺序号。为便于增加和建立某些会计科目，科目编码留有空号，企业不应随意打乱重编。企业在填制会计凭证，登记账簿时，应当填列会计科目的名称，或者同时填列会计科目的名称和编号，不应只填列科目编号而不填科目名称，如表 2-1 所示。

2.2　会 计 账 户

2.2.1　账户的概念和分类

1. 账户的概念

账户是根据会计科目设置的，具有一定的格式和结构，用于分类反映会计要素增减变动情况及其结果的载体。设置账户是会计核算的一种专门方法。

2. 账户的分类

账户根据其核算的经济内容、提供信息的详细程度以及其统驭关系进行分类。

（1）根据核算的经济内容，账户分为资产类账户、负债类账户、共同类账户、所有者权益类账户、成本类账户和损益类账户六类。其中，有些资产类账户、负债类账户和所有者权益类账户存在备抵账户。备抵账户又称抵减账户，是指用来抵减被调整账户余额，以确定被调整账户实有数额而设置的独立账户，如坏账准备、信用减值损失等。

（2）根据提供信息的详细程度以及其统驭关系，账户分为总分类账户和明细分类账户。

总分类账户和所属明细分类账户核算的内容相同，只是反映内容的详细程度有所不同。两者相互补充，相互制约，相互核对。总分类账户统驭和控制所属明细分类账户，而明细分类账户从属于总分类账户。

总分类账户（即一级账户）是根据总分类科目开设的，它提供的是总括的核算指标，一般只能用货币计量。明细分类账户（即二级账户或三级账户）是根据明细科目开设的，是对经济业务的具体内容进行明细核算，提供详细核算资料的账户，它的计量单位除了货币外，有的还会使用实物等。明细分类账户还可以细分为二级明细分类账户和三级明细分类账户。例如，在"原材料"总分类账户下，可设"原料及主要材料""辅助材料""修理用备件"等二级账户，在二级账户下可以按品名设甲材料、乙材料、丙材料等三级账户。

2.2.2　账户的功能与结构

账户的功能在于连续、系统、完整地提供企业经济活动中各会计要素增减变动及其结果的信息。账户的结构是指账户的组成部分及其相互关系。账户通常由以下内容组成：① 账户名称，即会计科目；② 日期，即所依据记账凭证中注明的日期；③ 凭证字号，即所依据记账凭证的编号；④ 摘要，即经济业务的简要说明；⑤ 金额，即增加额、减少额和余额。

从账户名称、记录增加额和减少额的左右两方来看，账户结构在整体上类似于汉字"丁"和大写英文字母"T"，因此，账户的基本结构在实务中被形象地称为"丁"字账户或者"T"形账户。账户的简化格式如图 2-1 所示。

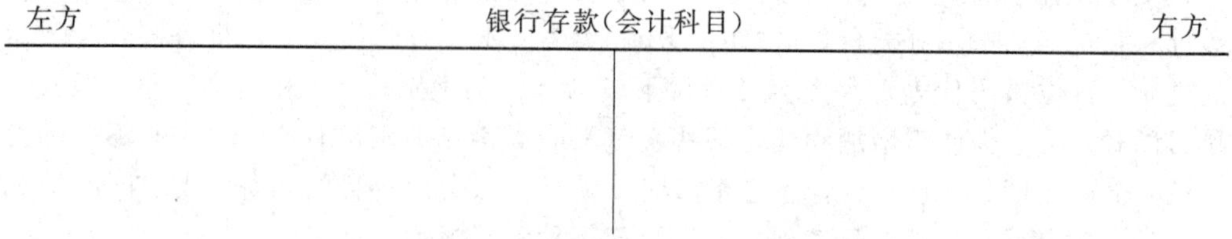

左方　　　　　　　　　　　　银行存款（会计科目）　　　　　　　　　　　　右方

图 2-1　"T"形账户的基本结构

会计要素在特定会计期间增加或减少的金额，分别被称为账户的"本期增加发生额"和"本期减少发生额"。会计要素在会计期末的增减变动结果被称为账户的"余额"，具体表现为期初余额和期末余额。账户上期的期末余额转入本期，即本期的期初余额；账户的期末余额转入下期，即下期的期初余额。

账户的期初余额、期末余额、本期增加发生额和本期减少发生额统称账户的 4 个金额要素。对于一般账户而言，它们之间的基本关系为：

$$期末余额＝期初余额＋本期增加发生额－本期减少发生额$$

例如，某企业某一期间银行存款账户记录如图 2-2 所示。

左方	银行存款	右方
期初余额　　　　2 000 000		
本期增加　　　　1 500 000	本期减少　　　　2 700 000	
本期发生额　　　1 500 000	本期发生额　　　2 700 000	
期末余额　　　　800 000		

图 2-2　银行存款账户

在实务中，对于一个完整的账户，除了反映增加数和减少数以外，账户的结构还包括账户的名称，即会计科目、经济业务发生的日期、经济业务的简明（摘要）、账户的依据（凭据号数）和金额（发生额、减少额和余额）实务中，账户采用的格式如表 2-3 所示。

表 2-3　账户采用的格式

年		凭证		摘　要	借　方	贷　方	余额（借或贷）
月	日	种类	编号				

2.2.3　账户与会计科目的关系

从理论上讲，会计科目与账户是两个不同的概念，两者既有联系，又有区别。两者的共同点是：会计科目与账户都是对会计对象具体内容的分类。两者核算内容一致，性质相同。会计科目的名称就是账户的名称，也是设置账户的依据。会计科目规定的核算内容就是账户应记录反映的经济内容。两者的区别是：账户是会计科目的具体运用，具有一定的结构和格式，并通过其结构反映某项经济内容的增减变动及其余额。因此，会计科目只是个名称，只能表明某项经济内容，不存在结构问题；而账户必须具备一定的结构，以便记录或反映某项经济内容的增减变动及其结果。

2.3　借贷记账法

2.3.1　借贷记账法的记账符号

借贷记账法起源于 13 世纪的意大利。"借""贷"两字最初是从借贷资本家的角度来解释的，其本来含义反映的是"债权"和"债务"的增减变化。随着商品经济的发展，借贷记账法也在不断地发展和完善，"借""贷"二字逐渐失去其原本的含义，变成了纯粹的记账符号，用来表示记账方向。"借"表示资产和费用的增加，同时表示负债、所有者权益、收入和利润的减少；而"贷"则表示资产和费用的减少，同时还表示负债、所有者权益、收入和利润的增加。借贷记账法是以"借""贷"为记账符号的一种复式记账法。它是目前世界各国通用的一种记账方法，也是我国法定的记账方法。

2.3.2　借贷记账法的账户结构

借贷记账法是在登记经济业务时，以"借""贷"为记账符号，按经济业务所属的会计要素在两个或两个以上相应账户中登记，增加额记一方，减少额记另外一方，金额相等的一种复式记账方法。

在借贷记账法下，在账页中"借方"在左方，"贷方"在右方。账户中的"借方""贷方""余额"构成了账户的基本结构。

1）资产类账户的结构

资产类账户借方登记资产的增加数，贷方登记资产的减少数，期末余额在借方，表示期末资产的结存数（见图 2-3）。资产类账户期末余额的计算公式为：

资产类账户的期末借方余额＝期初借方余额＋本期借方发生额－本期贷方发生额

借方	资产类账户	贷方
期初余额 （登记本期增加额）	（登记本期减少额）	
本期增加额（发生额）合计 期末余额	本期减少额（发生额）合计	

图 2-3　资产类账户

2）负债及所有者权益类账户的结构

负债及所有者权益类账户的贷方登记负债及所有者权益的增加数，借方登记负债及所有者权益的减少数，期末余额在贷方，表示期末负债及所有者权益的结存数（见图 2-4）。负债和所有者权益类账户期末余额的计算公式为：

负债及所有者权益类账户的期末贷方余额＝期初贷方余额＋本期贷方发生额－

本期借方发生额

借方	负债类/所有者权益类账户	贷方
	期初余额	
（登记本期减少额）	（登记本期增加额）	
本期减少额（发生额）合计	本期增加额（发生额）合计	
	期末余额	

图 2-4　负债及所有者权益类账户

3）损益类账户的结构

费用类账户的结构与资产类基本相同，增加额登记在账户的借方，减少额登记在账户的贷方；收入类账户的结构和负债、所有者权益类基本相同，增加额登记在贷方，减少额登记在借方。

需要说明的是，收入、费用类账户期末应将本期发生额全部结转到"本年利润"账户，结转后这两类账户期末余额为零，即无余额。成本与费用无本质区别，成本类账户期末如有余额应在借方，表示期末尚未完工的在产品成本。

上述各类账户的结构概述如图 2-5 所示。

借方	收入类账户	贷方
（登记本期减少额）	（登记本期增加额）	
本期减少额（发生额）合计	本期增加额（发生额）合计	

借方	费用类账户	贷方
（登记本期增加额）	（登记本期减少额）	
本期增加额（发生额）合计	本期减少额（发生额）合计	

图 2-5　收入与费用类账户

4）利润账户的结构

反映利润或亏损的账户称为利润账户，"本年利润"和"利润分配"属于所有者权益类。利润与收入、费用有密切联系，本年度的收入大于费用为本年利润，收入小于费用为本年亏损，所以它的记录方法与收入类账户、费用类账户相联系，由收入类账户转来的收入合计数记入该账户的贷方，由费用类账户转来的本期费用合计数记入该账户的借方，贷方大于借方为本年利润，贷方小于借方为本年亏损。年度终了，企业的利润要进行分配，亏损要进行弥补，故要将利润账户中的收入与费用的差额，即利润或亏损转入"利润分配"账户，结转后"本年利润"账户没有期末余额。"本年利润"账户结构有两种情况，如图 2-6 所示。由图 2-6 可以看出，"本年利润"账户年度内的期末余额可能是贷方余额（利润），也可能是借方余额（亏损）。但在年度终了，需将本年利润或本年亏损结转入"利润分配"账户，结转后，"本年利润"账户应无余额。

借方	本年利润	贷方
（登记本期费用转入额）	期初余额（年度内利润） （登记本期收入转入额）	
本期转入额（发生额）合计	本期转入额（发生额）合计 期末余额（年度内利润）	

借方	本年利润	贷方
期初余额（年度内亏损） （登记本期费用转入额）	（登记本期收入转入额）	
本期转入额（发生额）合计 期末余额（年度内亏损）	本期转入额（发生额）合计	

图 2-6　本年利润账户

"利润分配"账户是由"本年利润"账户转入的数额计入该账户的贷方，本年度分配的数额计入该账户的借方。如果贷方大于借方的数额为未分配利润，利润分配账户一般有期末余额，则这个贷方余额就是未分配利润。"利润分配"账户结构如图 2-7 所示。

借方	利润分配	贷方
（登记已经分配的本年利润）	期初余额（上年度未分配的利润） （登记本期增加额）	
本期分配额（发生额）合计	本期转入额（发生额）合计 期末余额（未分配利润的累计额）	

图 2-7　利润分配账户

2.3.3　借贷记账法的记账规则

在借贷记账法下，根据复式记账原理，对于任何一笔经济业务，以"有借必有贷，借贷必相等"为记账规则，以相等的金额在两个或两个以上账户中反映。

举例：某企业 20××年 10 月份发生如下经济业务，试说明应该登记的账户名称、金额及登记的方向。

【例 2-1】　1 日，向银行借入期限为 5 个月、到期一次还本付息的借款 100 000 元存入银行。

分析：

受影响的账户	账户类别	金额的变化	借方	贷方
银行存款	资产	增加	100 000	
短期借款	负债	增加		100 000

据此，这笔业务可在有关账户中作如下登记：在"银行存款"账户的借方登记 100 000 元，在"短期借款"账户的贷方登记 100 000 元。

【例 2－2】 6 日，以银行存款支付前欠货款 12 000 元。

分析：

受影响的账户	账户类别	金额的变化	借方	贷方
应付账款	负债	减少	12 000	
银行存款	资产	减少		12 000

据此，这笔业务可在有关账户中作如下登记：在"应付账款"账户的借方登记 12 000 元，在"银行存款"账户的贷方登记 12 000 元。

【例 2－3】 7 日，购入原材料一批并验收入库，价款共计 6 000 元，货款尚未支付。

分析：

受影响的账户	账户类别	金额的变化	借方	贷方
原材料	资产	增加	6 000	
应付账款	负债	增加		6 000

据此，这笔业务可在有关账户中作如下登记：在"原材料"账户的借方登记 6 000 元，在"应付账款"账户的贷方登记 6 000 元。

【例 2－4】 8 日，接受投资者投入资本金 50 000 元，存入本公司开户银行。

分析：

受影响的账户	账户类别	金额的变化	借方	贷方
银行存款	资产	增加	50 000	
实收资本	所有者权益	增加		50 000

据此，这笔业务可在有关账户中作如下登记：在"银行存款"账户的借方登记 50 000 元，在"实收资本"账户的贷方登记 50 000 元。

【例 2－5】 15 日，所有者抽回投资 100 000 元，用银行存款支付。

分析：

受影响的账户	账户类别	金额的变化	借方	贷方
银行存款	资产	减少		100 000
实收资本	所有者权益	减少	100 000	

据此，这笔业务可在有关账户中作如下登记：在"实收资本"账户的借方登记 100 000，在"银行存款"账户的贷方登记 100 000 元。

【例 2－6】 20 日，向银行借入 3 个月期限的短期借款 50 000 元，直接用于偿还应付账款。

分析：

受影响的账户	账户类别	金额的变化	借方	贷方
应付账款	负债	减少	50 000	
短期借款	负债	增加		50 000

据此，这笔业务可在有关账户中作如下登记：在"应付账款"账户的借方登记 50 000 元，在"短期借款"账户的贷方登记 50 000 元。

【例 2 - 7】　22 日，用银行存款购买机器设备等固定资产，共计 10 000 元。

分析：

受影响的账户	账户类别	金额的变化	借方	贷方
银行存款	资产	减少		10 000
固定资产	资产	增加	10 000	

据此，这笔业务可在有关账户中作如下登记：在"固定资产"账户的借方登记 10 000 元，在"银行存款"账户的贷方登记 10 000 元。

【例 2 - 8】　23 日，投资者代其偿还短期借款 200 000 元，作为对其投资的增加。

分析：

受影响的账户	账户类别	金额的变化	借方	贷方
短期借款	负债	减少	200 000	
实收资本	所有者权益	增加		200 000

据此，这笔业务可在有关账户中作如下登记：在"短期借款"账户的借方登记 200 000 元，在"实收资本"账户的贷方登记 200 000 元。

【例 2 - 9】　25 日，宣告发放现金股利 10 000 元。

分析：

受影响的账户	账户类别	金额的变化	借方	贷方
利润分配	所有者权益	减少	10 000	
应付股利	负债	增加		10 000

据此，这笔业务可在有关账户中作如下登记：在"利润分配"账户的借方登记 10 000 元，在"应付股利"账户的贷方登记 10 000 元。

【例 2 - 10】　30 日，投资人甲公司将其投资的 50 000 元转让给乙公司。

分析：

受影响的账户	账户类别	金额的变化	借方	贷方
实收资本—甲公司	所有者权益	减少	50 000	
实收资本—乙公司	所有者权益	增加		50 000

据此，这笔业务可在有关账户中作如下登记：在"实收资本—甲公司"账户的借方登记 50 000 元，在"实收资本—乙公司"账户的贷方登记 50 000 元。

可见，经济业务发生之后都要同时记入有关账户的借方和有关账户的贷方，且记入借方、贷方的金额必然相等。因此，借贷记账法的记账规则可概括为"有借必有贷，借贷必相等"。

2.3.4　账户的对应关系与会计分录

按照借贷记账法的记账规则记录经济业务时，在两个或两个以上有关账户之间形成的应借、应贷的相互对照关系，称为账户的对应关系。存在这种对应关系的账户为对应账户。通过账户的对应关系可以了解经济业务的内容和资金运动的来龙去脉。

会计分录是确定某项经济业务应借、应贷账户的名称、方向及其金额的一种记录，它是会计语言的表达方式。会计分录一般是根据原始凭证在记账凭证或登记日记账来完成的。

会计分录的三要素：账户（会计科目）名称、应借应贷方向（记账符号）、应记金额。

会计分录的编制方法：分析确定经济业务事项涉及的是资产（费用、成本）还是权益（负债、所有者权益、收入）；确定涉及哪些账户，是增加还是减少；确定记入哪个（或哪些）账户的借方，哪个（或哪些）账户的贷方；确定应借应贷的账户是否正确，借贷金额是否相等。

会计分录格式的一般要求：左借右贷，上借下贷，前借后贷，借贷错开，借贷平衡。会计分录按所涉及的账户的多少可分为简单会计分录和复合会计分录两种。简单会计分录是指只涉及一个账户的借方和另一个账户的贷方的会计分录。这种会计分录的科目对应关系一目了然。复合会计分录又称复合分录，是指涉及两个以上（不含两个）对应关系所组成的分录，即一借多贷、一贷多借或多借多贷。一笔复合分录可以分解为几笔简单会计分录。多借多贷的会计分录，其对应关系不清晰，难以据此分析经济业务的实际情况。

【例2-11】 1日，向银行借入期限为5个月、到期一次还本付息的借款100 000元存入银行。

借：银行存款　100 000
　　贷：短期借款　　100 000

【例2-12】 6日，以银行存款支付前欠货款12 000元。

借：应付账款　　12 000
　　贷：银行存款　　　12 000

【例2-13】 7日，购入原材料一批并验收入库，价款共计6 000元，货款尚未支付。

借：原材料　　6 000
　　贷：应付账款　　6 000

【例2-14】 8日，接受投资者投入资本金50 000元，存入本公司开户银行。

借：银行存款　50 000
　　贷：实收资本　　50 000

【例2-15】 15日，所有者抽回投资100 000元，用银行存款支付。

借：实收资本　　100 000
　　贷：银行存款　　　100 000

【例2-16】 20日，向银行借入3个月期限的短期借款50 000元，直接用于偿还应付账款。

借：应付账款　　50 000
　　贷：短期借款　　　50 000

【例2-17】 22日，用银行存款购买机器设备等固定资产，共计10 000元。

借：固定资产　　10 000
　　贷：银行存款　　　10 000

【例2-18】 23日，投资者代其偿还短期借款200 000元，作为对其投资的增加。

借：短期借款　　200 000
　　贷：实收资本　　　200 000

【例2-19】 25日，宣告发放现金股利10 000元。

借：利润分配　　10 000

　　　　　贷：应付股利　　　　　10 000
【例 2 - 20】　30 日，投资人甲公司将其投资的 50 000 元转让给乙公司。
　　　借：实收资本—甲公司　　　　50 000
　　　　　贷：实收资本—乙公司　　　　　　50 000

2.3.5　借贷记账法的试算平衡

　　试算平衡是指将一定时期全部经济业务事项登记入账后，应根据资产与权益的平衡关系以及借贷记账法的记账规则来检查所有账户记录是否正确的过程。

1. 试算平衡的分类

　　试算平衡包括发生额试算平衡法和余额试算平衡法两种。
　　（1）发生额试算平衡法是根据本期全部借方发生额合计与贷方发生额合计的恒等关系，检验账户本期发生额记录是否正确的一种方法。平衡公式为：
　　　　全部账户本期借方发生额合计数＝全部账户本期贷方发生额合计数
　　（2）余额试算平衡法是根据本期所有账户借方余额合计与贷方余额合计的恒等关系，检验本期账户记录是否正确的一种方法。根据余额时间不同，余额试算平衡又分为期初余额平衡和期末余额平衡两类。平衡公式为：
　　　　　　全部账户借方期初余额合计数＝全部账户贷方期初余额合计数
　　　　　　全部账户借方期末余额合计数＝全部账户贷方期末余额合计数
　　理论依据是"资产＝负债＋所有者权益"这一基本会计平衡等式。

2. 试算平衡表的编制

　　试算平衡是通过编制"试算平衡表"来完成的，如表 2 - 4 所示。

表 2 - 4　试算平衡表

会计科目	期初余额		本期发生额		期末余额	
	借方	贷方	借方	贷方	借方	贷方
银行存款	200 000		150 000	122 000	228 000	
原材料	62 000		6 000		68 000	
固定资产	400 000		10 000		410 000	
短期借款		200 000	200 000	150000		150 000
应付账款		62 000	62 000	6 000		6 000
应付股利		0		10 000		10 000
实收资本		350 000	150 000	300 000		500 000
利润分配		50 000	10 000			40 000
合计	662 000	662 000	588 000	588 000	706 000	706 000

　　需要说明的是，通过本期所有账户的发生额和余额登记入表后，进行试算，如果借贷两方金额相等，账户记录也只是基本正确。如果出现借方合计数与贷方合计数不等，则记账工作肯定出现了问题。有些错误并不影响借贷双方的平衡，如漏记或重记某项经济业务，借贷记账方向彼此颠倒或方向正确但记错了账户。因此，根据试算平衡的结果，只能确认账户是否基本正确。

练 习 题

一、单项选择题

1. 会计科目是( )的名称。

A. 会计账户　　　B. 会计等式　　　C. 会计对象　　　D. 会计要素

2. 不属于损益类会计科目的是( )。

A. 投资收益　　　B. 管理费用　　　C. 主营业务成本　D. 生产成本

3. 根据借贷记账法的原理，记录在账户贷方的是( )。

A. 费用的增加　　B. 收入的增加　　C. 负债的减少　　D. 所有者权益的减少

4. 借贷记账法的记账规则是( )。

A. 同增、同减、有增、有减　　　　　B. 同收、同付、有收、有付

C. 有增必有减，增减必相等　　　　　D. 有借必有贷，借贷必相等

5. 复式记账法的基本原理依据是( )的平衡原理。

A. 资产＝负债＋所有者权益

B. 收入－费用＝利润

C. 期初余额＋本期增加数－本期减少数＝期末余额

D. 借方发生额＝贷方发生额

6. 按照借贷记账法的记录方法，下列账户中，账户的借方登记增加额的是( )。

A. 实收资本　　　B. 应付职工薪酬　C. 累计折旧　　　D. 所得税费用

7. 月末应无余额的账户是( )。

A. 固定资产　　　B. 银行存款　　　C. 管理费用　　　D. 实收资本

8. 资产类账户期末余额的计算公式是( )。

A. 期末余额＝期初借方余额＋本期借方发生额－本期贷方发生额

B. 期末余额＝期初贷方余额＋本期贷方发生额－本期借方发生额

C. 期末余额＝期初借方余额＋本期借方发生额

D. 期末余额＝期初贷方余额＋本期贷方发生额

9. 负债类账户期末余额的计算公式是( )。

A. 期末余额＝期初借方余额＋本期借方发生额－本期贷方发生额

B. 期末余额＝期初贷方余额＋本期贷方发生额－本期借方发生额

C. 期末余额＝期初借方余额＋本期借方发生额

D. 期末余额＝期初贷方余额＋本期贷方发生额

10. 全面清晰地反映经济业务的来龙去脉，不得将不同的经济业务合并编制成为( )。

A. 一借一贷　　　B. 一借多贷　　　C. 一贷多借　　　D. 多借多贷

11. 对于每一个账户来说，期末余额( )。

A. 只能在借方　　　　　　　　　　　B. 只能在贷方

C. 一般和账户增加额方向相一致　　　D. 为零

12. 下列不是设置会计科目原则的是( )。

A. 必须结合会计对象的特点　　　　　B. 统一性与灵活性相结合

C. 应保持相对的稳定　　　　　　　　D. 经审计人员审计批准

13. 会计账户借贷两方，哪一方登记增加数，哪一方登记减少数，取决于(　　　)。

A. 账户的级次　　　　　　　　　　B. 账户结构

C. 账户的类别　　　　　　　　　　D. 记账方法和所记录的经济业务内容

14. 会计分录的三要素是(　　　)、账户的名称和记账金额。

A. 余额的方向　　　B. 账户的结构　　　C. 记账符号　　　D. 账户的类别

15. 账户的借方不表示(　　　)。

A. 资产增加　　　B. 收入减少　　　C. 费用增加　　　D. 所有者权益增加

二、多项选择题

1. 账户的哪一方记增加，哪一方记减少，取决于(　　　)。

A. 记账方法　　　　　　　　　　　B. 记账的规则

C. 账户格式　　　　　　　　　　　D. 账户记录的经济业务内容

2. 账户与会计科目的区别表现在(　　　)。

A. 账户有结构，会计科目无结构

B. 会计科目是根据账户设置的

C. 会计科目和账户的经济内容是不一致的

D. 会计要素的增减变化可以在账户中进行登记，而不能在会计科目中登记

3. 账户的贷方表示(　　　)。

A. 收入的增加　　　　　　B. 收入的减少　　　　　　C. 费用减少

D. 负债增加　　　　　　E. 所有者权益减少

4. 下列说法正确的是(　　　)。

A. 账户的余额一般与记录增加额在同一方向

B. 损益类账户在期末结转后一般余额

C. 成本类账户如有余额，则按负债账户期末余额计算公式计算

D. 收入类账户如有余额，则按负债账户期末余额计算公式计算

E. 账户期末余额的计算与其发生额无关

5. 复式记账法具有以下特点(　　　)。

A. 需要建立完整的账户体系　　　　B. 对每一笔经济业务都要进行反映

C. 可以进行试算平衡　　　　　　　D. 只反映经济业务的一个方面

E. 不需要建立完整的账户体系

6. 借贷记账法的基本内容包括(　　　)。

A. 记账符号　　　　　B. 账户设置　　　　　C. 记账规则

D. 试算平衡　　　　　E. 记账依据

7. 在正常情况下，下述各类账户有期末余额的是(　　　)。

A. 收入类账户　　　　B. 资产类账户　　　　C. 费用类账户

D. 负债类账户　　　　E. 所有者权益类账户

8. 复式记账法的特点是(　　　)。

A. 账户对应关系清楚，能全面、清晰地反映资金运动的来龙去脉

B. 准确性强

C. 能全面、系统地反映经济活动和经营成果

D. 便于试算平衡，检查账户记录是否正确

9. 借贷记账法的试算平衡公式是（　　　）。

A. 所有账户的本期借方发生额之和＝所有账户本期贷方发生额之和

B. 所有资产账户的本期借方发生额之和＝所有负债和所有者权益账户本期贷方发生额之和

C. 所有账户的期末借方余额之和＝所有账户期末贷方余额之和

D. 收入账户的本期发生额＝费用账户的本期发生额

10. 账户与会计科目的不同点在于（　　　）。

A. 两者分类的口径不同

B. 两者的作用不同

C. 账户式会计核算方法，会计科目则不是

D. 会计科目和账户反映的经济内容不同

三、判断题

1. 账户的本期发生额反映的是动态指标，而期末余额反映的是静态指标。（　　　）

2. 借贷记账法中的"借"和"贷"分别是债权和债务之意。（　　　）

3. 一般而言，费用类账户的结构与资产类账户的结构相似，收入类账户结构与负债类账户结构相似。（　　　）

4. 会计科目与会计账户是同义词，因而两者没有什么区别。（　　　）

5. 收入和费用的增加，实质上都是所有者权益的区别。（　　　）

6. 任何一项经济业务的发生都不会破坏会计等式的平衡关系，只会使资产和权益总额同增或同减变化。（　　　）

7. 会计科目是会计账户的名称，也是设置账户的依据。（　　　）

8. 借贷记账法是复试记账中应用最广泛的一种方法。（　　　）

9. 用借贷记账法记录任何一笔经济业务都必须在两个或两个的账户中一个记借方，另一个记贷方。（　　　）

10. 在借贷记账法下，只要试算平衡了，说明账户记录就不会有差错。（　　　）

11. 账户的对应关系是指某个账户的借方与贷方的关系。（　　　）

12. 所有账户的左边均记录增加额，右边均记录减少额。（　　　）

13. 复式记账法能全面、系统地反映经济活动和经营成果。（　　　）

14. 凡是借方余额的账户都是资产类账户。（　　　）

15. 所有会计账户都是根据会计科目开设的。（　　　）

16. 会计科目是根据不同单位经济业务的特点设置的。（　　　）

17. 所有总分类账户均应设置明细分类账户。（　　　）

18. 会计科目和账户均是对经济业务进行分类的项目。（　　　）

19. 通过试算平衡检查账簿记录，若借贷平衡，账簿记录一定正确。（　　　）

20. 设置会计科目，是将性质相同的信息给予约定的代码。（　　　）

四、简答题

1. 什么是会计科目？什么是会计账户？两者之间有什么区别与联系？

2. 试述会计账户的基本结构。

3. 什么是借贷记账法？借贷记账法的主要内容有哪些？

4. 说明资产类账户结构的特点。

5. 说明负债类账户结构的特点。

6. 说明权益类账户结构的特点。

7. 什么是会计分录？它有哪些基本要素？

8. 试述试算平衡法原理。

9. 设置会计科目应遵循的原则有哪些？

10. 总分类账户和明细分类账户有什么联系和区别？

五、业务题

1.

(1) 目的：熟悉各类账户的结构。

(2) 资料：××公司20××年发生的经济业务如表2-5所示。

表 2-5　××公司20××年发生的经济业务　　　　　单位：元

账户名称	期初余额	本期借方发生额	本期贷方发生额	期末余额
库存现金	20 000	10 000		5 000
原材料	1 000	4 000	2 000	
应付账款	50 000	10 000		70 000
短期借款		80 000	400 000	6 000 000
实收资本	900 000		500 000	1 000 000

(3) 要求：根据借贷记账法原理，在空格处填上适合的数字。

2.

(1) 目的：熟悉借贷记账法。

(2) 资料：××公司20××年1月发生的经济业务如表2-12所示。

(3) 要求：根据借贷记账法原理，写出会计分录。

① 开出现金支票从银行提取现金2 400元。

② 向银行借入短期借款50 000元存入银行。

③ 采购原材料一批价款30 000元，价款尚未支付。

④ 开出转账支票偿还前欠甲公司的贷款11 700元。

⑤ 收到A公司投入资本300 000元存入银行。

⑥ 开出支票购入电子计算机一台，价值10 000元。

⑦ 收回上月的应收的货款50 000元存入银行。

3.

(1) 目的：熟悉借贷记账法。

(2) 资料：××公司20××年1月初部分账户的期初余额如下。

库存现金50 000元　　　　　　应付账款62 000元

银行存款320 000元　　　　　　短期借款104 000元

应收账款 60 000 元　　　　　固定资产 180 000 元

实收资本 410 000 元　　　　　资本公积 34 000 元

（3）要求：

① 根据借贷记账法原理和第 2 题写出的会计分录登记 T 形账户并结出余额。

② 根据第 2 题、第 3 题的资料，编制总分类账户发生额和余额的试算平衡表。

第 3 章 一个完整的业务循环

【学习目标】 了解会计循环的过程，掌握企业筹资活动、材料采购业务、固定资产、无形资产购进业务、生产过程业务、销售业务的会计核算及相应的账务处理，理解利润的形成过程及利润分配的顺序，掌握经营成果形成及分配业务的会计核算。

【引导案例】 小王是一名会计专业的大一学生，暑假时他去一家公司实习。在实习的过程中，他有以下几个方面的疑问：① 企业的发展离不开资金的筹备，企业可以通过哪几种方式筹集资金？不同筹资方式如何在会计中具体反映？② 企业将筹集到的资金准备投入生产时应如何通过账务处理记录资金及产品的运动？③ 企业核算产品成本时，除了发生一些生产成本及相关费用外，还会有一些与生产产品无关的经济利益的流出，企业如何进行区分并进行相应账务处理？作为公司财务人员的你应该怎样为他们答疑解惑？

3.1 会计循环与主要经济业务

制造企业资金投入以后，依次经过供应、生产、销售三个阶段，资金形态按照货币资金—储备资金—生产资金—货币资金的顺序循环周转。会计循环是指企业将一定时期内发生的所有经济业务依照一定步骤、方法加以记录、归类、汇总直至编制会计报表，如此周而复始、循环往复。在会计实务中，科学地组织会计循环，对于有效保证会计信息质量，连续、系统地记录和反映各项经济业务的发生和完成情况具有重要意义。

1. 记录会计事项

会计主体在发生对内对外经济业务时，不论是买卖、借贷或其他往来事项，只要经过双方同意，并议定公平价格或承诺的，即构成会计事项发生。因此，会计事项必须是具有经济活动内容，并可以计价结算的经济业务。

2. 分析经济业务

分析经济业务即根据交易发生时取得的各种合法原始凭证，按其经济业务内容经过分析、分类和整理后，确定应借应贷账户的名称和金额。

3. 记入账簿

根据记账凭证将所有经济业务按其发生的顺序，分门别类地计入有关账簿。对现金和银行存款等货币资产收付业务计入日记账。设有明细分类账户的，还要根据平行登记原理分别计入有关明细分类账户和总账账户，并核对一致。

4. 编制调整前试算表

编制调整前试算表，以验证分类账中借贷金额是否相等。

5. 调整会计事项

调整会计事项即按照权责发生制原则，在会计期末对某些应计项目和递延项目进行适当的会计处理，并登记入账。

6. 编制调整后试算表

编制调整后试算表，再次验证分类账中借贷金额是否相等。

7. 结账

会计期间终了，按规定方法结计各账户本期发生额及余额，并将期末余额转入下期，同时结平相关损益类账户。

8. 编制会计报表

编制的会计报表包括资产负债表、损益表、现金流量表、所有者权益变动表等。

我国企业会计循环的具体过程如图 3-1 所示。

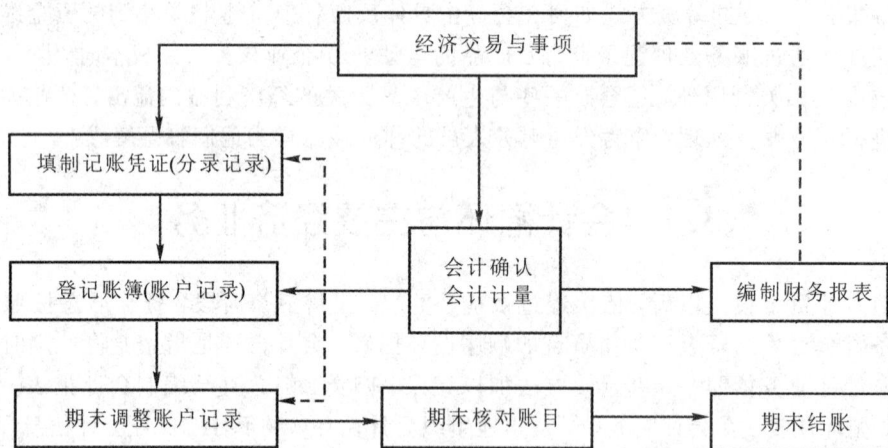

图 3-1　我国企业会计循环的具体流程

我国企业会计循环具有以下两个方面的特征：

（1）具体事项的记录体现在所填制的记账凭证中。填制记账凭证实际上就是编制会计分录，记账凭证上主要说明经济交易应当记录的账户名称、借贷方向与金额。同时，证明经济交易内容的原始凭证，以记账凭证的附件形式存在。

（2）记账凭证过入总分类账的具体方式在部分企业存在差异。一般企业根据经济交易与事项发生后所填制的记账凭证，逐笔登记总分类账。

企业在经营过程中发生的主要经济业务内容包括：① 资金筹集业务；② 供应过程业务；③ 生产过程业务；④ 销售过程业务；⑤ 财务成果形成与分配业务。

3.2　筹集资金业务的核算

3.2.1　企业筹资活动的主要内容

筹资活动是指企业为了满足投资和资金营运的需要，筹集所需资金的行为。企业进行筹资活动需要考虑以下两个因素：

（1）企业根据战略发展和投资计划来确定各个时期企业总体的筹资规模，以保证投资所需资金。

（2）恰当选择筹资渠道、筹资方式或工具，合理确定筹资结构，降低筹资成本和风险，提高企业价值。

企业筹资渠道主要有以下两种：

（1）所有者投入的资金。投资人投入资金即注册资本，可以是境内投资和境外投资，投资人可以是国家、法人和自然人，接受投资的形式可以是现款、实物资产和无形资产。

（2）通过各种形式举借债务。企业可以向银行或其他金融机构取得各种借款，或经批准向社会发行企业债券借入资金。

3.2.2 账户设置

1. 实收资本

实收资本为所有者权益类账户（股份公司为"股本"），用于核算投资者（所有者）投入企业的资本，指投资者作为资本投入企业的各种资产的价值。投资人可以用货币资金、存货、固定资产、无形资产等各种形式的资产对企业投资。实收资本账户记录方法如下：

（1）贷方登记企业实际收到的投资者投入的资本数；

（2）借方登记企业按法定程序报经批准减少的注册资本数；

（3）期末贷方余额反映企业实有的资本或股本数额。

实收资本账户应按投资人、投资单位设置明细分类账。

2. 资本公积

资本公积为所有者权益类账户，用于核算法定财产评估增值和资本溢价或股本溢价的金额，是指由投资者或他人（或单位）投入，其形成来源主要是资本或股本溢价。从形成来源分析，资本公积与企业的净利润无关，本质上属于投入资本的范畴。资本公积账户记录方法如下：

（1）贷方登记企业取得的资本公积数额；

（2）借方登记资本公积的减少数额；

（3）期末贷方余额表示企业资本公积的实际结存数额。

资本公积账户应按来源设置捐赠公积、资本溢价、法定财产重估增值及其他资本公积等明细分类账。

3. 库存现金

库存现金为资产类账户，指存放在企业财会部门并由出纳员保管作为备用的货币资金。库存现金账户记录方法如下：

（1）借方登记现金收入金额；

（2）贷方登记现金支出金额；

（3）借方余额反映库存现金的余额。

库存现金账户一般不设置明细科目，特殊情况下设人民币与外币的明细分类账。

4. 银行存款

银行存款为资产类账户，用来核算企业银行存款的收支变动及其结存情况。银行存款是指企业存放在银行或其他金融机构的各种存款。按照国家有关法律法规，企业必须根据银行存款开户办法的有关规定，向银行申请开立存款结算账户，除按规定可用现金收付的款项外，都必须通过银行进行货币资金的收支结算。银行存款账户记录方法如下：

（1）借方登记投资人货币资金投资或存入的款项；

（2）贷方登记提取或支出的存款；

（3）期末借方余额表示企业存在银行或其他金融机构的款项。

银行存款账户一般按照开户行设置明细科目，如涉及外币核算，也可按照币种设置明细分类账。

5. 固定资产

固定资产为资产类账户，用来核算企业固定资产原始价值增减变动及其结存情况。固定资产是指使用年限在一年以上，为生产商品、提供劳务、出租或经营管理而持有的，并在使用过程中保持原来物质形态的资产，如房屋、机器设备和建筑物等。固定资产账户记录方法如下：

（1）借方登记(不需要经过建造、安装即可使用的)固定资产增加的原始成本；

（2）贷方登记减少固定资产的原始成本；

（3）期末借方余额反映企业期末固定资产的账面成本。

固定资产账户应按品种设置明细分类账。

6. 无形资产

无形资产为资产类账户，用于核算企业所持有的、没有实物形态的可辨认的非货币性长期资产的增减变动及其结存情况。无形资产包括专利权、非专利技术、商标权、著作权和土地使用权等。无形资产账户记录方法如下：

（1）借方登记企业因购进、接受投资等导致的无形资产的增加数；

（2）贷方登记因出售或对外投资等导致的无形资产的减少数；

（3）期末借方余额表示期末无形资产的成本。

无形资产账户应按无形资产分类设置专利权、非专利权、著作权、土地使用权及其他明细分类账。

7. 短期借款

短期借款为负债类账户，用来核算企业向银行或其他金融机构等借入的期限在1年以下(含1年)的各种借款。短期借款账户记录方法如下：

（1）贷方登记企业借入的各种短期借款；

（2）借方登记归还的短期借款；

（3）期末贷方余额表示期末尚未归还的短期借款的本金。

短期借款账户应按借款种类、贷款人和币种设置明细分类账。

8. 长期借款

长期借款为负债类账户，用来核算企业借入的期限在1年以上(不含1年)的各种借款。

长期借款账户记录方法如下：

（1）贷方登记企业借入的各种长期借款数（包括本金和利息）；

（2）借方登记归还的长期借款；

（3）期末贷方余额表示企业尚未归还的长期借款本金和利息数。

长期借款账户应按贷款单位和贷款种类，分别以本金、利息调整等设置明细分类账。

9. 财务费用

财务费用为损益类账户，用来核算企业为筹资而发生的理财费用情况。财务费用账户记录方法如下：

（1）借方登记本期发生的利息支出、汇总损失以及相关的理财手续费等；

（2）贷方登记本期发生的应冲减理财费用的利息收入、汇总收益等；

（3）期末应将借贷方发生额的差额由贷方（或借方）结转"本年利润"账户的借方（或贷方），经结转后期末无余额。

财务费用账户应按费用项目设置明细分类账。

10. 应付利息

应付利息为负债类账户，用来核算企业按照合同约定应支付的利息，包括吸收存款、分期付息到期还本的长期借款、企业债券等应支付的利息。应付利息账户记录方法如下：

（1）贷方登记企业按照约定的利率计算确定的应付利息费用；

（2）借方登记实际支付的利息费用；

（3）期末余额在贷方，表示期末尚未支付的应付利息数额。

应付利息账户应按存款人或债权人设置明细分类账。

3.2.3　账务处理举例

【例 3-1】　甲公司收到投资者投入的货币资金 400 000 元，款项已存入银行。

借：银行存款　400 000

　　贷：实收资本（或股本）　　400 000

【例 3-2】　甲公司收到 A 公司投入设备一台，该账面原价 100 000 元，双方协议确认的价值为 120 000 元，设备已经投入使用。

借：固定资产　　120 000

　　贷：实收资本（或股本）　　120 000

【例 3-3】　B 公司用商标权向甲公司投资，经专家评估确认的价值为 20 000 元。

借：无形资产　　20 000

　　贷：实收资本（或股本）　　20 000

【例 3-4】　甲公司接收 C 公司捐赠的设备一台，价值 30 000 元。

借：固定资产　　30 000

　　贷：营业外收入　　30 000

【例 3-5】　甲公司从某银行借入一年期款项 3 000 000 元，款项已存入银行。

借：银行存款　　3 000 000

　　贷：短期借款　　　3 000 000

【例3-6】　甲公司向银行借入三年期借款1 000 000元，款项已存入银行。

借：银行存款　　　1 000 000

　　贷：长期借款　　　　　　1 000 000

【例3-7】　甲公司2015年1月1日发行股票100 000股，每股面值1元，发行价为3元，无相关发行费用，款项已存入银行。

借：银行存款　　　　　　300 000

　　贷：股本　　　　　　　　100 000

　　　　资本公积—股本溢价　200 000

【例3-8】　甲公司2016年1月1日发行股票200 000股，每股面值1元，平价发行，无相关发行费用，款项已存入银行。

借：银行存款　　　200 000

　　贷：股本　　　200 000

3.3　供应阶段的业务核算

供应阶段是为生产产品作准备的过程，为了生产产品，要做好物资准备工作，其中较为重要的就是采购原材料和购建固定资产。

3.3.1　材料采购业务核算

1. 主要内容

企业要进行正常的产品生产经营活动就需要购买和储备一定品种和数量的原材料，形成存货。存货指企业在日常活动中持有以备出售的产成品或商品、处在生产过程中的在产品、在生产过程或提供劳务过程中耗用的材料和物料等。由于原材料是存货的主要组成部分，因此着重介绍原材料采购业务的核算，确定采购成本，检查材料采购计划执行情况，核算与监督储备资金占用量等。

根据《企业会计准则第1号——存货》的规定，存货的采购成本包括：① 买价，购货发票所注明的货款金额，不包括增值税专用发票中的增值税额；② 运杂费，包括运输费、装卸费、包装费、保险费以及仓储费用等；③ 运输途中的合理损耗；④ 入库前的挑选整理费，包括挑选过程中所发生的工资、费用支出和必要的损耗，但要扣除下脚料的价值；⑤ 进口关税、其他税金（不包括准予抵扣的增值税）和其他费用等。

在材料采购成本计算过程中，能直接确定归属的采购费用，应直接计入有关材料的成本中；反之，如共担运费、入库前的挑选整理费等应按照一定分配标准分别计入各种材料的采购成本中。

2. 账户设置

1）"在途物资"账户

"在途物资"账户为资产类账户，用于核算并归集企业已经购入但尚未到达或尚未验收入库的各种材料的买价和采购费用。"在途物资"账户记录方法如下：

（1）借方登记购入但尚未到达或尚未验收入库材料的实际成本（即买价和采购费

用之和）；

（2）贷方登记已验收入库材料的实际成本；

（3）期末余额在借方，表示期末尚未运达企业或已运达企业但尚未办理验收入库手续的在途材料的实际成本。

材料采购过程中的增值税进项税额不应计入材料采购成本，其属于价外税，应在“应交税费”账户进行单独核算。

“在途物资”账户应按供应单位和物资品种设置明细分类账。

2）“材料采购”账户

“材料采购”账户为资产类账户，用来核算企业采用计划成本进行材料日常核算而购入的各种材料的采购成本。“材料采购”账户记录方法如下：

（1）借方登记外购材料实际支付的货款或应支付的款项；

（2）贷方登记相应外购材料的计划成本，将实际成本大于计划成本的差异计入“材料成本差异”账户的借方，将实际成本小于计划成本的差异计入“材料成本差异”账户的贷方；

（3）期末余额在借方，表示尚未验收入库的在途物资。

“材料采购”账户应按供应单位和材料品种设置明细分类账。

3）“原材料”账户

“原材料”账户为资产类账户，用来核算企业库存材料的增减变化及结余情况。“原材料”账户记录方法如下：

（1）借方登记企业购入且已经验收入库材料的实际成本（或计划成本）；

（2）贷方登记发出材料的实际成本（或计划成本），包括生产领用、出售及发出委托加工物资等；

（3）期末余额在借方，表示企业库存材料的实际成本（或计划成本）。

“原材料”账户应按材料保管地点（仓库）、材料的类别、品种和规格设置明细分类账。

4）“应付账款”账户

“应付账款”账户为负债类账户，用来核算企业采用赊购方式购买材料、商品和接受劳务供应等而应付给供应单位的款项及其增减变动情况。“应付账款”账户记录方法如下：

（1）贷方登记因购买材料、商品和接受劳务供应等应付而未付的应付账款；

（2）借方登记已经支付或已经开出承兑商业汇票抵付的应付账款；

（3）期末余额在贷方，表示尚未支付的应付账款。

“应付账款”账户应按债权人设置明细分类账。

5）“应付票据”账户

“应付票据”账户为负债类账户，用来核算企业购买材料、商品和接受劳务供应等开出、承兑的商业汇票（包括商业承兑汇票和银行承兑汇票），商业汇票包括带息和不带息两种。“应付票据”账户记录如下：

（1）贷方登记企业已经开出、承兑的商业汇票面额及利息；

（2）借方登记汇票到期后实际支付的款项；

（3）期末余额在贷方，表示尚未到期的应付票据面额及利息。

“应付票据”账户应按债权人设置明细分类账。

6)"预付账款"账户

"预付账款"账户为资产类账户,用来核算企业按照购货合同规定预付给供应单位的款项及计算情况。预付账款账户记录方法如下:

(1)借方登记按照合同规定预付给供应单位的货款和补付的款项等;

(2)贷方登记收到所购货物后抵扣预付货款数和退回的多付款等;

(3)期末余额一般在借方,表示企业预付账款的结余额,如果在贷方则表示企业尚未补付的款项。

预付账款账户应按供应单位设置明细分类账。

7)"应交税费"账户

应交税费为负债类账户,用来核算企业按照税法规定计算应交的各种税费,包括增值税、消费税、营业税、所得税、资源税等。"应交税费"账户记录方法如下:

(1)借方登记实际已经缴纳的税费;

(2)贷方登记按照税法规定计算的应交税费;

(3)期末余额在贷方,表示应交未交的税费。

增值税是就其货物或劳务的增值部分征收的一种税,要通过产品实现销售转嫁给购买者,最终由消费者承担,属于一种价外税。对企业来说,为生产产品购买材料时,付给供给者的增值税为进项税额;当生产的产品实现销售时,要向购买方收取的增值税为销项税额,用当期销项税额减去当期进项税额即为企业应缴纳的增值税。

"应交税费—应交增值税"账户用以核算企业按照税法规定应缴纳的增值税进项税额和销项税额。该账户借方登记企业购进某一产品时按照税法规定应缴纳的增值税进项税额;贷方登记企业在销售产品时根据销售收入计算的应向税务部门缴纳的税款;期末余额在贷方,表示企业应缴纳的税款,期末余额在借方,表示企业尚未抵扣的增值税。"应交税费—应交增值税"账户下分别设置"进项税额""销项税额""已交税金"等专栏进行核算。

3. 账务处理举例

【例 3-9】 甲公司从 W 企业购入 A 材料 1 000 千克,买价 30 000 元,增值税 5 100元,对方代垫运费 1 000 元,款项尚未支付,材料已验收入库。

采购付款时:

借:在途物资—A 材料　　　　　　　　　　31 000

　　应交税费—应交增值税(进项税额)　　5 100

　　　贷:应付账款—W 企业　　　　　　　　　　36 100

验收入库时:

借:原材料　　　　　　31 000

　　贷:在途物资　　　　　31 000

【例 3-10】 甲公司用银行存款归还 W 企业的货款。

借:应付账款—W 企业　　36 100

　　贷:银行存款　　　　　36 100

【例 3-11】 根据合同规定,甲公司用银行存款 50 000 向乙企业预付购买 A 材料。

借:预付账款　　50 000

　　贷：银行存款　50 000

　　【例 3 - 12】　甲公司购入 C 材料 2 000 千克，买价 100 000 元，增值税 17 000 元，材料验收入库，企业开出商业汇票支付货款。

　　采购付款时：

　　借：在途物资—C 材料　　　　　　　　　　100 000

　　　　应交税费—应交增值税（进项税额）　17 000

　　　　贷：应付票据　　　　　　　　　　　　　　117 000

　　验收入库时：

　　借：原材料—C 材料　　　　　　100 000

　　　　贷：在途物资　　　　　　　　　100 000

　　也可以写成：

　　借：原材料—C 材料　　　　　　　　　100 000

　　　　应交税费—应交增值税（进项税额 ）　17 000

　　　　贷：应付票据　　　　　　　　　　　　117 000

　　【例 3 - 13】　甲公司上述票据到期支付票款。

　　借：应付票据　117 000

　　　　贷：银行存款　117 000

　　【例 3 - 14】　甲公司从乙公司购入 A 材料和 B 材料，共发生运费 3 000 元，已用银行存款支付，按两种材料的重量分配，A 材料应分配 1 000 元，B 材料应分配 2 000 元。

　　借：在途物资—A 材料　　　　1 000

　　　　　　　　—B 材料　　　　2 000

　　　　贷：银行存款　　　　　　　3 000

3.3.2　固定资产购进业务

1. 主要内容

　　企业固定资产的形成方式有外部购入、自行建造、投资者投入和接受捐赠四种方式。固定资产购进业务主要核算购置货款及税金的结算和自行建造所发生的工程物资、人工及机器设备消耗等款项。

　　外购的固定资产在进行账务处理时分不需安装和需要安装两种情况。不需安装的采购成本为买价、运输费、装卸费和保险费之和等；需要安装的采购成本除上述费用外，还包括安装过程中支付给工人的安装费等。

　　固定资产的计量包括初始计量和后续计量两个方面。固定资产的初始计量是指取得固定资产时入账价值的确定即固定资产的取得成本。固定资产应当按照成本进行初始计量。取得成本包括企业为购建某项固定资产达到预定可使用状态前所发生的一切合理的、必要的支出。在实务中企业取得固定资产的方式多种多样，如外购、自行建造、投资者投入、非货币性资产交换、债务重组、企业合并等。固定资产取得方式不同，其成本的具体构成内容及确定方法也存在较大差异。固定资产的后续计量主要包括固定资产折旧的计提、减值损失的确定以及后续支出的计量。

2. 账户设置

1）固定资产账户

固定资产账户为资产类账户，用来核算企业为生产商品、提供劳务、出租或经营管理而持有的，使用寿命超过一个会计年度的有形资产。固定资产账户记录方法如下：

（1）借方登记增加的不需要经过建造、安装即可使用的固定资产原始价值；

（2）贷方登记固定资产原始价值的减少；

（3）期末余额在借方，表示企业在期末结存固定资产的原始价值。

固定资产账户应按固定资产类别和项目设置明细分类账。

2）"在建工程"账户

"在建工程"账户为资产类账户，用来反映固定资产的构建支出和应结转的实际成本。"在建工程"账户记录方法如下：

（1）借方登记构建时支付的买价、运杂费等；

（2）贷方登记结转的在建工程实际成本；

（3）期末余额在借方，表示尚未完工或尚未交付使用工程的实际成本。

"在建工程"账户应按建筑工程、安装工程、在安装设备、待摊支出及单项工程等设置明细分类账。

3）"累计折旧"账户

"累计折旧"账户为资产类账户（"固定资产"账户的抵减账户），用来核算企业固定资产因日常使用、磨损等而减少的价值。"累计折旧"账户记录方法如下：

（1）借方登记已提固定资产折旧累计的减少或转销数；

（2）贷方登记固定资产累计折旧的增加数；

（3）期末余额在贷方，表示现有固定资产已提折旧的金额。

"累计折旧"账户应按固定资产的类别或项目设置明细分类账。

3. 账务处理举例

【例 3-15】　甲公司购入一台不需安装的设备，买价为 100 000 元，增值税专用发票写明的金额为 17 000 元，另用银行存款支付运输费 1 000 元，款项尚未支付。

借：固定资产　　　　　　　　　　　101 000

　　应交税费—应交增值税（进项税额）　17 000

　　贷：应付账款　　　　　　　　　　　　118 000

【例 3-16】　甲公司购入需要安装的设备一台，买价为 100 000 元，增值税为 17 000 元，款项已用银行存款支付。在安装的过程中，耗用材料费用 10 000 元。安装完毕，验收合格并已交付使用。

（1）购入设备。

借：在建工程　　　　　　　　100 000

　　应交税费—应交增值税　17 000

　　贷：银行存款　　　　　　　　117 000

（2）安装过程中。

借：在建工程　　　　　　　　　10 000
　　贷：原材料　　　　　　　　　　　10 000
（3）安装完毕后交付使用。
借：固定资产　　　　　　　　　110 000
　　贷：在建工程　　　　　　　　　　110 000

3.3.3　无形资产购进业务

1. 主要内容

根据《企业会计准则第 6 号——无形资产》的规定，无形资产是指企业拥有或控制的没有实物形态的可辨认的非货币性资产。无形资产的取得方式包括外购、自行研发、投资者投入、捐赠等。本节主要介绍外购无形资产业务的核算，相关的购入成本包括购买价格、相关税费以及直接归属于该项资产达到预定可使用状态所发生的其他支出。

无形资产的确认需要满足以下两个条件：

（1）与该资产有关的经济利益很可能流入企业。无形资产作为一项资产，必须符合资产的特性，即与该资产有关的经济利益很可能流入企业。

（2）该无形资产的成本能够可靠地计量。成本能够可靠地计量是资产确认的一项基本条件。如果符合第一个条件，但是其本身的成本不能够可靠计量，则在会计上依然不能作为无形资产确认。

无形资产的计量包括初始计量和后续计量两个方面。

无形资产的初始计量通常是按实际成本计量，即以取得无形资产并使之达到预定用途而发生的全部支出，作为无形资产的成本。对于不同来源取得的无形资产，其初始成本构成内容和确认方法存在较大区别。

无形资产的后续计量是指在初始确认和计量后，其后使用该项无形资产期间内应以成本减去累计摊销额和累计减值损失后的余额计量。

2. 账户设置

1）无形资产账户

无形资产账户为资产类账户，用来核算企业拥有或者控制的没有实物形态的可辨认非货币性资产。无形资产账户记录方法如下：

（1）借方登记取得无形资产的成本；

（2）贷方登记出售无形资产转出的无形资产账面余额；

（3）期末余额在借方，表示企业无形资产的成本。

无形资产账户应按无形资产项目设置明细分类账。

2）"累计摊销"账户

"累计摊销"账户为资产类账户，无形资产的备抵科目。"累计摊销"账户记录方法如下：

（1）借方登记处置无形资产转出的累计摊销；

（2）贷方登记无形资产的摊销额；

（3）期末余额在贷方，本科目期末贷方余额反映企业无形资产累计摊销额。

"累计摊销"账户应按无形资产项目设置明细分类账。

3）"研发支出"账户

"研发支出"账户为资产类账户，反映企业无形资产研发阶段支出部分。其中研究开发项目达到预定用途形成无形资产的应当计入无形资产。"研发支出"账户记录方法如下：

（1）研发支出项目是根据"研发支出"中的明细科目"资本化支出"明细科目的余额直接填列的；

（2）"研发支出"账户属于成本类；

（3）"研发支出"账户借方反映企业自行开发无形资产发生的研发支出；

（4）"研发支出"账户贷方反映期末结转的不满足资本化条件的费用化支出以及满足资本化条件并已达到预定用途形成无形资产的资本化支出；

（5）"研发支出"账户期末余额在借方，反映正在进行研发的无形资产项目满足资本化条件的支出。

"研发支出"账户按照研发项目分为费用化支出和资本化支出进行明细核算。

3. 账务处理举例

【例 3-17】 甲公司购入一项专利技术，价值 500 000 元，款项已支付。

借：无形资产　　　　　500 000

　　贷：银行存款　　　　500 000

【例 3-18】 ××股份有限公司因生产经营需要，在 2021 年组织研发人员进行一项专利技术研发。在研究开发过程中发生材料费 500 000 元，人工工资 200 000 元，其他费用 300 000 元，总计 1 000 000 元，其中，符合资本化条件的支出为 650 000 元。2021 年年末，该专利技术研发成功并申请了国家专利，在申请专利过程中发生注册等相关费用 5 000 元，聘请律师费 6 000 元。

在此例中，费用化的支出＝1 000 000－650 000＝350 000 元

　　　　　　资本化的支出＝650 000＋5 000＋6 000＝661 000 元

××公司的账务处理如下：

（1）发生研发支出。

借：研发支出—费用化支出　　　　　350 000

　　　　—资本化支出　　　　　　　650 000

　　贷：原材料　　　　　　　　　　500 000

　　　　应付职工薪酬　　　　　　　200 000

　　　　银行存款　　　　　　　　　300 000

（2）申请国家专利发生的支出。

借：研发支出—资本化支出　　　　　11 000

　　贷：银行存款　　　　　　　　　11 000

（3）期末结转费用化支出。

借：管理费用—研发支出　　　　　　350 000

　　贷：研发支出—费用化支出　　　350 000

（4）该专利技术开发成功。

借：无形资产　　　　　　　　　　　661 000

贷：研发支出—资本化支出　　　　　　　　　661 000

3.4　生产过程业务核算

　　生产过程中企业以材料为劳动对象，以机器设备等为劳动手段，以工人劳动最终生产出产品，是工业企业最为关键也是会计核算最具特色的阶段。

　　企业为了生产产品，要消耗各种材料，支付职工工资，发生固定资产磨损以及其他费用，主要包括制造成本和管理费用。制造成本是为生产产品发生的各种材料、人工和劳动资料等耗费；管理费用是为组织和管理生产活动发生的材料、人工和劳动资料等的耗费等。企业的生产费用，不论发生在何处，都要归集、分配到一定种类的产品上，形成产品生产的制造成本。

3.4.1　费用

　　《企业会计准则——基本准则》规定：费用是指企业在日常活动中发生的、会导致所有者权益减少的、与向所有者分配利润无关的经济利益的总流出。在我国会计实务中，费用、成本与支出等概念的使用并未严格区分。就最终目的而言，三者均是在实现创利的过程中以消耗资产为前提的资产存在或转化形式，但各自强调的重点有所不同。成本是"对象化的费用"，指"资产的成本"，主要强调费用的归集，确定特定资产的"代价"。支出是一个比较宽泛的概念，既可指短期目的的"资产消耗"（如收益性支出），也可指长期目的的"资产消耗"（如资本性支出），还可指"不期望"的资产消耗（如损失）等。

　　从本质上讲，费用是指企业为获利而在生产经营活动中发生的资产消耗。资产消耗导致两种结果：第一种是为获得收入而使含有经济利益的资产流出企业，即形成损益性费用；第二种是指为在未来期间获得收入而形成另一种资产，即形成成本性费用。损益性费用包括应当从当期收入中扣除的营业成本、税金及附加、期间费用（销售费用、管理费用和财务费用）等。成本性费用包括材料采购成本、产品生产成本和工程成本等，其发生导致现金、存货或固定资产等被耗用，甚至会使相关"经济利益"流出企业，但其目的是形成新的资产。

3.4.2　生产成本

　　生产成本又称制造成本，一般是指已经计入一定产品成本的那部分生产费用。常用的制造费用归集方法有生产工人工时比例分配法、生产工人工资比例分配法、机器工时比例分配法、按年度计划分配率分配法、按产成品产量分配法等。由此可见，制造费用的发生是成本产生的前提和基础，生产成本是生产费用计入特定产品之后的结果，因此生产成本是对象化的生产费用。

3.4.3　账户设置

1. "生产成本"账户

　　"生产成本"账户为成本类账户，用于核算企业进行工业性生产，包括生产各种产品

（如产成品、自制半成品、提供劳务等）、自制材料、自制工具、自制设备等所发生的各项生产费用，并据此计算相关产品成本。"生产成本"账户记录方法如下：

（1）借方登记为制造产品直接发生的材料、燃料、人工等直接及间接费用；

（2）贷方登记生产完工并已验收入库的产品、自制半成品等实际成本；

（3）期末余额在借方，表示生产过程中尚未完工的在产品的实际成本。

"生产成本"账户应按基本生产成本和辅助生产成本设置明细分类账。

2．"制造费用"账户

"制造费用"账户为成本类账户，用于核算企业为生产产品和提供劳务而发生的各项间接费用，包括非直接生产工人的工资和福利费、折旧费、办公费、水电费、生产用材料消耗、劳动保护费、季节性和修理期间的停工损失等。但企业行政管理部门为组织和管理生产经营活动而发生的各项管理费用应在"管理费用"账户中核算。"制造费用"账户记录方法如下：

（1）借方登记为生产产品所发生的各项间接费用；

（2）贷方登记分配计入有关的成本计算对象的间接费用；

（3）期末无余额，月末一般以适当的分配标准分配给各有关产品，从其贷方转出。

"制造费用"账户应按不同的生产车间、部门和费用项目设置明细分类账。

3．"待摊费用"账户

"待摊费用"账户为资产类账户，用于核算企业已经支出但应由本期和以后各期分别负担的分摊期在 1 年以内（包括 1 年）的各项费用，如低值易耗品摊销、预付保险费、固定资产修理费用等。"待摊费用"账户记录方法如下：

（1）借方登记待摊费发生数。

（2）贷方登记待摊费用摊销数。

（3）期末余额在借方，表示已经支出但尚未摊销的费用数。该账户不是企业必需的账户，可根据需要进行设置。

"待摊费用"账户应按费用种类设置明细分类账。

4．"预提费用"账户

"预提费用"账户为负债类账户，用于核算企业预先提取应由本期负担但尚未实际支出的各项费用，如预提的租金、保险费、借款利息、固定资产修理费用等。"预提费用"账户记录方法如下：

（1）贷方登记预先计提应由本期负担的各项费用。

（2）借方登记这些费用的实际支出数。

（3）期末余额在贷方，表示已预提但尚未实际支付的费用数额。若余额在借方，则反映企业实际支出数大于预提数的差额。该账户不是企业必需的账户，可根据需要进行设置。

"预提费用"账户应按费用种类设置明细分类账。

5．"库存商品"账户

"库存商品"账户为资产类账户，用于核算企业库存商品的实际成本与增减变动情况。"库存商品"账户记录方法如下：

（1）借方登记已经验收入库商品的实际成本；

（2）贷方登记发出商品的成本；

（3）期末余额在借方，表示期末结余库存商品的实际成本。

"库存商品"账户应按库存商品的种类、品种和规格等设置明细分类账。

6. "应付职工薪酬"账户

"应付职工薪酬"账户为负债类账户，用于核算应支付给企业职工的工资、福利费等及其变动情况。根据《企业会计准则第 9 号——职工薪酬》的相关规定，企业职工薪酬包含以下内容：① 职工工资、奖金、津贴以及补贴等；② 职工福利费；③ 医疗保险费、事业保险费等；④ 工会经费和职工教育经费；⑤ 非货币性福利；⑥ 因解除与职工的劳动关系给予的补偿；⑦ 住房公积金以及其他相关支出等。"应付职工薪酬"账户记录方法如下：

（1）借方登记已支付的工资、奖金和福利等；

（2）贷方登记应支付的薪酬、因解除与职工的劳动关系给予的补偿等；

（3）期末余额在贷方，表示应付给职工而未付的薪酬。

"应付职工薪酬"账户应按工资、奖金、津贴、补贴、职工福利、社会保险费、住房公积金、工会经费、职工教育经费、解除职工劳动关系补偿、非货币性福利、其他与获得职工提供的服务相关的支出设置明细分类账。

3.4.4　费用核算的一般程序

制造企业生产过程的核算主要是：① 归集、分配一定时期内企业生产过程中发生的各项费用；② 按一定种类的产品汇总各项费用，最终计算出各种产品的制造成本。费用核算程序如图 3-2 所示。

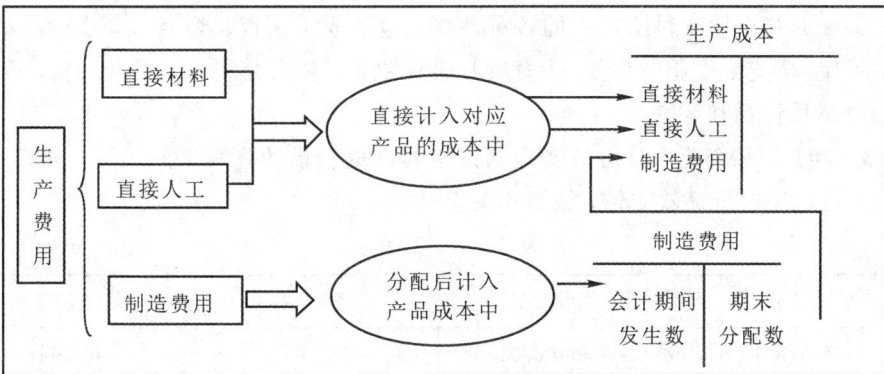

图 3-2　费用核算的一般程序

企业在经营活动中还会产生其他耗费，如销售费用、管理费用和财务费用等，但这些费用与产品生产无直接关系，应直接计入当期损益。

3.4.5　费用归集的方法与会计处理

1. 材料费用的归集和分配

生产部门需要材料时，应该填制有关的领料凭证，向仓库办理手续领料。月末会计部门根据领料凭证编制领料汇总表,根据汇总表进行会计处理。

【例 3 - 19】　某公司根据当月领料凭证,编制领料凭证汇总表,如表 3 - 1 所示,编制相关会计分录。

表 3 - 1　领料汇总表　　　　　　　单位:元

	A 材料			B 材料			金额合计
	数量	单价	金额	数量	单价	金额	
甲产品	1 000	10.00	100 000				100 000
乙产品				3 000	10.00	30 000	30 000
制造部门一般耗用				100	10.00	1 000	1 000
合计	1 000	10.00	100 000	3 100	10.00	31 000	131 000

会计分录如下:

借:生产成本—甲产品　100 000

　　　　—乙产品　　30 000

　制造费用　　　　　1 000

贷:原材料—A 材料　100 000

　　　　—B 材料　　31 000

2. 职工薪酬的归集和分配

职工薪酬是指企业支付给职工的各种薪酬,包括职工工资、奖金、津贴和补贴,职工福利费,医疗、养老、失业、工伤、生育等社会保险费,住房公积金,工会经费,职工教育经费以及非货币性福利等。

【例 3 - 20】　某企业 6 月份根据考勤记录和产量记录计算职工的工资,如表 3 - 2 所示。本月工资已用银行存款支付,编制相关会计分录。

表 3 - 2　工资表　　　　　　　单为:元

	甲产品	乙产品	合计
生产工人工资	30 000	20 000	50 000
车间管理人员工资	15 000	25 000	40 000
行政管理人员工资	10 000	15 000	25 000
合计	55 000	60 000	115 000

根据以上资料,编制会计分录如下:

借:生产成本—甲产品　　　30 000

　　　　—乙产品　　　20 000

　制造费用　　　　40 000

```
管理费用        25 000
    贷：应付职工薪酬—工资        115 000
用银行存款支付工资：
借：应付职工薪酬—工资        115 000
    贷：银行存款                115 000
```

【例 3 – 21】　沿用上例，该企业按职工工资总额的 14％ 计提福利费 16 100 元。其中生产甲产品工人的福利费为 4 200 元，生产乙产品工人的福利费为 2 800 元，车间管理人员的福利费为 5 600 元，行政管理人员的福利费为 3 500 元。编制相关会计分录。

根据上述资料，会计分录如下：

```
借：生产成本—甲产品        4 200
        —乙产品            2 800
    制造费用              5 600
    管理费用              3 500
    贷：应付职工薪酬—福利费    16 100
```

3. 制造费用的归集与分配

【例 3 – 22】　某企业 6 月份发生以下业务：以现金购买车间办公用品 500 元；以银行存款支付车间水电费共为 5 800 元。

```
借：制造费用    6 300
    贷：库存现金    500
        银行存款    5 800
```

【例 3 – 23】　某企业月末按甲、乙两种产品生产工人工资总额分配制造费用，并计入产品生产成本。本月共发生制造费用总额 30 000 元，假定甲产品应分配 12 000 元，乙产品应分配 18 000 元。月末产品完工并已验收入库，同时结转产品成本。

根据上述资料，相关会计分录如下：

```
借：生产成本—甲产品    12 000
        —乙产品        18 000
    贷：制造费用            30 000
借：库存商品—甲产品    12 000
        —乙产品        18 000
    贷：生产成本—甲产品    12 000
        —乙产品        18 000
```

3.5　销售业务核算

制造企业从产成品验收入库开始到销售给购买方为止的过程称为销售过程。该过程中，企业按照销售合同规定出售产品，向客户收取货款，还会发生一定的销售费用。产品销售后需确认相关销售收入和成本，支付相关销售费用，按照规定计算缴纳相关税费。

3.5.1　销售收入与销售成本

1. 销售收入

《企业会计准则》规定：收入是企业在日常活动中形成的、会导致所有者权益增加的、与所有者投入资本无关的经济利益的总流入。根据日常活动是否经常发生可将收入分为主营业务收入和其他业务收入。主营业务收入是指企业在其主营业务中获得的经济利益的总流入，如工业企业销售商品、提供工业性劳务等。其他业务收入是指除主营业务以外的其他日常活动实现的经济利益流入，包括出租固定资产、无形资产、包装物以及销售材料等。

2. 销售成本

销售成本是指已销售产品的生产成本，分为主营业务成本和其他业务成本。主营业务成本是指企业在确认销售产品收入的同时应结转的成本。其他业务成本是指企业确认的其他经营活动所发生的支出，包括销售材料成本、出租固定资产的折旧额以及出租包装物的摊销额等。

《企业会计准则》规定：企业为生产产品发生的可归属于产品成本的费用，应当在确认产品销售收入时计入当期损益，即计入当期主营业务成本。主营业务成本并不是原来意义上的生产成本或费用，而是与主营业务收入相配比的成本。

3.5.2　账户设置

1. "主营业务收入"账户

"主营业务收入"账户为损益类账户，用于核算企业在销售商品、提供劳务及让渡资产使用权等日常活动中所产生的收入。"主营业务收入"账户记录方法如下：

(1) 贷方登记企业销售商品、提供劳务及让渡资产使用权所实现的收入。

(2) 借方登记发生的销售退回和会计期末转入"本年利润"账户的收入。

(3) 期末余额在贷方，表示企业当期已实现的收入。结转后该账户期末余额为零。

"主营业务收入"账户应按主营业务的种类设置明细分类账。

2. "主营业务成本"账户

"主营业务成本"账户为损益类账户，用于核算企业在确认销售商品等主营业务收入时应结转的成本。"主营业务成本"账户记录方法如下：

(1) 借方登记已售商品、提供劳务等的实际成本；

(2) 贷方登记当月发生销售退回和期末转入"本年利润"账户的成本；

(3) 期末结转后该账户余额应为零。

"主营业务成本"账户应按主营业务的种类设置明细分类账。

3. "其他业务收入"账户

"其他业务收入"账户为损益类账户，用于核算企业确认的除主营业务活动以外的其他经营活动实现的收入。"其他业务收入"账户记录方法如下：

(1) 贷方登记企业获得的其他业务收入。

(2) 借入登记期末结转到"本年利润"账户的已经实现的其他业务收入。

（3）期末余额应在贷方，表示企业已销售商品的成本。结转后，该账户期末余额为零。"其他业务收入"账户应按其他业务收入种类设置明细分类账。

4．"其他业务成本"账户

"其他业务成本"账户为损益类账户，用于核算企业确认的除主营业务活动以外的其他经营活动所发生的支出，包括为获得其他业务收入而发生的相关成本、费用等。"其他业务成本"账户记录方法如下：

（1）借方登记企业为获得其他业务收入而产生的各项支出；

（2）贷方登记期末结转到"本年利润"账户的其他业务成本；

（3）期末结转后该账户余额为零。

"其他业务成本"账户应按其他业务成本种类设置明细分类账。

5．"应收账款"账户

"应收账款"账户为资产类账户，用于核算企业因销售商品、产品、提供劳务等应向购货单位或接受劳务单位收取的款项。"应收账款"账户记录方法如下：

（1）借方登记应向购货方收取的款项，包括销售应收款以及代购货单位垫付的包装、运杂费等；

（2）贷方登记实际收到的应收款项，还包括企业将应收款改用商业汇票结算而收到承兑的商业汇票以及转作坏账损失的应收账款；

（3）期末余额应在借方，表示应收但尚未收回的款项。

"应收账款"账户应按债务人设置明细分类账。

6．"预收账款"账户

"预收账款"账户为负债类账户，用于核算企业按照合同规定向购货单位预收的各类款项。需要注意的是，"预收账款"并不是企业必需的账户，可根据实际情况进行设置。"预收账款"账户记录方法如下：

（1）贷方登记企业收到的购货单位预付的款项；

（2）借方登记向客户发出商品抵扣的预收款；

（3）期末余额应在贷方，表示预收购货单位的余款。

"预收账款"账户应按购货单位设置明细分类账。

7．"应收票据"账户

"应收票据"账户为资产类账户，用于核算企业因销售商品、提供劳务等而收到的商业汇票及相关汇票的兑换情况。"应收票据"账户记录方法如下：

（1）借方登记企业收到的商业汇票的金额；

（2）贷方登记票据到期收回的票据本息以及持未到期票据向银行贴现所获得的总金额；

（3）期末余额在借方，表示企业持有的、尚未到期的应收票据总金额。

"应收票据"账户应按开出、承兑商业汇票的单位设置明细分类账。

8．"销售费用"账户

"销售费用"账户为费用类账户，用于核算企业销售商品过程中发生的费用，包括运输费、装卸费、包装费、保险费、展览费、广告费，以及为销售本企业商品而专设的销售机构的职工工资及福利费、类似工资性质的费用、业务费等经营费用。"销售费用"账户记录方法如下：

(1)借方登记企业实际发生的各种销售费用；

(2)贷方登记期末转入"本年利润"账户的销售费用；

(3)期末结转后该账户余额为零。

"销售费用"账户应按费用项目设置明细分类账。

3.5.3　账务处理

【例3-24】　甲公司销售乙公司A产品1 000件，每件售价为100元，价款为100 000元，增值税额为17 000元，款项尚未收到。商品已发出，A产品的成本为600 000元。

　　借：应收账款—乙公司　　　　　　　　117 000

　　　　贷：主营业务收入　　　　　　　　　100 000

　　　　　　应交税费—应交增值税（销项税额）　17 000

　　借：主营业务成本　　600 000

　　　　贷：库存商品—A产品　600 000

【例3-25】　甲公司销售给Y公司B产品300件，每件售价500元，价款为150 000元，增值税额为25 500元，共计货款175 500元。商品已经发出，收到购货单位开出的商业承兑汇票一张。该批商品的成本为100 000元。

　　借：应收票据—Y公司　　　　　　　　175 500

　　　　贷：主营业务收入　　　　　　　　　150 000

　　　　　　应交税费—应交增值税（销项税额）　25 500

　　借：主营业务成本　　100 000

　　　　贷：库存商品—B产品　　100 000

【例3-26】　甲公司预收丙企业用于购买A产品的货款10 000元。

　　借：银行存款　　10 000

　　　　贷：预收账款　　10 000

【例3-27】　甲公司销售一批不需要使用的材料，共500千克，单价为每千克40元，价款为20 000元，增值税额为3 400元，相关款项已存入银行。该批材料的成本是每千克20元。

　　借：银行存款　　　　　　　　　　　　23 400

　　　　贷：其他业务收入　　　　　　　　　20 000

　　　　　　应交税费—应交增值税（销项税额）　3 400

　　借：其他业务成本　　10 000

　　　　贷：原材料　　10 000

【例3-28】　甲公司以银行存款支付销售产品的广告费5 000元。

　　借：销售费用　　　　5 000

　　　　贷：银行存款　　　5 000

【例3-29】　甲公司出租包装物一批，收到租用方支付的租金10 000元，增值税税款为1 700元，款项已存入银行。

　　借：银行存款　　　　　　　　　　　　11 700

　贷：其他业务收入　　　　　　　　　　　　　10 000
　　　应交税费—应交增值税（销项税额）　　1 700

3.6　经营成果形成与分配业务的核算

经营成果是企业在一定会计期间进行经营、投资活动等形成的最终成果。如果当期实现的收入与相关的成本费用之差是正数，则为利润，反之则为发生的亏损。利润是企业在某一会计期间的经营成果，用于衡量企业在特定会计期间的经营业绩。会计上的利润是将某一会计期间有关交易产生的"收入与利得"与所发生的"费用和损失"进行比较而产生的，在会计实务中一般将"利润"和"亏损"统称为损益。

企业通过投资和经营等活动可以取得相应的收入，实现货币资金增值。企业所得收入在补偿成本、缴纳税金后即形成了利润。因此，利润的创造实际上是体现于企业的整个经营过程中，而非会计期末。

3.6.1　利润的形成

利润是指企业在一定会计期间的经营成果，是企业一定会计期间内实现的收入减去费用后的净额，包括营业利润、利润总额和净利润。

1. 营业利润

营业利润的计算公式为：

营业利润＝营业收入－营业成本－税金及附加－销售费用－管理费用－财务费用－
　　　资产减值损失＋投资收益（－投资损失）±公允价值变动损益

其中：营业收入是指企业经营业务所确认的收入总额，包括主营业务收入和其他业务收入；营业成本是指企业经营业务所发生的实际成本总额，包括主营业务成本和其他业务成本；资产减值损失是指企业在资产负债表日，通过对资产的测试，判断资产的可收回金额低于其账面价值而计提资产减值损失准备所确认的相应损失；投资收益（或投资损失）是指企业以各种方式对外投资所取得的收益（或发生的投资损失）。

2. 利润总额

利润总额的计算公式为：

利润总额＝营业利润＋营业外收入－营业外支出

其中：营业外收入是指企业发生的与其生产经营活动无直接关系的各项收入，包括固定资产盘盈、处置固定资产、无形资产净收益、罚款净收入、接受捐赠所获得的利得等；营业外支出是指企业发生的与其生产经营活动无直接关系的各项支出，包括处置固定资产净损失、固定资产盘亏、处置固定资产、无形资产净损失、罚款支出、公益性捐赠支出以及其他非正常损失等。

3. 净利润

净利润的计算公式为：

$$净利润＝利润总额－所得税费用$$

其中：所得税费用是指企业应计入当期损益的所得税费用，即按照税法规定用应纳税所得额乘以相关税率进行计算并缴纳的一种税金。

3.6.2　账户设置

1."本年利润"账户

"本年利润"账户为所有者权益类账户，用于归集、累计企业本年度各月取得的各项收入和发生的各项费用，计算本年度实现的利润(亏损)总额和净利润情况。"本年利润"账户记录方法如下：

(1)贷方登记期末从"主营业务收入""其他业务收入""营业外收入"以及"投资收益"(投资净收益)等账户的转入数。

(2)借方登记期末从"主营业务成本""税金及附加""其他业务成本""销售费用""管理费用""财务费用""营业外支出""所得税费用"以及"投资收益"(投资净损失)等账户的转入数。

(3)会计期末，如果转入"本年利润"账户贷方数额大于借方数额，则表明企业当期实现了利润；反之则表明企业当期发生亏损。期末结转后该账户余额为零。

"本年利润"账户不设置明细分类账。

2."利润分配"账户

"利润分配"账户为所有者权益类账户，用于核算企业利润分配(或亏损的弥补)和历年利润分配(或亏损弥补)后的余额。"利润分配"账户记录方法如下：

(1)借方登记企业提取的盈余公积、向投资者分配的利润和应付股利等；

(2)贷方登记从"本年利润"账户转入、可用于分配的全年实现的利润数额；

(3)期末余额在贷方，表示企业留待以后期间分配的利润数；期末余额在借方，表示企业尚未弥补的亏损数额。

"利润分配"账户设置提取法定盈余公积、提取任意盈余公积、应付现金股利、盈余公积补亏和未分配利润等明细科目。

3."盈余公积"账户

"盈余公积"账户为所有者权益类账户，用于核算企业根据公司法和股东大会决定所提取的盈余公积数额。"盈余公积"账户记录方法如下：

(1)贷方登记企业提取的盈余公积数；

(2)借方登记用于弥补或转增资本数；

(3)期末余额应在贷方，表示企业累计提取的、尚未使用的盈余公积数额。

"盈余公积"账户应分别设置法定盈余公积、任意盈余公积进行明细核算。外商投资企业还应分别储备基金、企业发展基金进行明细核算。中外合作经营企业在合作期间归还投资者的投资，应在本科目设置利润归还投资明细科目进行核算。

4."投资收益"账户

"投资收益"账户为损益类账户，用于核算企业对外投资所获得的收益或发生的损失。"投资收益"账户记录方法如下：

(1)贷方登记取得的投资收益或期末投资净损失的转出数；

（2）借方登记发生的投资损失和期末投资净收益的转出数；

（3）期末结转后该账户余额为零。

"投资收益"账户应按投资项目设置明细分类账。

5．"所得税费用"账户

"所得税费用"账户为损益类账户，用于核算企业确认的应从当期利润总额中扣除的所得税费用。"所得税费用"账户记录方法如下：

（1）借方登记企业本期按税法规定的应纳税所得额计算的应交所得税数额；

（2）贷方登记企业会计期末转入"本年利润"账户的所得税余额；

（3）期末结转后该账户余额为零。

"所得税费用"账户应按当期所得税费用和递延所得税费用设置明细分类账。

6．"应付股利"账户

"应付股利"账户为负债类账户，用于核算企业分配的现金股利等。"应付股利"账户记录方法如下：

（1）贷方登记根据股东大会决议拟发放的现金股利；

（2）借方登记企业实际发放的现金股利；

（3）期末余额应在贷方，表示企业尚未支付的现金股利数额。

"应付股利"账户应按投资者设置明细分类账。

7．"营业外收入"账户

"营业外收入"账户为损益类账户，用于核算企业发生的与其生产经营无直接关系的各项收入，包括非流动资产处置利得、非货币性资产交换利得、债务重组利得、政府补助和捐赠利得等。"营业外收入"账户记录方法如下：

（1）贷方登记企业实际取得的各项营业外收入；

（2）借方登记期末转入"本年利润"账户的营业外收入数；

（3）期末结转后该账户余额为零。

"营业外收入"账户应按营业外收入项目设置明细分类账。

8．"营业外支出"账户

"营业外支出"账户为损益类账户，用于核算企业发生的与其生产经营无直接关系的各项支出，包括非流动资产处置损失、非货币性资产交换损失、债务重组损失、公益性捐赠支出、盘亏损失等。"营业外支出"账户记录方法如下：

（1）借方登记企业发生的各项营业外支出；

（2）贷方登记期末转入"本年利润"账户的营业外支出数；

（3）期末结转后该账户余额为零。

"营业外支出"账户应按营业外支出项目设置明细分类账。

3.6.3　利润分配的顺序

企业当年实现的净利润加上年初未分配利润（或减去年初未弥补亏损）和其他转入后的余额为企业该年度可供分配的利润。可供分配的利润减去提取的法定盈余公积、任意盈余公积后，即为该年度可向投资者分配的利润数额。企业当年可供分配利润依据《财务通则》

第五十条规定，应按照以下顺序分配：① 弥补以前年度亏损；② 按当期实现净利润的10％计提法定盈余公积；③ 按照相关规定根据净利润提取任意盈余公积；④ 向投资者分配利润。

对于股份有限公司的利润分配，按照《公司法》第一百六十七条规定，分配顺序为：① 弥补以前年度亏损；② 按当期实现净利润的10％计提法定盈余公积；③ 应付优先股股利；④ 提取任意盈余公积；⑤ 应付普通股股利。

3.6.4　账务处理

【例3-30】　甲公司收取乙公司的违约款20 000元，款项已存入银行。

借：银行存款　　　20 000
　　贷：营业外收入　20 000

【例3-31】　甲公司开出一张30 000元的现金支票用于捐赠某灾区。

借：营业外支出　　　30 000
　　贷：银行存款　　　30 000

【例3-32】　假设企业2019年12月有如下资料：主营业务收入5 000 000元，其他业务收入3 000 000元，主营业务成本3 000 000元，税金及附加500 000元，其他业务成本200 000元，管理费用300 000元，销售费用200 000元，财务费用100 000元，营业外支出1 000 000元。结转各损益类账户的余额。

相关会计分录如下：

(1) 结转收入和利得。

借：主营业务收入　　　5 000 000
　　其他业务收入　　　3 000 000
　　　贷：本年利润　　　8 000 000

(2) 结转费用和损失。

借：本年利润　　　5 3000 000
　　贷：主营业务成本　　　3 000 000
　　　　其他业务成本　　　　200 000
　　　　税金及附加　　　　　500 000
　　　　销售费用　　　　　　200 000
　　　　管理费用　　　　　　300 000
　　　　财务费用　　　　　　100 000
　　　　营业外支出　　　　1 000 000

由此可知，本期实现的利润总额＝8 000 000－5 300 000＝2 700 000元

【例3-33】　沿用上例，已知所得税税率为25％，且该企业本月不涉及需要调整纳税所得，计算12月应交所得税并编制相关会计分录。

应交所得税＝应纳税所得额×所得税税率
　　　　　＝2 700 000×25％＝675 000元

借：所得税费用　　　　　　　　675 000
　　贷：应交税费－应交所得税　　675 000

由此可得，12 月实现净利润＝2 700 000－675 000＝2 025 000 元

【例 3-34】　沿用上例，月末将 12 月份的所得税费用转入本年利润账户。

借：本年利润　　　　　　　　　　675 000

　　贷：所得税费用　　　　　　　　675 000

【例 3-35】　甲企业用银行存款支付本月的所得税费用。

借：应交税费－应交所得税　　　　675 000

　　贷：银行存款　　　　　　　　　675 000

【例 3-36】　已知甲企业 2019 年 1～11 月份累计实现净利润 9 175 000 元，则 2019 年度实现净利润 11 200 000 元。年末结转本年度实现的净利润。

借：本年利润　　　　　　11 200 000

　　贷：利润分配—未分配利润　　11 200 000

【例 3-37】　沿用上例，甲企业按本年实现净利润的 10％、25％的比例分别计提法定盈余公积和任意盈余公积。

应提取的法定盈余公积金＝11 200 000×10％＝1 120 000 元

应提取的任意盈余公积金＝11 200 000×25％＝2 800 000 元

借：利润分配—提取法定盈余公积　　1 120 000

　　　　　—提取任意盈余公积　　2 800 000

　　贷：盈余公积—法定盈余公积　　　　　1 120 000

　　　　　—任意盈余公积　　　　　　2 800 000

【例 3-38】　经公司股东大会批准，确定向股东分配股利 200 000 元。

借：利润分配—应付股利　　　　200 000

　　贷：应付股利　　　　　　　　　200 000

【例 3-39】　年末结转本年度已分配利润

借：利润分配—未分配利润　　　　　4 120 000

　　贷：利润分配—提取法定盈余公积　　1 120 000

　　　　　—提取任意盈余公积　　2 800 000

　　　　　—应付股利　　　　　　　200 000

甲企业 2019 年年初未分配利润为 200 000 元，2019 年实现净利润 11 200 000 元，则该年度可供分配利润为 11 400 000 元，已分配利润 4 120 000 元，年末未分配利润 7 280 000 元。

练　习　题

一、单项选择题

1. 生产成本账户的余额表示（　　　）。

A. 月末尚未完工的在产品成本　　　　　B. 本月完工产品的成本

C. 本月发生的生产成本累计数　　　　　D. 本月尚没有销售的产品成本

2. 车间管理人员的工资应计入（　　　）。

A. 生产成本　　　B. 制造费用　　　C. 管理费用　　　D. 预付账款

3. 企业预提应由本月负担的利息应借记的账户是（　　　）。

A. 其他应付款　　　B. 财务费用　　　C. 预付账款　　　D. 管理费用

4. 企业应按(　　　)的10%提取法定盈余公积。

A. 利润总额　　　B. 税后利润　　　C. 未分配利润　　　D. 息税前利润

5. 企业为职工垫付一笔应由职工自己负担的医药费，应借记(　　　)。

A. 应付福利费　　　B. 应收账款　　　C. 其他应收款　　　D. 营业外支出

6. 可以计入产品成本的费用是(　　　)。

A. 销售费用　　　B. 管理费用　　　C. 财务费用　　　D. 制造费用

7. 某企业为增值税一般纳税人。本期外购一批原材料，材料买价20 000元，增值税进项税额为3 400元，材料入库前发生的挑选整理费1 000元，则该材料的入账价值为(　　　)。

A. 20 000　　　B. 23 400　　　C. 21 000　　　D. 24 400

8. 下列费用中，不构成产品成本，而应直接计入当期损益的是(　　　)。

A. 直接材料费　　　B. 直接人工费　　　C. 期间费用　　　D. 制造费用

9. 年末结账后，"利润分配"账户的贷方余额表示(　　　)。

A. 本年实现的利润总额　　　　　　　B. 本年实现的净利润数

C. 本年利润分配总额　　　　　　　　D. 年末未分配利润额

10. 某企业6月份发生下列业务：① 支付上个月水电费2 400元；② 预付下半年房租1 500元；③ 预提本月借款利息600元；④ 计提本月折旧480元。按权责发生制和收付实现制假设计算的本月费用分别是(　　　)。

A. 4 980元和3 900元　　　　　　　B. 3 900元和2 580元

C. 1 080元和3 900元　　　　　　　D. 3 480元和1 080元

二、多项选择题

1. 构成产品生产成本的是(　　　)。

A. 直接材料　　　B. 直接人工　　　C. 管理费用　　　D. 制造费用

2. 下列账户中属于损益类的有(　　　)。

A. 本年利润　　　B. 销售费用　　　C. 其他业务收入　　　D. 营业外支出

3. 年终结转之后一般没有余额的是(　　　)。

A. 本年利润　　　B. 财务费用　　　C. 生产成本　　　D. 库存商品

4. 为了具体核算企业利润分配及未分配利润情况，"利润分配"账户应设置相应的明细账户，下列属于利润分配明细账户的有(　　　)。

A. 盈余公积补亏　　　B. 提取资本公积金　　　C. 应付现金股利

D. 提取法定盈余公积　　　E. 未分配利润

5. 在下列账户中，月末应该没有余额的有(　　　)。

A. "生产成本"账户　　　B. "制造费用"账户　　　C. "管理费用"账户

D. "应付职工薪酬"账户　　　E. "财务费用"账户

6. 下列采购费用不计入材料采购成本，而是列作管理费用的有(　　　)。

A. 采购人员差旅费

B. 专设采购机构经费

C. 市内采购材料的零星运杂费

D. 运输途中合理损耗

E. 外地运杂费

7. 在下列业务所产生的收入中属于"其他业务收入"的有（　　）。

A. 出售固定资产的收入　　B. 出售材料的收入　　　　C. 出售无形资产的收入

D. 提供产品修理服务收入　E. 罚款收入

8. 对于共同采购费用，应分配记入材料采购成本，下列内容可以用来作为分配材料采购费用标准有（　　）。

A. 材料的买价　　　　　　B. 材料的种类　　　　　　C. 材料的名称

D. 材料的重量　　　　　　E. 材料的体积

9. 企业购入固定资产，价值 8 000 元，误计为"管理费用"账户，其结果会导致（　　）。

A. 费用多计 8 000 元　　B. 资产少计 8 000 元　　　C. 净收益多计 8 000 元

D. 净收益少计 8 000 元　　E. 资产多计 8 000 元

10. 在下列各项内容中，不应计入管理费用的有（　　）。

A. 行政管理部门办公楼折旧费

B. 生产设备的折旧费

C. 经营租出设备的折旧费

D. 专设销售机构设备的折旧费

E. 生产设备的修理费

三、判断题

1. 期间费用应计入当期损益，而不应当由当期产品成本负担。（　　）

2. 企业出售废旧材料的收入属营业外收入。（　　）

3. 法定盈余公积是根据企业利润总额的一定比例提取的。（　　）

4. 计提固定资产折旧将使企业资产与负债同时减少。（　　）

5. 企业接受投资和接受捐赠都使所有者权益增加。（　　）

6. 企业收到出租包装物的押金应贷记"其他应收款"账户。（　　）

7. 企业用支票支付购货款时，应通过"应付票据"账户进行核算。（　　）

8. 增值税是企业销售收入的一个抵减项目。（　　）

9. 企业的资本公积和未分配利润也称留存收益。（　　）

10. 企业产生的利得或损失可能计入当期损益，也可能直接计入所有者权益。（　　）

四、业务题

（一）编制会计分录

1. ××工厂某一车间 5 月份开始生产 A、B 两种产品，发生下列经济业务。

（1）本月投产 A 产品 100 件、B 产品 50 件，生产 A 产品领用甲材料 10 000 元，生产 B 产品领用乙材料 8 000 元；两种产品生产共同领用丙材料 4 500 元，共同领用材料按产品投产量比例分配。

（2）现金购买办公用品 450 元，其中车间办公用品 200 元，管理部门办公用品 250 元。

（3）银行存款支付水电费 1 000 元，其中车间水电费 700 元，管理部门水电费 300 元。

（4）车间生产工人薪酬 7 500 元，管理人员薪酬 4 000 元，车间管理人员薪酬 2 500 元，企业管理部门人员工资 1 500 元。车间生产工人薪酬按 A、B 两种产品生产工时比例进行分配，已知 A、B 两种产品所耗工时分别是 1 000 小时、500 小时。

（5）领用丙材料 6 000 元，其中车间一般消耗 5 500 元，企业管理部门消耗 500 元。

（6）用银行存款支付固定资产日常修理费 4 000 元，其中车间设备的修理费 3 000 元，企业管理部门设备的修理费为 1 000 元。

（7）提取本月固定资产折旧 12 000 元，其中车间使用固定资产应计提折旧 7 000 元，企业管理部门用固定资产应计提折旧 5 000 元。

（8）假定上述车间发生的间接费用是为了管理和组织 A、B 两种产品生产而发生的，将本月发生的制造费用按 A、B 两种产品生产工时比例进行分配。

（9）本月开始投产的两种产品全部完工验收入库，结转入库产品成本。

要求：根据资料编制会计分录。

2．某工厂 10 月份发生下列经济业务。

（1）销售 A 产品 10 件，单价 1 920 元，货款 19 200 元，销项税 3 264 元，贷款及税额已存入银行。

（2）销售 B 产品 150 件，单价 680 元，贷款 102 000 元，销项税 17 340 元，贷款及税额尚未收到。

（3）用银行存款支付销售费用计 1 350 元。

（4）预提本月银行借款利息 1 200 元。

（5）结转已销产品生产成本，A 产品 12 476 元，B 产品 69 000 元。

（6）计算应交城市维护建设税 1 100 元，教育费附加 610 元。

（7）销售丙材料 200 千克，单价 26 元，计 5 200 元，货款已存入银行，其采购成本为 4 900 元。

要求：根据资料编制会计分录。

（二）制造企业综合经济业务的核算

1．企业收到某公司投入的货币资金 600 000 元，存入银行。

2．企业从银行取得为期 2 年的借款 500 000 元，所得借款存入银行。

3．从 A 公司购入甲材料 200 千克，每千克单价 50 元；乙材料 300 千克，每千克单价 100 元。甲、乙材料运杂费共 4 000 元，增值税率 17%，货款尚未支付，材料尚未验收入库。（运杂费按材料重量比例分配）

4．上述材料运达企业，验收入库。

5．仓库发出甲材料一批，共计 70 500 元，其中，Ⅰ 号产品生产耗用 68 000 元，车间一般耗用 1 700 元，行政管理部门耗用 800 元。

6．收到××公司拖欠的货款 23 400 元，款项存入银行。

7．本月共发生职工薪酬 42 000 元，其中生产工人工资 30 000 元，车间管理人员工资 5 200 元，行政人员工资 6 800 元。

8．结转本月完工验收入库产成品的实际成本，Ⅰ 号产品 500 件，每件单位成本 80 元，Ⅱ 号产品 300 件，每件单位成本 150 元。

9．企业向××公司销售 Ⅰ 号产品 1 000 件，每件售价 200 元，增值税率 17%，货款尚未收到。

10．用银行存款购买办公用品 2 000 元。

11．支付本月的短期借款利息 1 000 元。

12. 用现金支付广告费 2 200 元。

13. 职工刘洋报销差旅费 800 元，原预借 1 000 元，余款以现金退回。

14. 结转本月收入及费用至"本年利润"账户。其中：主营业务收入 86 000 元，主营业务成本 60 000 元，营业税金及附加 1 000 元，管理费用 4 000 元，销售费用 6 200 元，财务费用 1 600 元，营业外收入 4 000 元，营业外支出 2 000 元，其他业务收入 10 000 元，其他业务成本 6 000 元，投资收益 3 500 元。

15. 计算并结转应交所得税，税率为 25%。

16. 结转本年利润。

17. 按税后利润的 10% 提取法定盈余公积。

18. 按税后利润的 5% 计提任意盈余公积。

19. 企业股东大会决定本期分配股利 10 000 元。

20. 年终结转企业各利润分配明细账，计算本年最终实现的净利润。

第4章　财务报告

【学习目标】　了解财务报告的概念、种类、列报要求等；掌握资产负债表、利润表、现金流量表和所有者权益变动表的结构、内容和编制方法等；熟悉财务报表附注的形式和主要内容。

【引导案例】

资产负债表

编制单位：××电器　　　　　　20××年12月31日　　　　　　　　　　　单位：万元

资产	期末余额	年初余额	负债和所有者权益（或股东权益）	期末余额	年初余额
流动资产：			流动负债：		
货币资金	9 961 043	9 561 313	短期借款	1 864 610	1 070 108
交易性金融资产	60 205	0	交易性金融负债	0	0
…			…		
流动资产合计	17 153 465	14 291 078	流动负债合计	14 749 079	12 687 628
非流动资产：			非流动负债：		
…			…		
长期股权投资	11 039	10 391	长期应付款	0	0
…			…		
非流动资产合计	4 343 335	3 945 892	非流动负债合计	64 241	56 982
			负债合计	14 813 320	12 744 610
			所有者权益（或股东权益）：		
			实收资本（或股本）	601 573	601 573
			…		
			所有者权益（或股东权益）合计	6 683 480	542 360
资产总计	21 496 800	18 236 971	负债和所有者权益（或股东权益）总计	21 496 800	18 236 971

思考资产负债表左边资产和右边的负债、所有者权益中构成的科目排列有顺序吗？这些科目是按照什么顺序进行排列的？资产负债表能提供什么会计信息帮助投资者决策？

4.1　财务报告概述

4.1.1　财务报告的定义和种类

　　财务报告是企业对外提供的反映企业某一特定日期的财务状况、经营成果和现金流量等会计信息的文件。财务报告至少应该包括以下内容：① 资产负债表；② 利润表；③ 现金流量表；④ 所有者权益变动表(或股东权益变动表)；⑤ 附注。

4.1.2　财务报告的分类

　　财务报告可按不同标准分为以下几类：

　　(1) 按照编制期间，财务报告可以分为中期财务报告和年度财务报告。

　　中期财务报告是以短于一个完整年度的报告期间为基础编制的财务报告，包括月报、季报和半年报。年度财务报告是以一个完整年度的报告期间为基础编制的财务报告，可以综合反映企业单位年末财务状况、全年经营成果和现金流量。

　　(2) 按照编制主体，财务报告可以分为个别财务报告和合并财务报告。

　　个别财务报告是由企业在自身会计核算基础上对账簿记录进行加工而编制的财务报告，用以反映企业自身的财务状况、经营成果和现金流量情况。合并财务报告是以母公司和子公司组成的企业集团为会计主体，根据母公司和所属子公司的财务报告，由母公司编制的综合反映企业集团财务状况、经营成果及现金流量的财务报告。

4.1.3　财务报告列报的基本要求

1. 依据各项会计准则确认和计量的结果编制财务报告

　　企业应当遵循各项会计准则的规定，根据实际发生的交易和事项进行确认和计量，并在此基础上编制财务报告。企业应当在附注中对这一情况作出声明。企业不应以在附注中披露代替对交易和事项的确认和计量，不恰当的确认和计量也不能通过充分披露相关会计政策而纠正。

　　此外，如果按照各项会计准则规定披露的信息不足以让报告使用者了解特定交易或事项对企业财务状况和经营成果的影响时，企业还应当披露其他的必要信息。

2. 列报基础

　　持续经营是会计的基本前提，也是会计确认、计量及编制财务报告的基础。在编制财务报告的过程中，企业管理层应当利用其所有可获得信息来评价企业自报告期末起至少 12 个月的持续经营能力。评价时需要考虑宏观政策风险、市场经营风险、企业盈利能力、偿债能力、管理层改变经营政策的意向等因素。评价结果表明对持续经营能力产生重大怀疑的，企业应当在附注中披露原因及拟采取的措施。

　　企业在评估持续经营能力时应当结合考虑企业的具体情况。通常，企业过去每年都有可观的净利润，并且易于获取所需的财务资源，往往表明以持续经营为基础编制财务报告是合理的。反之，则需要通过考虑更加广泛的相关因素来作出评价，比如目前和预期未来的获利能力、债务清偿计划、替代融资的潜在来源等。

非持续经营是企业在极端情况下呈现的一种状态。企业存在以下情况之一的，通常表明处于非持续经营状态：① 企业已在当期进行清算或停止营业；② 企业已经正式决定在下一个会计期间进行清算或停止营业；③ 企业已确定在当期或下一个会计期间没有其他可供选择的方案而将被迫进行清算或停止营业。企业处于非持续经营状态时，应当采用其他基础编制财务报告。比如，企业处于破产状态时，其资产应当采用可变现净值计量，负债应当按照其预计的结算金额计量等。在非持续经营情况下，企业应当在附注中声明财务报告未以持续经营为基础列报，披露有关原因以及财务报告的编制基础。

3. 列报项目的一致性

可比性的目的是使同一企业不同期间和同一期间不同企业的财务报告相互可比。为此，财务报告项目的列报应当在各个会计期间保持一致，不得随意变更。这不仅针对财务报告中的项目名称，还包括项目分类、排列顺序等。

在以下特殊情况下，财务报告项目的列报是可以改变的：① 会计准则要求改变；② 企业经营业务的性质发生重大变化或对企业经营影响较大的交易或事项发生后，变更财务报告项目的列报能够提供更可靠、更相关的会计信息。

4. 依据重要性原则单独或汇总列报项目

关于项目在财务报告中是单独还是汇总列报，应当依据重要性原则来判断。如果某项目单个看不具有重要性，则可将其与其他项目汇总列报；反之则应当单独列报。企业应当根据所处的具体环境，从项目的性质和金额两方面进行重要性判断，一方面应当考虑该项目的性质是否属于企业日常活动，是否显著影响企业的财务状况、经营成果和现金流量等因素；另一方面应当通过单项金额占资产总额、负债总额、所有者权益总额、营业收入总额、营业成本总额、净利润总额、综合收益总额等直接相关项目金额的比重或所属报告单列项目金额的比重加以判断项目金额大小的重要性。企业重要性的判断标准一经确定，不得随意变更。具体包括以下内容：

性质或功能不同的项目，一般应当在财务报告中单独列报，比如存货和固定资产在性质和功能上有本质差别，应分别在资产负债表上单独列报，但是不具有重要性的项目可以汇总列报。

性质或功能类似的项目，一般可以汇总列报，但是具有重要性的类别应该单独列报。比如原材料、在产品等项目在性质上类似，均通过生产过程形成企业的产品存货，因此可以统称为"存货"在资产负债表上汇总列报。

项目单独列报的原则对报表和附注都适用。某些项目的重要性程度不足以在资产负债表、利润表、现金流量表或所有者权益变动表中单独列报，但可能对附注具有重要性，应当在附注中单独披露。

无论是财务报告列报准则规定单独列报的项目，还是其他具体会计准则规定单独列报的项目，企业都应当予以单独列报。

5. 财务报告项目金额间的相互抵销

财务报告项目应当以总额列报，资产和负债、收入和费用、直接计入当期利润的利得和损失项目的金额不能以净额列报，但企业会计准则另有规定的除外。比如，企业欠客户的应付款不得与其他客户欠本企业的应收款相抵销，否则就掩盖了交易实质。

下列三种情况不属于抵销，可以以净额列示：

（1）一组类似交易形成的利得和损失以净额列示的，不属于抵销。但如果相关利得和损失具有重要性，则应当单独列报。

（2）资产或负债项目按扣除备抵项目后的净额列示，不属于抵销。在计提减值准备的情况下，对资产按扣除减值准备后的净额列示，可以反映真实价值。

（3）非日常活动产生的利得和损失，以同一交易形成的收益扣减相关费用后的净额列示更能反映交易实质的，不属于抵销。非日常活动并非企业主要的业务，其产生的损益以收入扣减费用后的净额列示，更有利于报告使用者的理解。

6. 比较信息的列报

企业在列报当期财务报告时，至少应当提供所有列报项目上一个可比会计期间的比较数据，以及与理解当期财务报告相关的说明，目的是向报告使用者提供对比数据，提高信息在会计期间的可比性，以反映企业财务状况、经营成果和现金流量的发展趋势，提高报告使用者的判断与决策能力。列报比较信息的这一要求适用于财务报告的所有组成部分。

通常，企业提供所有列报项目上一可比会计期间的比较数据，至少包括两期报表及相关附注。当企业追溯应用会计政策或追溯重述，或者重新分类财务报告项目时，按照《企业会计准则第 28 号——会计政策、会计估计变更和差错更正》等的规定，企业应当在一套完整的财务报告中列报最早可比期间期初的财务报告，即应当至少列报三期资产负债表、两期其他各报表及相关附注。其中，列报的三期资产负债表分别指当期期末、上期期末以及上期期初的资产负债表。

在财务报告项目的列报确需发生变更的情况下，应当至少对可比期间的数据按照当期的列报要求进行调整，并在附注中披露调整的原因、性质以及金额。但在某些情况下，对可比期间比较数据进行调整是不可行的，应当在附注中披露不能调整的原因、所需调整的性质。关于企业变更会计政策或更正差错时要求对比较信息的调整还应遵循《企业会计准则第 28 号——会计政策、会计估计变更和差错更正》。

7. 财务报表表首的列报要求

财务报告通常与其他信息（如企业年度报告等）一起公布，企业应当将按企业会计准则编制的财务报告与一起公布的同一文件中的其他信息相区分。

财务报表一般分为表首、正表两部分，企业应当在表首概括说明以下信息：

（1）编报企业的名称，若名称在所属当期发生变更，则应明确标明。

（2）资产负债表应当披露资产负债表日，利润表、现金流量表、所有者权益变动表应当披露报告涵盖的会计期间。

（3）货币名称和单位，按照我国企业会计准则的规定，企业应当以人民币作为记账本位币列报，并标明金额单位。

（4）财务报表是合并财务报表的，应当予以标明。

8. 报告期间

根据《中华人民共和国会计法》的规定，会计年度自公历 1 月 1 日起至 12 月 31 日止。当编制年度财务报告时涵盖期间短于一年的情况下，比如企业在年度中间开始设立等，企业应当披露年度财务报告的实际涵盖期间及其短于一年的原因，并说明由此引起财务报告项目与比较数据不具可比性这一事实。

4.2　资产负债表

4.2.1　资产负债表的内容和结构

资产负债表是指反映企业在某一特定日期财务状况的报表。它反映企业在某一特定日期所拥有或控制的经济资源、所承担的现时义务和所有者对净资产的要求权。

资产负债表的格式有两种：账户式和报告式。账户式资产负债表呈"左右"结构，资产项目列示左边，负债和所有者权益项目列示右边；报告式资产负债表呈"上下"结构，资产项目列示上方，负债和所有者权益项目列示下方。两种格式的资产负债表均满足"资产＝负债＋所有者权益"这一等式。

1. 资产和负债项目按流动性排列

流动性是指资产的变现或耗用时间长短或负债的偿还时间长短。

对于一般企业而言，通常在明显可识别的营业周期内销售产品或提供服务，应当将资产和负债分为流动资产和非流动资产、流动负债和非流动负债列示，有助于反映本营业周期内预期能实现的资产和应偿还的负债。但对于银行、证券、保险等金融企业而言，有些资产或负债无法严格区分为流动资产和非流动资产，而大体按照流动性顺序列示往往能够提供可靠且更相关信息。

1）资产的流动性划分

资产满足下列条件之一的，应当归类为流动资产：

（1）预计在一个正常营业周期中变现、出售或耗用。这主要包括存货、应收票据及应收账款等资产。变现一般针对应收票据及应收账款等而言，指将资产变为现金；出售一般针对产品等存货而言；耗用一般指将存货（如原材料）转变成另一种形态（如产成品）。

（2）主要为交易目的而持有。并非所有交易性金融资产均为流动资产，比如自资产负债表日起超过 12 个月到期且预期持有超过 12 个月的衍生工具应当划分为非流动资产或非流动负债。

（3）预计在资产负债表日起一年内（含一年，下同）变现。

（4）自资产负债表日起一年内，交换其他资产或清偿负债的能力不受限制的现金或现金等价物。同时，流动资产以外的资产应当归类为非流动资产。

所谓"正常营业周期"，是指企业从购买用于加工的资产起至实现现金或现金等价物的期间。正常营业周期通常短于一年。当因生产周期较长等导致正常营业周期长于一年的，尽管相关资产往往超过一年才能变现、出售或耗用，仍应当划分为流动资产。当正常营业周期不能确定时，企业应当以一年(12 个月)作为正常营业周期。

2) 负债的流动性划分

负债满足下列条件之一的，应当归类为流动负债：

(1) 预计在一个正常营业周期中清偿。

(2) 主要为交易目的而持有。

(3) 自资产负债表日起一年内到期应予以清偿。

(4) 企业无权自主地将清偿推迟至资产负债表日后一年以上。但是，企业正常营业周期中的经营性负债项目即使在资产负债表日后超过一年才清偿的，仍应划分为流动负债。

此外，在判断负债流动性时，企业要特别考虑资产负债表日后事项的有关影响。总的判断原则是，企业在资产负债表上对债务的流动性划分，应当反映在资产负债表日有效的合同安排，考虑在资产负债表日起一年内企业是否必须无条件清偿，而资产负债表日之后(即使是财务报告批准报出日前)的再融资、展期或提供宽限期等行为，与资产负债表日判断负债的流动性状况无关。

具体而言：

(1) 对于在资产负债表日起一年内到期的负债，企业有意图且有能力自主地将清偿义务展期至资产负债表日后一年以上的，应当归类为非流动负债；不能自主地将清偿义务展期的，即使在资产负债表日后、财务报告批准报出日前签订了重新安排清偿计划协议，该项负债在资产负债表日仍应当归类为流动负债。

(2) 企业在资产负债表日或之前违反了长期借款协议，导致贷款人可随时要求清偿的负债，应当归类为流动负债。但是，如果贷款人在资产负债表日或之前同意提供在资产负债表日后一年以上的宽限期，在此期限内企业能够改正违约行为，且贷款人不能要求随时清偿的，此项负债在资产负债表日应当归类为非流动负债。

企业的其他长期负债存在类似情况的，应当比照上述规定进行处理。

2. 所有者权益按永久性程度排列

永久性程度是所有者权益项目的稳定性和变动性。资产负债表中，所有者权益项目以永久性程度进行排列有助于报表信息的规范性及相关性。按照永久性从高到低的顺序，所有者权益项目依次为：实收资本(股本)、资本公积、盈余公积和未分配利润。

4.2.2 资产负债表的编制方法

在我国，资产负债表采用账户式结构，报表分为左右两方，左方列示资产，反映全部资产的分布及存在形态，右方列示负债和所有者权益，反映全部负债和所有者权益的内容及构成情况。资产负债表左右平衡，即"资产＝负债＋所有者权益"。此外，为了给会计报表使用者提供比较不同时点资产负债表的数据，掌握企业财务状况的变动情况及发展趋势，企业需要提供比较资产负债表，将各项目分为"年初余额"和"期末余额"两栏分别填列。具体格式如表 4-1 所示。

表 4-1　资产负债表　　　　　　　会企 01 表

编制单位：××电器　　　　　　20××年 12 月 31 日　　　　　　　　单位：万元

资　产	期末余额	年初余额	负债和所有者权益（或股东权益）	期末余额	年初余额
流动资产：			流动负债：		
货币资金	9 961 043	9 561 313	短期借款	1 880 874	1 092 313
交易性金融资产	60 205	0	交易性金融负债	0	0
衍生金融资产	48 106	25 085	衍生金融负债	61 578	39 476
应收票据及应收账款	3 807 090	3 292 389	应付票据及应付账款	4 431 982	3 866 881
预付款项	371 787	181 495	预收款项	1 414 304	1 002 189
其他应收款	25 283	24 498	合同负债	0	0
存货	1 656 835	902 491	应付职工薪酬	187 673	170 295
合同资产	0	0	应交税费	390 887	312 630
持有待售资产	0	0	其他应付款	260 448	222 261
一年内到期的非流动资产	0	0	持有待售负债	0	0
其他流动资产	1 034 191	199 254	一年内到期的非流动负债	0	27 903
流动资产合计	16 964 540	14 186 525	其他流动负债	6 091 222	5 975 885
非流动资产：			流动负债合计	14 718 968	12 709 833
债权投资	0	0	非流动负债：		
其他债权投资	0	0	长期借款	0	0
长期应收款	667 343	473 718	应付债券	0	0
长期股权投资	11 039	10 391	其中：优先股	0	0
其他权益工具投资	217 494	138 430	永续债	0	0
其他非流动金融资产			长期应付款		
投资性房地产	51 663	59 774	预计负债	0	0
固定资产	1 748 211	1 771 861	递延收益	12 622	17 208
在建工程	102 071	58 154	递延所得税负债	40 349	28 001
生产性生物资产	0	0	其他非流动负债	0	0
油气资产	0	0	非流动负债合计	64 241	56 982
无形资产	360 447	335 528	负债合计	14 813 320	12 744 610
开发支出	0	0	所有者权益（或股东权益）：		
商誉	0	0	实收资本（或股本）	601 573	601 573
长期待摊费用	221	105	其他权益工具	0	0
递延所得税资产	1 083 833	966 772	其中：优先股	0	0
其他非流动资产	101 013	131 159	永续债	0	0
非流动资产合计	4 343 335	3 945 892	资本公积	10 388	18 340
			减：库存股	0	0
			其他综合收益	0	0
			盈余公积	349 967	349 967
			未分配利润	5 574 008	4 407 495
			所有者权益（或股东权益）合计	6 683 480	5 492 360
资产总计	21 307 875	18 132 417	负债和所有者权益（或股东权益）总计	21 307 875	18 132 417

　　由上表可知××电器的资产负债构成情况,下面将具体介绍填列方法。

4.2.3　资产负债表的填列方法

1. 资产负债表"期末余额"栏

1) 根据总账科目的余额填列

"其他权益工具投资""递延所得税资产""长期待摊费用""短期借款""持有待售负债""交易性金融负债""递延收益""递延所得税负债""实收资本(或股本)""其他权益工具""库存股""资本公积""其他综合收益""专项储备""盈余公积"等项目应根据有关总账科目的余额填列。其中,长期待摊费用摊销年限(或期限)只剩一年或不足一年的,或者预计在一年内(含一年)进行摊销的部分,仍在"长期待摊费用"项目中列示,不转入"一年内到期的非流动资产"项目。

有些项目应根据几个总账科目的余额计算填列,如"货币资金"项目需根据"库存现金""银行存款""其他货币资金"三个总账科目余额的合计数填列;"其他应付款"项目需根据"其他应付款""应付利息""应付股利"三个总账科目余额的合计数填列。以××电器的20××年12月31日的其他应付款为例:其他应付款＝其他应付款＋应付利息＋应付股利＝260 448＋19 610＋71＝280 129 万元。

2) 根据明细账科目的余额分析计算填列

"开发支出"项目应根据"研发支出"科目中所属的"资本化支出"明细科目期末余额填列。

"预收款项"项目应根据"预收账款"和"应收账款"科目所属各明细科目的期末贷方余额合计数填列。

"交易性金融资产"项目应根据"交易性金融资产"科目的明细科目期末余额分析填列。自资产负债表日起超过一年到期且预期持有超过一年的以公允价值计量且其变动计入当期损益的非流动金融资产在"其他非流动金融资产"项目中填列。

"其他债权投资"项目应根据"其他债权投资"科目的明细科目余额分析填列。自资产负债表日起一年内到期的长期债权投资,在"一年内到期的非流动资产"项目中填列,购入的以公允价值计量且其变动计入其他综合收益的一年内到期的债权投资(期末账面价值)在"其他流动资产"项目中填列。

"应交税费"项目应根据"应交税费"科目的明细科目期末余额分析填列,其中借方余额应当根据其流动性在"其他流动资产"或"其他非流动资产"项目中填列。

"一年内到期的非流动资产"与"一年内到期的非流动负债"项目应根据有关非流动资产或负债项目的明细科目余额分析填列。

"应付职工薪酬"与"预计负债"项目应根据各自科目的明细科目期末余额分析填列。

"未分配利润"项目应根据"利润分配"科目中所属的"未分配利润"明细科目期末余额填列。

3) 根据总账科目和明细账科目的余额分析计算填列

"应付票据及应付账款"项目应根据"应付票据"总账科目余额及"应付账款"和"预付账款"科目所属的相关明细科目的期末贷方余额合计数填列。以××电器20××年12月31日的应付票据及应付账款为例:应付票据及应付账款＝应付票据总账科目余额＋应付账款及预付账款所属相关明细账科目＝976 693＋3 455 289＝4 431 982 万元。

"长期借款""应付债务"项目应分别根据各自总账科目余额扣除各自科目所属的明细科目中将在资产负债表日起一年内到期，且企业不能自主地将清偿义务展期的部分后的金额计算填列。

"其他流动资产"与"其他流动负债"项目应根据有关总账科目及有关科目的明细科目期末余额分析填列。

"其他非流动负债"项目应根据有关科目的期末余额减去将于 1 年内（含 1 年）到期偿还数后的金额填列。

4）根据有关科目余额减去其备抵科目余额后的净额填列

"持有待售资产""长期股权投资"与"商誉"项目应根据相关科目的期末余额填列，已计提减值准备的，还应扣减相应的减值准备。

"在建工程"项目应根据"在建工程"和"工程物资"科目的期末余额扣减"在建工程减值准备"和"工程物资减值准备"科目的期末余额后的金额填列。

"固定资产"项目应根据"固定资产"和"固定资产清理"科目的期末余额减去"累计折旧"和"固定资产减值准备"科目的期末余额后的金额填列。以××电器20××年12月31日的固定资产为例：固定资产＝固定资产＋固定资产清理－累计折旧－固定资产准备＝2 680 935＋1 471－931 813－2 382＝1 748 211 万元。

"无形资产""投资性房地产""生产性生物资产"与"油气资产"项目应根据相关科目的期末余额扣减相关的累计折旧填列，已计提减值准备的，还应扣减相应的减值准备，折旧年限只剩一年或不足一年的，或者预计在一年内（含一年）进行折旧的部分，仍在上述项目中列示，不转入"一年内到期的非流动资产"项目，采用公允价值计量的上述资产，应根据相关科目的期末余额填列。

"长期应收款"项目应根据"长期应收款"科目的期末余额减去相应的"未实现融资收益"和"坏账准备"科目所属相关明细科目期末余额后的金额填列。

"长期应付款"项目应根据"专项应付款"和"长期应付款"科目的期末余额减去相应的"未确认融资费用"科目期末余额后的金额填列。

5）综合运用上述填列方法分析填列

"其他应收款"项目应根据"其他应收款""应收利息""应收股利"科目的期末余额减去"坏账准备"科目中有关部分期末余额后的金额填列。

"应收票据及应收账款"项目应根据"应收票据"科目的期末余额及"应收账款"和"预收账款"科目所属各明细科目的期末借方余额合计数减去"坏账准备"科目中有关应收账款部分期末余额后的金额填列。

"预付款项"项目应根据"预付账款"和"应付账款"科目所属各明细科目的期末借方余额合计数减去"坏账准备"科目中有关预付款项部分期末余额后的金额填列。

"债权投资"项目应根据"债权投资"科目的相关明细科目的期末余额减去"债权投资减值准备"科目中相关部分期末余额后的金额分析填列。

自资产负债表日起一年内到期的长期债权投资在"一年内到期的非流动资产"项目中填列。

购入的以摊余成本计量的一年内到期的债权投资在"其他流动资产"项目中填列。

"合同资产"和"合同负债"项目应根据"合同资产"和"合同负债"科目的明细科目期末余

额分析填列。同一合同下的合同资产和合同负债应当以净额列示,净额在借方应当根据其流动性在"合同资产"或"其他非流动资产"项目中填列,已计提减值准备的,还应减去"合同资产减值准备"科目中相应的期末余额后的金额填列,净额在贷方应当根据其流动性在"合同负债"或"其他非流动负债"项目中填列。

"存货"项目应根据"材料采购""原材料""发出商品""库存商品""周转材料""委托加工物资""生产成本""受托代销商品"等科目的期末余额及"合同履约成本"科目的明细科目中初始确认时摊销期限不超过一年或一个正常营业周期的期末余额合计,减去"受托代销商品款""存货跌价准备"科目期末余额及"合同履约成本减值准备"科目中相应的期末余额后的金额填列,材料采用计划成本核算以及库存商品采用计划成本核算或售价核算的企业,还应按加或减材料成本差异、商品进销差价后的金额填列。

"其他非流动资产"项目应根据有关科目的期末余额减去将于一年内(含一年)收回数后的金额,及"合同取得成本"和"合同履约成本"科目的明细科目中初始确认时摊销期限在一年或一个正常营业周期以上的期末余额合计,减去"合同取得成本减值准备"和"合同履约成本减值准备"科目中相应的期末余额填列。

2. 资产负债表"年初余额"栏

表 4-1 中的"年初余额"栏通常应根据上年末资产负债表"期末余额"栏内所列数字填列。如果企业发生了会计政策变更、前期差错更正,应当对"年初余额"栏中的有关项目进行相应调整。如果企业上年度资产负债表规定的项目名称和内容与本年度不一致,应当按照本年度的规定进行相应调整,填入"年初余额"栏。

4.2.4　资产负债表的作用

资产负债表反映企业资产的构成及其状况,分析企业在某一日期所拥有的经济资源及其分布情况。资产是企业的经济资源,是企业经营的基础,资产总量水平在一定程度上可以说明企业的经营规模和盈利基础大小。企业的结构即资产的分布,企业的资产结构反映其生产经营过程的特点,有利于报表使用者进一步分析企业生产经营的稳定性。

资产负债表反映企业某一日期的负债总额及其结构,分析企业目前与未来需要支付的债务数额。负债总额反映企业承担的债务量,负债和所有者的比重反映了企业的财务安全程度。负债结构反映了企业偿还负债的紧迫性和偿债压力等,通过资产负债表可以了解企业负债的基本信息。

资产负债表可以反映企业所有者权益的情况,了解企业现有投资者在企业投资总额中所占的份额。实收资本和留存收益是所有者权益的重要内容,反映了企业投资者对企业的初始投入和资本累计情况,也反映了企业的资本结构和财务实力,有助于报表使用者分析、预测企业生产经营的安全程度和抗风险的能力。

4.3　利　润　表

4.3.1　利润表的内容和结构

利润表是反映企业在一定会计期间的经营成果的报表,其列报应当充分反映企业经营业绩的主要来源和构成，有助于使用者判断净利润的质量及其风险，预测净利润的可持续性，从而做出相关决策。常见的利润表结构主要有单步式和多步式两种。在我国，企业利润表基本采用多步式结构，即通过对当期的收入、费用、支出项目按性质加以归类，按利润形成的主要环节列示一些中间性利润指标，分步计算当期净损益，便于使用者理解企业经营成果的不同来源。企业利润表对于费用列报通常应当按照功能进行分类，即分为从事经营业务发生的成本、管理费用、销售费用、研发费用和财务费用等，有助于使用者了解费用发生的活动领域。与此同时，为了有助于报表使用者预测企业的未来现金流量，对于费用的列报还应当在附注中披露按照性质分类的补充资料，比如分为耗用的原材料、职工薪酬费用、折旧费用、摊销费用等。

4.3.2　利润表的编制方法

利润表是动态报表，表中填列的依据主要是损益类账户的本期发生额。利润表中的栏目分为"本期金额"栏和"上期金额"栏，如表 4-2 所示。

表 4-2　利润表　　　　　　　会企 02 表

编制单位：××电器　　　　20××年 12 月　　　　单位：万元

项　　目	本期金额	上期金额
一、营业收入	15 001 955	11 011 310
减：营业成本	12 469 881	9 152 938
税金及附加	151 304	143 040
销售费用	1 666 027	1 647 727
管理费用	607 114	548 896
研发费用	0	0
财务费用	43 128	−484 555
其中：利息费用	0	0
利息收入	0	0
资产减值损失	26 379	−99
信用减值损失	0	0
加：其他收益	0	0
投资收益（损失以"−"号填列）	39 665	−222 136
其中：对联营企业和合营企业的投资收益	649	803
净敞口套期收益（损失以"−"号填列）	0	0
公允价值变动收益（损失以"−"号填列）	921	109 333
资产处置收益（损失以"−"号填列）		
二、营业利润（亏损以"−"号填列）	78 708	−109 440
加：营业外收入	51 106	109 623
减：营业外支出	2 054	2 074
三、利润总额（亏损总额以"−"号填列）	127 760	−1 891
减：所得税费用	410 859	300 656
四、净利润（净亏损以"−"号填列）	−283 099	−302 547
（一）持续经营净利润（净亏损以"−"号填列）	0	0

项　目	本期金额	上期金额
（二）终止经营净利润（净亏损以"－"号填列）	0	0
五、其他综合收益的税后净额		
（一）不能重分类进损益的其他综合收益	0	0
1、重新计量设定受益计划变动额	0	0
2、权益法下不能转损益的其他综合收益	0	0
3、其他权益工具投资公允价值变动	0	0
4、企业自身信用风险公允价值变动·	0	0
（二）将重分类进损益的其他综合收益		
1、权益法下可转损益的其他综合收益	0	0
2、其他债权投资公允价值变动	0	0
3、金融资产重分类计入其他综合收益的金额	0	0
4、其他债权投资信用减值准备	0	0
5、现金流量套期储备	0	0
6、外币财务报表折算差额	0	0
六、综合收益总额	－283 099	－302 547
七、每股收益：		
（一）基本每股收益	3.72	2.56
（二）稀释每股收益	3.72	2.56

由上表可知××电器的利润构成情况，下面将具体介绍填列方法。

1．利润表"本期金额"栏

（1）"营业收入""营业成本""税金及附加""销售费用""资产减值损失""信用减值损失""其他收益""投资收益""公允价值变动收益""资产处置收益""营业外收入""营业外支出""所得税费用"等项目应根据有关损益类科目的发生额分析填列。

（2）"研发费用"项目应根据"管理费用"科目下的"研发费用"明细科目的发生额填列。

（3）"其中：利息费用"和"利息收入"项目应根据"财务费用"科目所属的相关明细科目的发生额分析填列。

（4）"其中：对联营企业和合营企业的投资收益"项目应根据"投资收益"科目所属的相关明细科目的发生额分析填列。

（5）"其他综合收益的税后净额"项目及其各组成部分应根据"其他综合收益"科目及其所属明细科目的本期发生额分析填列。

（6）"营业利润""利润总额""净利润""综合收益总额"项目应根据表 4－2 中相关项目计算填列。

（7）"（一）持续经营净利润"和"（二）终止经营净利润"项目应根据《企业会计准则第 42 号——持有待售的非流动资产、处置组和终止经营》的相关规定分别填列。

2．利润表"上期金额"栏

"上期金额"栏应根据上年同期利润表"本期金额"栏内所列数字填列。如果上年同期利润表规定的项目名称和内容与本期不一致，应按照本期的规定进行相应调整，填入"上期金额"栏。

4.3.3　利润表的作用

利润表反映了企业经营业绩的主要来源和构成，有助于报表使用者判断净利润的质量及其风险，分析和预测净利润的持续性，从而做出正确的决策。

利润表反映了企业一定会计期间的收入实现情况，如营业收入、投资收益、营业外收入等；反映一定会计期间的费用耗费情况，如营业成本、税金及附加、销售费用、管理费用、研发费用、财务费用、营业外支出等；反映企业生产经营活动的成果，即净利润的实现情况，据以判断资本保值、增值情况。将利润表中的信息与资产负债表中的信息相结合，便于报表使用者判断企业未来的发展趋势，做出经济决策。

4.4　现金流量表

4.4.1　现金流量表概述

现金流量表是指反映企业在一定会计期间现金和现金等价物流入和流出的报表。其现金概念结合流动性和转换速度，具体包括库存现金、银行存款、其他货币资金以及现金等价物。现金等价物是指企业持有的期限短、流动性强、易于转换为已知金额的现金、价值变动风险很小的投资等。比如企业购入的在证券市场上流通的3个月内到期的短期债券投资等。按照国际惯例，资产负债表、利润表、现金流量表是企业对外报送的三大基本报表。现金流量表是动态报表，按照收付实现制原则编制。从内容上来看，现金流量表可划分为经营活动、投资活动和筹资活动三个部分，这些活动反映出企业的业务活动的现金流入与流出，弥补了资产负债表和利润表提供信息的不足。

4.4.2　现金流量表的编制方法

现金流量表的编制有两种方法：直接法和间接法。直接法是指通过现金收入和现金支出的主要类别列示经营活动的现金流量，一般以利润表中的营业收入为起算点，调节与经营活动有关的项目的增减变动，然后计算出经营活动产生的现金流量。在我国，企业经营活动产生的现金流量应当采用直接法填列，其具体格式如表4-3所示。

表4-3　现金流量表　　　　　会企03表

编制单位：××电器　　　　20××年12月　　　　　单位：万元

项　目	本期金额	上期金额
一、经营活动产生的现金流量：		
销售商品、提供劳务收到的现金	10 759 912	6 989 662
收到的税费返还	165 728	113 934
收到其他与经营活动有关的现金	267 991	293 883
经营活动现金流入小计	11 193 631	7 397 479
购买商品、接受劳务支付的现金	5 836 517	4 047 878
支付给职工以及为职工支付的现金	768 487	565 705

项　　目	本期金额	上期金额
支付的各项税费	1 319 677	1 133 390
支付其他与经营活动有关的现金	1 558 989	837 152
经营活动现金流出小计	9 483 670	6 584 125
经营活动产生的现金流量净额	1 709 961	8 13 354
二、投资活动产生的现金流量：	0	0
收回投资收到的现金	340 389	314 229
取得投资收益收到的现金	15 210	26 473
处置固定资产、无形资产和其他长期资产收回的现金净额	355	2 720
处置子公司及其他营业单位收到的现金净额	0	0
收到其他与投资活动有关的现金	44 324	650
投资活动现金流入小计	400 278	344 072
购建固定资产、无形资产和其他长期资产支付的现金	242 481	327 694
投资支付的现金	1 241 973	149 640
取得子公司及其他营业单位支付的现金净额	0	0
支付其他与投资活动有关的现金	5 141 170	1 791 393
投资活动现金流出小计	6 625 624	2 268 727
投资活动产生的现金流量净额	− 6 225 346	− 1 924 655
三、筹资活动产生的现金流量：		
吸收投资收到的现金	9 049	0
取得借款收到的现金	2 161 016	1 238 241
收到其他与筹资活动有关的现金	16 028	2 11 052
筹资活动现金流入小计	2 186 093	1 449 293
偿还债务支付的现金	1 300 899	1 105 416
分配股利、利润或偿付利息支付的现金	1 112 128	918 007
支付其他与筹资活动有关的现金	0	1 027
筹资活动现金流出小计	2 413 027	2 024 450
筹资活动产生的现金流量净额	− 226 934	− 575 157
四、汇率变动对现金及现金等价物的影响	− 179 803	409450
五、现金及现金等价物净增加额	− 4 922 122	− 1 277 008
加：期初现金及现金等价物余额	7 132 136	7 736 502
六、期末现金及现金等价物余额	2 210 014	6 459 494

在间接法下，是将净利润调节为经营活动现金流量，实际上就是将按权责发生制原则确定的净利润调整为现金净流入，并剔除投资活动和筹资活动对现金流量的影响。我国企业会计准则规定企业应当采用直接法编报现金流量表，同时要求在附注中提供以净利润为基础调节到经营活动现金流量（以间接法编制）的信息。

4.4.3　现金流量表的结构

现金流量表以现金和现金等价物为基础编制，划分为经营活动、投资活动和筹资活动，按照收付实现制原则编制，将权责发生制下的盈利信息调整为收付实现制下的现金流量信息。下面具体阐述各项具体活动。

1. 经营活动产生的现金流量

经营活动是指企业投资活动和筹资活动以外的所有交易和事项。各类企业由于行业特点不同，对经营活动的认定存在一定差异。对于工商企业，经营活动主要包括销售商品、提供劳务、购买商品、接受劳务、支付职工薪酬、支付税费等。对于商业银行，经营活动主要包括吸收存款、发放贷款、同业存放、同业拆借等。对于保险公司，经营活动主要包括原保险业务和再保险业务等。对于证券公司，经营活动主要包括自营证券、代理承销证券、代理兑付证券、代理买卖证券等。

2. 投资活动产生的现金流量

投资活动是指企业长期资产的购建和不包括在现金等价物范围内的投资及其处置活动。长期资产是指固定资产、无形资产、在建工程、其他资产等持有期限在一年或一个营业周期以上的资产。这里所讲的投资活动包括实物资产投资和金融资产投资。由于"包括在现金等价物范围内的投资"视同现金，因此这里将其排除在外。由于不同企业的行业特点不同，对投资活动的认定也存在差异。例如，交易性金融资产所产生的现金流量，对于工商企业而言，属于投资活动现金流量，而对于证券公司而言，属于经营活动现金流量。

3. 筹资活动产生的现金流量

筹资活动是指导致企业资本及债务规模和构成发生变化的活动。此处的资本既包括实收资本，也包括资本溢价；此处的债务指对外举债，包括向银行借款、发行债券以及偿还债务等。

此外，对于企业日常活动之外的、不经常发生的特殊项目，如自然灾害损失、保险赔款、捐赠等，应当归并到相关类别中，并单独反映。比如，对于自然灾害损失和保险赔款，如果能够确指其属于流动资产损失，则应当被列入经营活动产生的现金流量；如果属于固定资产损失，则应当列入投资活动产生的现金流量。

4. 汇率变动对现金及现金等价物的影响

编制现金流量表时，对于企业外币现金流量以及境外子公司的现金流量，应当采用现金流量发生日的即期汇率或按照系统合理的方法确定的、与现金流量发生日即期汇率近似的汇率折算成记账本位币。这个结果和现金流量表"现金及现金等价物净增加额"项目中外币现金净增加额按资产负债表日的即期汇率折算的结果间的差额即为汇率变动对现金的影响，它应当作为调节项目，在现金流量表中单独列报。

对于当期发生的外币业务，也可不必逐笔计算汇率变动对现金的影响，可以通过现金流量表补充资料中"现金及现金等价物净增加额"与现金流量表中"经营活动产生的现金流量净额""投资活动产生的现金流量净额""筹资活动产生的现金流量净额"三项之和比较，其差额即为"汇率变动对现金的影响"。

5. 现金流量表补充资料

除现金流量表反映的信息外，企业还应在附注中披露将净利润调节为经营活动现金流量、不涉及现金收支的重大投资和筹资活动、现金及现金等价物净变动情况等信息，具体格式如表4-4所示。

表 4 - 4 现金流量表补充资料

补 充 资 料	本期金额	上期金额
1. 将净利润调节为经营活动现金流量：		
净利润		
加：资产减值准备		
信用损失准备		
固定资产折旧、油气资产折耗、生产性生物资产折旧		
无形资产摊销		
长期待摊费用摊销		
处置固定资产、无形资产和其他长期资产的损失（收益以"＋"号填列）		
固定资产报废损失（收益以"＋"号填列）		
净敞口套期损失（收益以"＋"号填列）		
公允价值变动损失（收益以"＋"号填列）		
财务费用（收益以"＋"号填列）		
投资损失（收益以"＋"号填列）		
递延所得税资产减少（增加以"＋"号填列）		
递延所得税负债增加（减少以"－"号填列）		
存货的减少（增加以"＋"号填列）		
经营性应收项目的减少（增加以"＋"号填列）		
经营性应付项目的增加（减少以"－"号填列）		
其他		
经营活动产生的现金流量净额		
2. 不涉及现金收支的重大投资和筹资活动：		
债务转为资本		
一年内到期的可转换公司债券		
融资租入固定资产		
3. 现金及现金等价物净变动情况：		
现金的期末余额		
减：现金的期初余额		
加：现金等价物的期末余额		
减：现金等价物的期初余额		
现金及现金等价物净增加额		

4.4.4 现金流量表的编制程序

现金流量表的具体编制可以采用工作底稿法或 T 型账户法，也可以根据有关科目记录分析填列。

1. 工作底稿法

工作底稿法是以工作底稿为手段，以资产负债表和利润表数据为基础，对每一项目进行分析并编制调整分录，从而编制现金流量表。具体程序是：

第一步，将资产负债表的期初数和期末数过入工作底稿的期初数栏和期末数栏。

第二步，对当期业务进行分析并编制调整分录。以利润表项目为基础，从"营业收入"开始，结合资产负债表项目逐一进行分析。调整分录中有关现金和现金等价物的事项，并不直接借记或贷记现金，而是分别记入"经营活动产生的现金流量""投资活动产生的现金流量""筹资活动产生的现金流量"有关项目，借记表示现金流入，贷记表示现金流出。

第三步，将调整分录过入工作底稿中的相应部分。

第四步，核对调整分录，借贷方合计数相等，调整后的资产负债表期初数等于期末数。

第五步，根据工作底稿中的现金流量表项目部分编制正式的现金流量表。

2. T 型账户法

T 型账户法是以 T 型账户为手段，以资产负债表和利润表数据为基础，对每一项目进行分析并编制调整分录，从而编制现金流量表。具体程序是：

第一步，为所有的非现金项目分别开设 T 型账户，并将各自的期末期初变动数过入各账户。若期末数大于期初数，则将差额过入和项目余额相同的方向；反之，过入相反的方向。

第二步，开设"现金及现金等价物"T 型账户，每边分为经营活动、投资活动和筹资活动三个部分，左边记现金流入，右边记现金流出。同样过入期末期初变动数。

第三步，以利润表项目为基础，结合资产负债表分析每一个非现金项目的增减变动，并据此编制调整分录。

第四步，将调整分录过入各 T 型账户并核对，该账户借贷相抵后的余额与原先过入的期末期初变动数应当一致。

第五步，根据"现金及现金等价物"T 型账户编制正式的现金流量表。

3. 分析填列法

分析填列法是直接根据资产负债表、利润表和有关会计科目明细账的记录，分析计算出现金流量表各项目的金额，并据以编制现金流量表。

4.4.5 现金流量表的作用

通过直接法编制的现金流量表便于分析企业经营活动产生的现金流量的来源和用途，预测企业现金流量的未来前景。

通过间接法编制的现金流量表便于将净利润与经营活动产生的现金流量净额进行比较，了解净利润与经营活动产生的现金流量差异的原因，从现金流量的角度分析净利润的质量。

4.5　所有者权益变动表

4.5.1　所有者权益变动表概述

所有者权益变动表是指反映所有者权益相关项目在一定会计期间增减变动情况的报

表。该表可以提供企业所有者权益项目在某一期间的变动趋势、来源结构等内容，增强信息的全面性和完整性，促进信息使用者对企业的进一步了解。

4.5.2 所有者权益变动表的编制方法

所有者权益变动表有一定格式，如表 4-5 所示。从左至右分为"项目""本年金额""上年金额"三个部分。"项目"由上至下依次是"一、上年年末余额""二、本年年初余额""三、本年增减变动金额（减少以"一"号填列）""四、本年年末余额"四个模块，且每个模块中还会区分不同且相关的交易或事项进行列示。"本年金额"以及"上年金额"反映所有者权益项目的情况对比，这两个部分需要按照所有者权益的各组成部分列示，分别为"实收资本（或股本）""其他权益工具""资本公积""减：库存股""其他综合收益""专项储备""盈余公积""未分配利润""所有者权益合计"。

表 4-5　所有者权益变动表　　　　　　会企 04 表

编制单位：××电器　　　　　20××年度　　　　　单位：元

项目	本年金额									上年金额								
	实收资本（或股本）	其他权益工具	资本公积	减：库存股	其他综合收益	其他综合收益	专项储备	盈余公积	未分配利润	所有者权益合计	实收资本（或股本）	其他权益工具	资本公积	减：库存股	其他综合收益	其他综合收益	专项储备	盈余公积	未分配利润	所有者权益合计
一、上年年末余额																		
二、本年年初余额																		
三、本年增减变动金额（减少以"一"号填列）																		
四、本年年末余额																		

4.6　财务报告附注

4.6.1 财务报告附注概述

按《企业会计准则第 30 号——财务报表列报》的相关规定，财务报告附注是对在资产负债表、利润表、现金流量表和所有者权益变动表等报表中列示项目的文字描述或明细资料，以及对未能在这些报表中列示项目的说明等。财务报告附注是企业财务报告不可缺少的组成部分。附注应当披露财务报表的编制基础，相关信息应当与资产负债表、利润表、所有者权益变动表和现金流量表等报表中列示的项目相互参照。

4.6.2　财务报告附注的内容

我国发布的企业会计制度就财务报告附注应披露的内容作出了明确的规范，具体包括"不符合会计核算前提的说明""重要会计政策和会计估计的说明"等十三项内容。大多数企业也是以此为依据进行编制的。但面对经济的高速发展和社会环境的巨大变化，当某些情况已不再满足人们对于信息的需求时，应对报告附注的内容有所扩充。① 随着知识经济时代的到来，人才、知识和技术在社会生产和资源配置中发挥主导作用，企业最具价值和最重要的资源已不再是物质资本，而是人力资源，应考虑从定性和定量相结合的角度对此进行披露；② 随着信息使用者对企业风险信息、不确定信息以及前瞻性信息需求的进一步扩大，应适当增加对财务预测的有关分析；③ 随着企业社会性的增强，为规范企业履行其社会责任，需要企业编制反映就业水平、报酬及福利、工作组织、保险与安全措施、环境及能源保护等方面的信息。此外，物价变动、市场分布、管理当局的讨论与分析等应充分考虑使用者的需求、经济环境的变化来进行调整和补充。

财务报告附注的编制应运用灵活多样的形式。首先，在计量手段上，可以采用货币与非货币相结合的方式，如人力资源、社会责任等这些难以货币化的信息，应借助其他一些非货币手段进行充分说明；其次，在计量属性上允许多种形式并存；最后，在编制格式上可以借助旁注、脚注和附表等各种形式。

附注应当按照以下顺序披露有关内容。

1. 企业的基本情况

（1）企业注册地、组织形式和总部地址。

（2）企业的业务性质和主要经营活动，如企业所处的行业、所提供的主要产品或服务、客户的性质、销售策略、监管环境的性质等。

（3）母公司以及集团最终母公司的名称。

（4）本期合并财务报表范围及其变化情况。

（5）财务报告的批准报出者和财务报告批准报出日。

2. 财务报表的编制基础

财务报表的编制基础是指财务报表是在持续经营基础上还是在非持续经营基础上编制的。企业一般是在持续经营基础上编制财务报表，清算、破产属于非持续经营基础。

3. 遵循企业会计准则的声明

企业应当声明编制的财务报表符合企业会计准则的要求，真实、完整地反映企业的财务状况、经营成果和现金流量等有关信息。以此明确企业编制财务报表所依据的制度基础。如果企业编制的财务报表只是部分地遵循了企业会计准则，附注中不得做出这种表述。

4. 重要会计政策和会计估计

根据财务报表列报准则的规定，企业应当披露采用的重要会计政策和会计估计，不重要的会计政策和会计估计可以不披露。

1）重要会计政策的说明

由于企业经济业务的复杂性和多样化，某些经济业务可以有多种会计处理方法，即存在不止一种可供选择的会计政策。例如，存货的计价可以有先进先出法、加权平均法、个别计价法等；固定资产的折旧可以有平均年限法、工作量法、双倍余额递减法、年数总额法等。企业在发生某项经济业务时，必须从允许的会计处理方法中选择适合本企业特点的会计政策，企业选择不同的会计处理方法，可能极大地影响企业的财务状况和经营成果。为了有助于报表使用者理解，有必要对这些会计政策加以披露。

需要特别指出的是，说明会计政策时还需要披露下列两项内容：

(1) 财务报表项目的计量基础。会计计量属性包括历史成本、重置成本、可变现净值、现值和公允价值，这直接显著影响报表使用者的分析，这项披露要求便于使用者了解企业财务报表中的项目是按何种计量基础予以计量的，如存货是按成本还是可变现净值计量等。

(2) 会计政策的确定依据。会计政策的确定依据是指企业在运用会计政策过程中所作的对报表中确认的项目金额最具影响力的判断。例如，企业如何判断持有的金融资产是持有至到期的投资而不是交易性投资；对于拥有的持股不足 50% 的关联企业，企业如何判断拥有控制权因此将其纳入合并范围；企业如何判断与租赁资产相关的所有风险和报酬已转移给企业，从而符合融资租赁的标准；投资性房地产的判断标准是什么；等等。这些判断对在报表中确认的项目金额具有重要影响。因此，这项披露要求有助于使用者理解企业选择和运用会计政策的背景，增加财务报表的可理解性。

2) 重要会计估计的说明

财务报表列报准则强调了对会计估计不确定因素的披露要求，企业应当披露会计估计中所采用的关键假设和不确定因素的确定依据，这些关键假设和不确定因素在下一会计期间内很可能导致对资产、负债账面价值进行重大调整。

在确认有关资产或负债的账面金额过程中，企业有时需要对不确定的未来事项在资产负债表日对这些资产和负债的影响加以估计。例如，固定资产可收回金额的计算需要根据其公允价值减去处置费用后的净额与预计未来现金流量的现值两者之间的较高者确定。在计算资产预计未来现金流量的现值时需要对未来现金流量进行预测，并选择适当的折现率，应当在附注中披露未来现金流量预测所采用的假设及其依据、所选择的折现率等。又如，为正在进行中的诉讼提取准备时最佳估计数的确定依据等。这些假设的变动对这些资产和负债项目金额的确定影响很大，有可能会在下一个会计年度内做出重大调整。因此，强调这一披露要求有助于提高财务报表的可理解性。

5. 会计政策和会计估计变更以及差错更正的说明

企业应当按照《企业会计准则第 28 号——会计政策、会计估计变更和差错更正》及其应用指南的规定，披露会计政策和会计估计变更以及差错更正的有关情况。

6. 报表重要项目的说明

企业应当以文字和数字描述相结合、尽可能以列表形式披露报表重要项目的构成或当期增减变动情况，并且报表重要项目的明细金额合计应当与报表项目金额相衔接。在披露时，一般应当按照资产负债表、利润表、现金流量表、所有者权益变动表的顺序及其项目列示的顺序。

7. 其他需要说明的重要事项

其他需要说明的重要事项主要包括或有承诺事项、资产负债表日后非调整事项、关联方关系及其交易等,具体的披露要求需遵循相关准则的规定。

4.6.3　财务报告附注的作用

　　财务报告附注和资产负债表、利润表、现金流量表、所有者权益变动表相互联系、相互影响。附注的内容不仅可以加强整体信息的完整性、可靠性、相关性,而且可以帮助信息使用者进一步阅读与理解相关内容。

练　习　题

一、单项选择题

1. 下列报表项目中,应根据明细账科目余额填列的是(　　)。

A. 开发支出　　　　B. 资本公积　　　　C. 长期借款　　　　D. 商誉

2. 下列关于现金流量表中,说法不正确的是(　　)。

A. 现金流量表是指反映企业在一定会计期间现金和现金等价物流入和流出的报表

B. 从内容上看,现金流量表被划分为经营活动、投资活动和筹资活动三个部分

C. 经营活动是指企业投资活动和筹资活动以外的所有交易和事项

D. 我国企业会计准则规定企业应当采用间接法编报现金流量表

3. 下列会计报表中,反映企业在某一特定日期财务状况的是(　　)。

A. 利润表　　　　B. 资产负债表　　　　C. 现金流量表　　　　D. 所有者权益表

4. 根据我国统一会计制度的规定,企业资产负债表的格式是(　　)。

A. 报告式　　　　B. 账户式　　　　C. 多步式　　　　D. 单步式

5. "预付账款"科目余额明细账中若有贷方余额,应将其计入资产负债表中(　　)科目。

A. 应收账款　　　　B. 预收账款　　　　C. 应付账款　　　　D. 其他应付款

6. 某企业20××年12月31日固定资产账户余额为1 000万元,累计折旧账户余额为100万元,固定资产减值准备账户为50万元,在建工程账户余额为200万元,固定资产清理账户无余额。该企业20××年12月31日资产负债表中固定资产项目金额为(　　)万元。

A. 650　　　　B. 850　　　　C. 1 050　　　　D. 200

7. 下列经济业务所产生的现金流量中,属于"投资活动产生现金流量"的是(　　)。

A. 吸收投资收到的现金

B. 支付的各种税费

C. 取得子公司及其他营业单位支付的现金净额

D. 偿还债务支付的现金

8. 甲公司为增值税一般纳税企业,20××年度,甲公司主营业务收入为700万元,增值税额为91万元;应收账款期初余额为50万,期末余额为100万;预收账款起初为50万,期末为10万。假定不考虑其他因素,甲公司20××年现金流量表中"销售商品、提供劳务收到的现金"项目金额为(　　)万元。

A. 701　　　　B. 700　　　　C. 702　　　　D. 没有正确答案

9. 甲公司20××年5月1日购买A公司股票作为交易性金融资产,支付价款为80万元,其中包含已宣告但未发放的现金股利2万。20××年5月15日收到上述现金股利,

20××年6月30日将此项股票出售,获得价款为100万元。假设不考虑其他因素,应计入现金流量表中"收回投资收到的现金"项目金额为(　　　)万元。

A. 100　　　　　　B. 80　　　　　　C. 82　　　　　　D. 78

10. 支付的在建工程人员的工资属于(　　　)产生的现金流量。

A. 筹资活动　　　B. 经营活动　　　C. 汇率变动　　　D. 投资活动

二、多项选择题

1. 20××年度,甲公司发生如下事项:

(1) 转让一项非专利技术,取得银行存款50万元,产生转让净收益5万元。

(2) 出售一项交易性金融资产,价款为400万元(不考虑交易费用)。出售当日,交易性金融资产的成本为300万元,持有期间公允价值变动收益为50万元。

(3) 甲公司持有的一项以权益法核算的长期股权投资,持股比例为25%,被投资方宣告分配本年现金股利100万元。

(4) 处置一项投资性房地产,价款为1 000万元。

根据上述资料,下列关于甲公司利润表项目填列的表述,正确的是(　　　)。

A. 处置投资性房地产取得的收入应填入利润表"营业收入"项目

B. 出售交易性金融资产影响利润表"营业利润"项目100万元

C. 转让非专利技术影响利润表"营业外收入"项目5万元

D. 确认现金股利影响利润表"投资收益"项目25万元

2. 下列各项中,属于筹资活动的是(　　　)。

A. 吸收投资取得的现金　　　　　　B. 偿还债务支付的现金

C. 投资支付的现金　　　　　　　　D. 取得投资收益收到的现金

3. 下列各项属于财务报表列报基本要求的是(　　　)。

A. 权责发生制　　　　　　　　　　B. 依据重要性原则单独或汇总列报项目

C. 比较信息的列报　　　　　　　　D. 报告期间

4. 下列各项中,根据有关科目余额减去其备抵科目余额后的净额填列的是(　　　)。

A."在建工程"　　　B."固定资产"　　　C."油气资产"　　　D."应收票据"

5. 甲企业20××年发生下列交易或者事项,会引起投资活动的现金流量发生变化的是(　　　)。

A. 购入一项固定资产,支付价款100万元

B. 采用权益法核算的股权投资,确认投资收益200万元

C. 转让一项专利技术,获得价款10万元

D. 企业发行债券收到现金500万元

6. 下列资产中,属于流动资产的是(　　　)。

A. 交易性金融资产　　　B. 开发支出　　　C. 商誉　　　D. 货币资金

7. 按照中期报表的定义,可以将其分为(　　　)。

A. 月报　　　　　　B. 季报　　　　　　C. 半年报　　　　　　D. 个别报表

8. 甲公司当期发生的交易或事项中,会引起现金流量表筹资活动产生的现金流量发生增减变动的是(　　　)。

A. 支付短期借款利息

B. 分期付款购买无形资产除首次付款外以后各期支付的款项

C. 收到被投资方分派现金股利 200 万元

D. 向投资者分派现金股利利息 5 万元

9. 在采用间接法将净利润调节为经营活动的现金流量时，下列各调整项目中，属于调减项目的是(　　)。

A. 投资收益　　　　　　　　　　B. 固定资产报废损失

C. 经营性应付项目的减少　　　　D. 经营性应收项目的增加

10. 下列项目中，影响现金流量表中"购买商品、接受劳务支付的现金"项目的是(　　)。

A. 偿还应付账款　　B. 预付购货款　　C. 购买材料支付货款　　D. 支付的进项税额

三、判断题

1. 资产负债表是反映企业一定时期财务状况的报表。(　　)

2. 报告式资产负债表中资产项目是按重要性来排列的。(　　)

3. 资产负债表中的"流动资产"各项目是按照流动性由弱到强排列的。(　　)

4. 财务报告应当是对外报告。(　　)

5. 在资产负债表上没有"固定资产清理"项目。(　　)

6. 附注不属于财务报表的构成。(　　)

7. 在具体编制现金流量表时，可以采用工作底稿法或 T 型账户法，也可以根据有关科目记录分析填列。(　　)

8. 筹资活动产生的现金流量包括"取得借款收到的现金""收到其他与筹资活动有关的现金""收回投资收到的现金"。(　　)

9. 我国采用单步式利润表。(　　)

10. 重分类进损益的其他综合收益包括其他债券投资公允价值变动损益。(　　)

四、计算分析题

1. A 公司为增值税一般纳税人，适用的增值税税率为 13%，商品、原材料售价中均不含增值税。假定销售商品、提供劳务均符合收入确认条件，成本在收入确认时结转。20××年度，A 公司发生如下交易事项：

(1) 销售商品一批，售价为 1 000 万元，增值税为 130 万元，款项尚未收回。该批商品实际成本为 700 万元，未计提跌价准备。

(2) 计提并支付职工薪酬 200 万元，其中行政管理人员的职工薪酬为 50 万元，在建工程人员的职工薪酬为 150 万元。

(3) 向 B 公司转让一项专利技术使用权，一次性收取使用费 10 万元并存入银行，且不再提供后续服务，该专利权的预计使用寿命不能确定。

(4) 购入原材料一批，增值税专用发票上注明的价款为 220 万元(不含增值税)，款项已经通过银行存款支付。

(5) 以银行存款支付管理费用 50 万元，财务费用 20 万元(全部为短期借款的利息支出)，支付违约金 5 万元。

(6) 期末确认交易性金融资产公允价值变动收益 25 万元。

(7) 收到子公司宣告并分派的现金股利 50 万元。

假定企业所得税率为 25%。

要求：

（1）分别做出以上业务的会计分录，并计算企业应纳所得税的金额。

（2）计算上述交易或事项对利润表相关项目的影响金额并填列在下表中。

单位：万元

项　目	影响金额（损失以"－"号填列）
营业收入	
营业成本	
营业利润	
利润总额	
所得税费用	
净利润	

2. 练习资产负债表、利润表余额填列

（1）资产负债表的填列：

甲公司 20××年 5 月 31 日科目余额表

科目名称	借方余额	贷方余额
库存现金	3 000	
银行存款	320 000	
其他货币资金	23 000	
应收账款	90 000	
预付款项	7 000	
原材料	57 000	
库存商品	3 600 000	
生产成本	90 000	
长期应收款	65 000	
固定资产	1 200 000	
无形资产	100 000	
短期借款		530 000
应付账款		995 000
长期借款		760 000
应付债券		1 560 000
实收资本		1 000 000
盈余公积		620 000

根据以上余额表，填列以下资产负债表：

资产负债表（简表）

20××年5月

制表企业：甲公司

资产	期初数	期末数	负债所有者权益	期初数	期末数
流动资产	（略）		流动负债	（略）	
货币资金		①	短期借款		530 000
应收账款		②	应付账款		⑦
预付账款		7 000	流动负债合计		⑧
存货		③	非流动负债		
流动资产合计		④	长期借款		760 000
非流动资产：			应付债券		1 560 000
长期应收款		65 000	非流动负债合计		⑨
固定资产		1 200 000	负债合计		⑩
无形资产		100 000	所有者权益		
非流动资产合计：		⑤	实收资本		1 000 000
			盈余公积		620 000
			所有者权益合计		⑪
资产合计：		⑥	负债及所有者权益合计		⑫

（2）利润表填列：

乙公司20××年12月份各损益类账户发生额

乙公司损益账户20××年累计发生净额		
科 目	借方发生额	贷方发生额
主营业务收入		90 000
主营业务成本	50 000	
税金及附加	4 500	
销售费用	2 000	
管理费用	8 500	
其中：管理费用—研发费用	4 500	
财务费用	2 000	
其中：利息费用	2 750	
利息收入	750	
资产减值损失	2 800	
其他业务收入		3 000

乙公司损益账户20××年累计发生净额		
科 目	借方发生额	贷方发生额
其他业务成本	1 000	
投 资 收 益		1 500
营业外收入		3 500
营业外支出	1 800	
所得税费用	9 400	

根据上述资料,编制乙公司20××年度利润表。

利 润 表		
项 目	本年累计数	上年数(略)
一、营业收入	①	
减:营业成本	②	
税金及附加	4 500	
销售费用	2 000	
管理费用	③	
研发费用	④	
财务费用	2 000	
其中:利息费用	2 750	
利息收入	⑤	
资产减值损失	2 800	
加:投资收益	1 500	
二、营业利润	⑥	
加:营业外收入	3 500	
减:营业外支出	1 800	
三、利润总额	⑦	
减:所得税费用	9 400	
四、净利润	⑧	

第 5 章　财务分析方法与决策

【学习目标】　了解财务分析的概念、基本方法，掌握结构分析法、比率分析法、比较分析法、趋势分析法、杜邦分析法的定义、原理和应用，通过分析理解各项财务指标所蕴含的经济意义，正确分析和评价企业的财务状况和经营状况，为企业决策提供正确的解决问题方案，并充分理解财务比率的局限性和非会计信息使用的有效性。

【引导案例】

××汽车股份有限公司 2016—2020 年部分财务报表项目数据

单位：百万元

	2016	2017	2018	2019	2020
流动资产	14 157.94	13 828.37	15 425.95	14 435.97	15 364.87
非流动资产	7 346.59	3 959.55	4 203.77	4 382.94	4 798.13
流动负债	12 530.46	10 313.73	11 655.91	10 583.22	11 280.05
非流动负债	14 094.97	10 763.73	512.59	540.47	791.11
所有者权益	7 409.57	7 024.18	7 461.21	7 695.22	8 091.84
未分配利润	3 164.94	3 265.78	3 709.06	3 931.30	4 285.20
营业收入	16 018.02	18 300.88	14 420.63	13 520.14	13 733.40
成本	16 263.74	18 879.88	14 346.76	13 565.81	13 329.05
利润	85.49	−89.91	491.95	401.21	507.76
净利润	70.19	−86.45	548.92	413.58	552.91
经营活动产生的现金流量净额	325.59	387.83	15 261.26	18 689.42	1 439.28

要求：运用以上财务指标如何分析该公司的财务状况、经营成果和现金流量？

5.1　财务分析概述

财务分析是根据企业财务报告等信息资料，采用专门方法，系统分析和评价企业财务状况、经营成果以及未来发展趋势的过程。

财务分析以企业财务报告及其他相关资料为主要依据，对企业的财务状况和经营成果进行评价和剖析，反映企业在运营过程中的利弊得失和发展趋势，从而为改进企业财务管理工作和优化经济决策提供重要财务信息，为企业未来的财务预测、财务决策指明方向，并为企业进行财务危机的预测提供必要的信息。

财务分析对不同的信息使用者具有不同的意义，具体来说主要体现在以下几个方面：

① 可以判断企业的财务实力；② 可以评价和考核企业的经营业绩，揭示财务活动存在的问题；③ 可以挖掘企业潜力，寻求提高企业经营管理水平和经济效益的途径；④ 可以评价企业的发展趋势。

企业进行财务分析应遵循共性与个性相结合、静态与动态相结合、财务指标与非财务指标相结合、定量与定性相结合及成本效益原则。财务分析信息的需求者主要包括企业所有者、企业债权人、企业经营决策者和政府等。

5.1.1　财务分析的程序

财务分析首先需要明确分析目标，目标的确定有助于制定后续的分析方案；在目标的基础上建立总体的分析思路、框架以及内容，梳理整体分析范围、过程、顺序和关键点，尽可能全面地搜集与分析主题相关的资料，并进行阅读、整理及归类；结合实际情况选择适当的分析标准、对应的分析方法，展开具体分析，在分析过程中提炼和归纳分析结果，做出总结，形成分析报告。其具体过程分为以下五个阶段：

第一阶段：确定分析目标。

第二阶段：建立基本分析框架和内容。

第三阶段：全面收集相关资料。

第四阶段：明确采用的标准和方法，展开具体分析。

第五阶段：归纳分析结果，总结分析报告。

5.1.2　财务分析的基本方法

1. 结构分析法

结构分析法可以帮助分析人员从总体分析公司内部各项报表项目的比重是否合理。结构分析法可以用于资产负债表、利润表和现金流量表的分析。在分析资产负债表时，结构分析有助于判断企业资产、负债结构等是否合理；在分析利润表时，以营收总额为共同基数，再计算表中各项目相对于共同基数的百分比，以帮助了解企业有关销售利润率以及各项费用率变动的情况，并分析企业盈利能力的发展趋势；在分析现金流量表时，可以分析经营活动现金流量净额、投资活动现金流量净额和筹资活动现金流量净额占全部现金净流量的百分比，以及各部分内部不同项目占所属部分总额的百分比，可以帮助分析企业现金流量净额组成部分的主要用途、来源以及对整体的影响，了解企业的经营成果和战略。

2. 比较分析法

比较分析法主要是选取某一财务指标，将该指标的本期实际数额与所选取的标准进行对比，进而找出差异以及原因。指标比较分析时，选择的标准可以多样化，包括将实际发生数额和计划发生数额进行对比，将本年实际发生数额与上年度同期实际发生数额进行对比等。

3. 比率分析法

比率分析法是将复杂多样的财务数据通过比率的形式，简洁、直观地反映出来，区分不同类别，以揭示可能存在的问题。在比率分析过程中，常用的财务比率包括偿债能力指标、盈利能力指标和营运能力指标。反映企业偿债能力的财务指标包括流动比率、速动比率、现金比率、负债比率、利息收入倍数等；反映企业盈利能力的财务指标包括毛利率、营业利润率、营业净利润率、总资产报酬率、权益报酬率等；反映企业营运能力的财务指标包括应收账款周转率、存货周转率、流动资产周转率、固定资产周转率、无形资产周转率、总资产周转率等。

4. 趋势分析法

趋势分析法是在企业连续一段时间的数据资料中选定某一期为基础，计算各期相对于基期的百分比比率，帮助财务分析者对公司的未来发展趋势进行判断。在趋势分析法的应用过程中，按照基期选择方法的不同，可分为定基计算法和环比计算法。定基计算法在计算各期比值时，基期的选择是固定不变的；环比计算法在计算各期比值时，基期是被计算对象的前一期数额。

5.1.3　财务报表之间的勾稽关系

1. 资产负债表和利润表之间的勾稽关系

在资产负债表中，"资产＝负债＋所有者权益"这一核心等式反映项目关联，包括流动资产与非流动资产之和等于资产总额、流动负债与非流动负债之和等于负债总额、负债总额与所有者权益总额之和等于资产总额。其中，资产负债表和利润表之间的勾稽关系主要体现在"所有者权益"项目中的"未分配利润"的本期末数额和上期末数额之差，与利润分配表中的"未分配利润"数额相等。资产负债表和利润表之间的勾稽关系如图 5－1 所示。

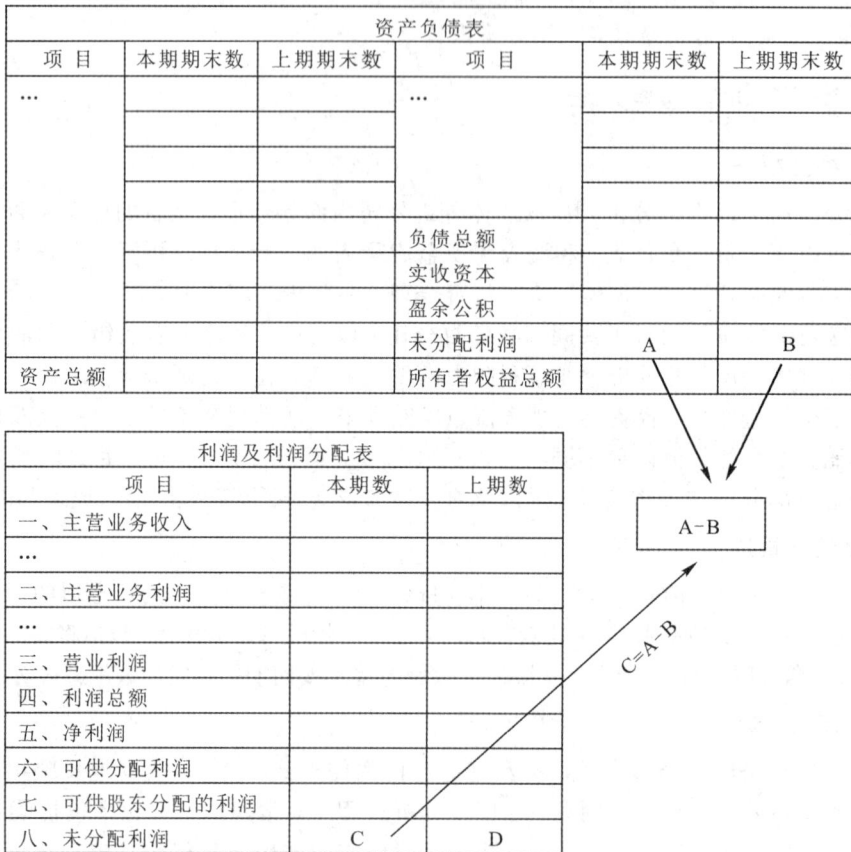

图 5－1　资产负债表与利润表之间的勾稽关系

2. 资产负债表和现金流量表之间的勾稽关系

资产负债表和现金流量表之间的勾稽关系较多，资产负债表中包括货币资金、应收账款、固定资产、无形资产、长期股权投资、预收账款、资产减值准备、累计折旧、投资收益等报表项目的金额和现金流量表相关项目金额之间存在关联。以"货币资金"举例说明，现金流量表中"期初现金及现金等价物余额"关联资产负债表中"货币资金"的上期期末数，"期末现金及现金等价物余额"关联"货币资金"的本期期末数。因此资产负债表中"货币资金"项目本期期末数与上期期末数的差额在一定条件下与现金流量表"现金及现金等价物净增加额"相等。资产负债表和现金流量表之间的勾稽关系如图 5-2 所示。

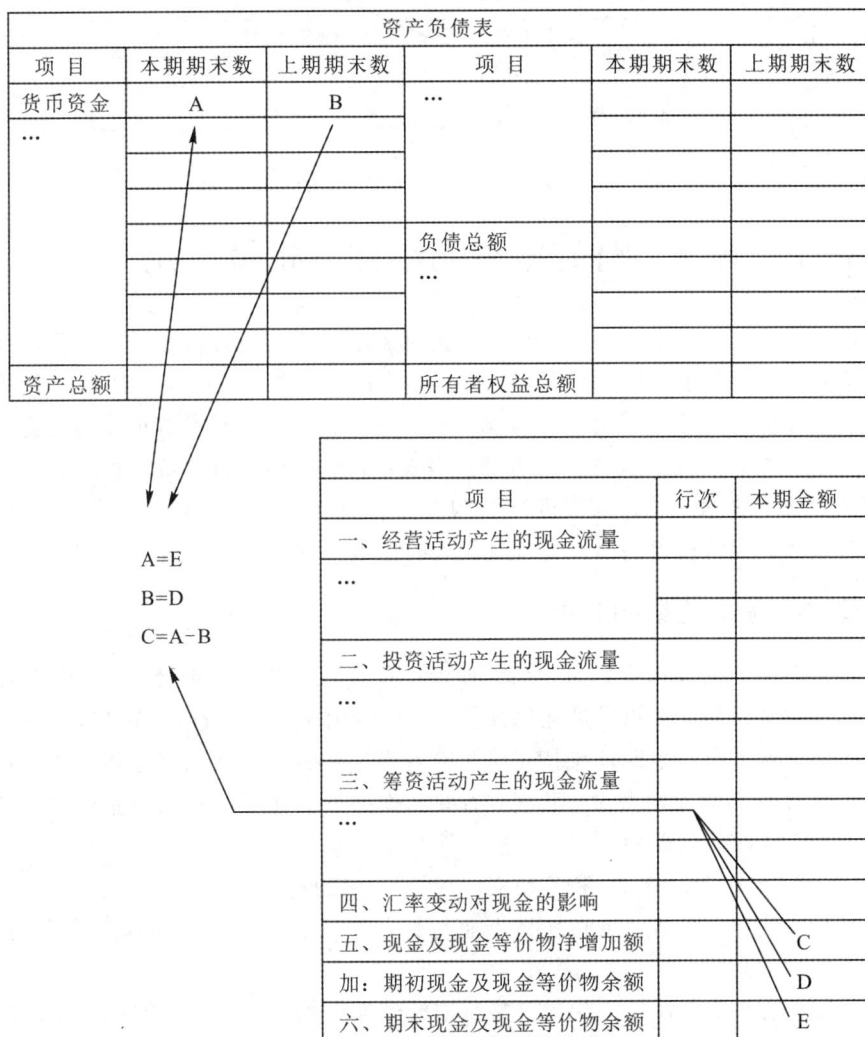

资产负债表					
项目	本期期末数	上期期末数	项目	本期期末数	上期期末数
货币资金	A	B	…		
…					
			负债总额		
			…		
资产总额			所有者权益总额		

A=E
B=D
C=A-B

项　目	行次	本期金额
一、经营活动产生的现金流量		
…		
二、投资活动产生的现金流量		
三、筹资活动产生的现金流量		
…		
四、汇率变动对现金的影响		
五、现金及现金等价物净增加额		C
加：期初现金及现金等价物余额		D
六、期末现金及现金等价物余额		E

图 5-2　资产负债表和现金流量表之间的勾稽关系

3. 利润表和现金流量表之间的勾稽关系

现金流量表补充资料中"将净利润调节为经营活动现金流量"的资产减值准备、固定资产折旧、无形资产摊销、公允价值变动损失或收益、财务费用等和利润表的对应项目之间存在计算关系。利润表中的"净利润"本期金额数与现金流量表补充资料中"将净利润调节为经营活动现金流量"的"净利润"数额相等。利润表和现金流量表之间的勾稽关系如图5-3所示。

利润表		
项　目	本期数	上期数
一、营业收入		
…		
二、营业利润		
…		
三、利润总额		
…		
四、净利润	A	
五、每股收益		

现金流量表补充资料		
项　目	行次	本期金额
一、将净利润调节为经营活动现金流量		
净利润		C
…		
二、不涉及现金收支的投资和筹资活动		
…		
三、现金及现金等价物净增加情况		
…		

A=C

图 5-3　利润表和现金流量表之间的勾稽关系

5.2　财务报表的结构分析及应用

结构分析是在同一企业财务报表中进行内部各项目之间的比较，以某一关键项目的金额为 100%，将其余项目与之相比，以显示各项目的相对地位，进而分析各项目的比重是否合理。结构分析法通常用于资产负债表和利润表的分析。在对资产负债表进行结构百分比分析时，资产类项目通常以总资产的百分率表示，权益类项目通常以负债和所有者权益总计金额的百分率表示。对利润表进行结构百分比分析时，通常将营业收入设为 100%，分别计算各收入、费用和利润项目占营业收入的比重。

5.2.1　资产负债表的结构分析

资产负债表的结构分析有助于判断企业资产负债表的结构是否合理。一个企业如果希望获得长期健康的发展，必须尽量优化其资产、负债结构，保持资产结构与负债结构的匹配。企业首先必须确定一个既能维持正常生产经营，又能在不增加企业风险的前提下给企业带来尽可能多利润的流动资金。其次，需要从提高投资回报的角度对企业投资情况进行分类比较，确定合理的比重和格局，包括长期投资和短期投资、固定资产投资、无形资产投资（如研究开发、企业品牌等）和流动资产投资、直接投资（项目）和间接投资（证券）、产业投资和风险投资等。当然，还必须将企业与行业水平、历史水平等基准水平进行对比，才能做出合理性的判断。

在负债结构方面，企业管理的重点是负债的到期结构。由于预期的现金流量通常很难与债务的到期及数量保持协调一致，这就要求企业在允许现金流量波动的前提下，确定合理的负债到期结构，保持适当的安全边际。企业应对长、短期负债的资金成本与其带来的潜在风险进行权衡，以确定长、短期负债，以及各种负债方式（如银行贷款、商业信用、公司债务等）的比例。不合理的债务结构可能给企业带来财务风险。

企业还应在权益资本和债务资本之间确定一个合适的资本比例结构，使负债水平保持在一个合理的水平上，不能超过自身的承受能力。提高负债固然可以使股东获得更多的杠杆利益,但一旦超过一定的临界点,过高的负债比率将会成为企业危机的前兆。

在分析资产负债表时,要关注企业的盈利模式,比如以轻资产模式运营的企业其固定资产、存货在总资产中所占比重低,流动资产比重大,企业着眼于产品设计、品牌建设、营销渠道、客户关系和管理等软资产实力,现金储备、广告费用、研发费用比较高,资产周转率、存货周转率高,资金成本较低。要关注资产的"虚"与"实",虚资产未来不能给企业带来经济利益流入,比如不良的应收账款、无法收回的投资、滞留在仓库的存货、预计将计提减值的商誉等,这些资产不能为企业带来未来经济利益的流入。

【例 5-1】　分析资产负债表的结构,评价企业的运营模式,属于重资产还是轻资产? 分析企业无息负债和有息负债,判断其在供应链中的地位及面临的财务压力。××实业股份有限公司 2019 年 12 月 31 日的资产负债情况如表 5-1 所示。

表 5-1　资产负债表

编制单位:××实业股份有限公司　　　　　　2019 年 12 月 31 日　　　　　　单位:元

项　目	2019 年 12 月 31 日	2018 年 12 月 31 日
流动资产:		
货币资金	1 118 795 245.82	979 159 918.69
交易性金融资产	641 075 347.48	0.00
应收票据	1 805 882.57	20 853 029.45
应收账款	355 735 296.01	333 621 470.16
应收款项融资	19 177 605.82	0.00
预付款项	40 813 026.15	99 980 335.73
其他应收款	23 669 140.87	48 731 612.24
存货	209 228 227.22	273 071 625.46
其他流动资产	753 491.77	800 673 000.58
流动资产合计	2 411 053 263.71	2 556 090 992.31
非流动资产:		
可供出售金融资产	0.00	1 545 455 198.10
长期股权投资	780 789 605.97	625 240 628.39
其他权益工具投资	1 280 656 299.99	0.00
固定资产	587 431 556.18	411 206 326.78
在建工程	5 663 635.85	99 241 273.47
长期待摊费用	87 684 698.52	100 998 265.43
递延所得税资产	157 795 549.88	10 993 221.72
其他非流动资产	2 000 000.00	0.00

项　目	2019 年 12 月 31 日	2018 年 12 月 31 日
非流动资产合计	3 081 452 983.63	2 927 139 756.43
资产总计	5 492 506 247.34	5 483 230 748.74
流动负债：		
短期借款	500 684 092.30	600 000 000.00
应付票据	54 431 491.71	102 422 674.00
应付账款	449 354 460.46	536 713 376.54
预收款项	20 613 444.80	37 342 252.52
应付职工薪酬	63 876 938.78	34 134 773.69
应交税费	30 992 921.35	43 204 288.39
其他应付款	82 654 327.68	80 803 044.49
流动负债合计	1 202 607 677.08	1 434 620 409.63
非流动负债：	152 056 542.10	83 333.30
递延收益	66 666.63	83 333.30
递延所得税负债	151 989 875.47	0.00
流动负债合计		
负债总计	1 354 664 219	1 434 703 743
所有者权益（或股东权益）：		
实收资本（或股本）	2 533 256 912.00	2 533 256 912.00
资本公积	754 263 554.88	752 462 592.87
减：库存股	482 041 263.78	394 895 107.52
其他综合收益	−116 294 536.10	−149 512.62
盈余公积	233 323 945.08	217 871 086.78
未分配利润	1 053 131 483.50	872 701 609.76
归属于母公司所有者权益（或股东权益）合计	3 975 640 095.58	3 981 247 581.27
少数股东权益	162 201 932.58	67 279 424.54
所有者权益（或股东权益）合计	4 137 842 028.16	4 048 527 005.81
负债和所有者权益（或股东权益）总计	5 492 506 247.34	5 483 230 748.74

案例解析：

××实业股份有限公司的资产负债情况分析如表 5-2 所示。

表 5-2　资产负债表

编制单位：××实业股份有限公司　　　　　　2019 年 12 月 31 日　　　　　　单位：元

项目	2019 年 12 月 31 日	占比/%	2018 年 12 月 31 日	变动数据
流动资产：				
货币资金	1 118 795 245.82	20.37	979 159 918.69	139 635 327.13
交易性金融资产	641 075 347.48	11.67	0.00	641 075 347.48
应收账款	355 735 296.01	6.48	333 621 470.16	22 113 825.85
存货	209 228 227.22	3.81	273 071 625.46	(63 843 398.24)
流动资产合计	2 411 053 263.71	43.90	2 556 090 992.31	(145 037 728.60)
非流动资产：				
长期股权投资	780 789 605.97	14.22	625 240 628.39	155 548 977.58
其他权益工具投资	1 280 656 299.99	23.32	0.00	1 280 656 299.99
固定资产	587 431 556.18	10.70	411 206 326.78	176 225 229.40
在建工程	5 663 635.85	0.10	99 241 273.47	(93 577 637.62)
长期待摊费用	87 684 698.52	1.60	100 998 265.43	(13 313 566.91)
递延所得税资产	157 795 549.88	2.87	10 993 221.72	146 802 328.16
非流动资产合计	3 081 452 983.63	56.10	2 927 139 756.43	154 313 227.20
资产总计	5 492 506 247.34	100.00	5 483 230 748.74	9 275 498.60
流动负债：				
短期借款	500 684 092.30	36.96	600 000 000.00	(99 315 907.70)
应付票据	54 431 491.71	4.02	102 422 674.00	(47 991 182.29)
应付账款	449 354 460.46	33.17	536 713 376.54	(87 358 916.08)
预收款项	20 613 444.80	1.52	37 342 252.52	(16 728 807.72)
应付职工薪酬	63 876 938.78	4.72	34 134 773.69	29 742 165.09
应交税费	30 992 921.35	2.29	43 204 288.39	(12 211 367.04)
其他应付款	82 654 327.68	6.10	80 803 044.49	1 851 283.19
流动负债合计	1 202 607 677.08	88.78	1 434 620 409.63	(232 012 732.55)
非流动负债：	152 056 542.10	11.22	83 333.30	151 973 208.80
流动负债合计				
负债总计	1 354 664 219.00	100.00	1 434 703 743.00	(80 039 524.00)
所有者权益				
实收资本（或股本）	2 533 256 912.00	61.22	2 533 256 912.00	0.00
资本公积	754 263 554.88	18.23	752 462 592.87	1 800 962.01
减：库存股	482 041 263.78	11.65	394 895 107.52	87 146 156.26

续表

项　目	2019 年 12 月 31 日	占比/%	2018 年 12 月 31 日	变动数据
盈余公积	233 323 945.08	5.64	217 871 086.78	15 452 858.30
未分配利润	1 053 131 483.50	25.45	872 701 609.76	180 429 873.74
归属于母公司所有者权益（或股东权益）合计	3 975 640 095.58	96.08	3 981 247 581.27	（5 607 485.69）
少数股东权益	162 201 932.58	3.92	67 279 424.54	94 922 508.04
所有者权益（或股东权益）合计	4 137 842 028.16	100.00	4 048 527 005.81	89 315 022.35
负债和所有者权益（或股东权益）总计	5 492 506 247.34		5 483 230 748.74	9 275 498.60
流动比率	2.00		1.78	
速动比率	1.83		1.03	
资产负债率	24.66%		26.17%	

1. 公司资产结构分析

流动资产占总资产的比重为 43.90%，主要由货币资金、交易性金融资产、应收账款和存货组成，占比分别为 20.37%、11.67%、6.48%、3.81%，其中流动性很强的货币资金和交易性金融资产合计占比达 32.04%，公司资产流动性较好。2019 年相比 2018 年货币资金、交易性金融资产增加，存货减少。

非流动资产占总资产的比重为 56.10%，主要由长期股权投资、其他权益工具投资和固定资产组成，占比分别为 14.22%、23.32%、10.70%。其中，长期股权投资和其他权益工具投资合计占比达 37.54%，2019 年公司对外投资较 2018 年增加。

2. 公司负债结构分析

公司负债主要集中在流动负债，占比达 88.78%，主要由短期借款和应付账款组成，占比分别为 36.96% 和 33.17%，需要关注短期负债的到期时间，及时偿还。

3. 公司所有者权益结构分析

2019 年公司实收资本与 2018 年保持不变，2019 年没有增资扩股，企业库存股增加，说明存在公司股票回购的行为。实收资本和资本公积合计占所有者权益的 79.45%，说明公司股东投资较多，但公司的盈利积累能力一般；归属于母公司所有者权益占比 96.08%，所占比例较高，说明公司股权相对集中。

4. 公司营业模式分析

2019 年公司固定资产仅占比 10.70%，对外投资所占比例较高，为 49.21%（交易性金融资产＋长期股权投资＋其他权益工具投资），说明公司是轻资产型公司。

5. 公司供应链的地位及财务压力分析

公司有息负债仅为短期借款，占负债总额的比重为 36.96%，没有长期借款是因为公司是一家轻资产公司，可提供抵押担保的固定资产较少。除短期借款为有息负债外，其他负债均为无息负债，无息负债占比达 63.04%，无息负债占比高，说明公司在供应链中处于强势地位。

偿债能力指标方面，2019 年公司流动比率为 2.00，速动比率为 1.83，资产负债率为 24.66%，且 2019 年偿债能力指标优于 2018 年，说明目前公司财务压力比较小。

5.2.2 利润表的结构分析

利润表的实质是反映企业在一定会计期间所取得的收入、成本、费用及最终所赚取的利润，反映了各项经济活动的最终成果。通常是以营业收入总额为共同基数，然后再求出表中各项目相对于共同基数的百分比，目的在于帮助了解企业有关销售利润率以及各项费用率的情况。在此基础上，还可将前后几期的结构百分比数据汇集在一起，以判断企业盈利状况的发展趋势。

【例 5-2】 分析利润表的结构，评价企业的盈利能力。××实业股份有限公司的利润情况如表 5-3 所示。

表 5-3 利润表

编制单位：××实业股份有限公司　　　　　2019 年 1—12 月　　　　　单位：元

项 目	2019 年度	2018 年度
一、营业总收入	2 539 896 538.01	2 482 528 003.57
其中：营业收入	2 539 896 538.01	2 482 528 003.57
利息收入		
已赚保费		
手续费及佣金收入		
二、营业总成本	2 417 969 951.31	2 316 212 842.94
其中：营业成本	1 764 505 428.42	1 789 720 861.41
利息支出		
手续费及佣金支出		
退保金		
赔付支出净额		
提取保险责任准备金净额		
保单红利支出		
分保费用		
税金及附加	18 099 459.65	19 336 122.09
销售费用	384 310 459.88	309 630 569.15
管理费用	221 332 531.20	181 192 222.10
研发费用	10 086 095.03	9 074 742.81
财务费用	19 635 977.13	7 258 325.38
其中：利息费用	28 314 209.65	16 732 626.85

续表一

项　目	2019 年度	2018 年度
利息收入	8 304 634.46	13 944 587.85
加：其他收益	6 032 678.31	5 974 912.38
投资收益（损失以"－"号填列）	100 534 396.38	113 036 890.33
其中：对联营企业和合营企业的投资收益	51 041 041.49	45 697 343.42
以摊余成本计量的金融资产终止确认收益		
汇兑收益（损失以"－"号填列）		
净敞口套期收益（损失以"－"号填列）		
公允价值变动收益（损失以"－"号填列）	1 075 347.48	0.00
信用减值损失（损失以"－"号填列）	1 265 311.14	0.00
资产减值损失（损失以"－"号填列）	－22 450 669.39	－26 907 100.09
资产处置收益（损失以"－"号填列）	25 278.23	－40 765.31
三、营业利润（亏损以"－"号填列）	208 408 928.85	258 379 097.94
加：营业外收入	1 170 916.52	2 470 840.13
减：营业外支出	1 130 458.65	4 182 528.93
四、利润总额（亏损总额以"－"号填列）	208 449 386.72	256 667 409.14
减：所得税费用	36 276 148.39	48 676 066.86
五、净利润（净亏损以"－"号填列）	172 173 238.33	207 991 342.28
（一）按经营持续性分类		
1. 持续经营净利润（净亏损以"－"号填列）	172 173 238.33	207 991 342.28
2. 终止经营净利润（净亏损以"－"号填列）		
（二）按所有权归属分类		
1. 归属于母公司股东的净利润（净亏损以"－"号填列）	169 510 915.36	207 064 178.16
2. 少数股东损益（净亏损以"－"号填列）	2 662 322.97	927 164.12
六、其他综合收益的税后净额	－114 013 770.88	15 180.66
（一）归属母公司所有者的其他综合收益的税后净额	－170 415 340.71	15 180.66
1. 不能重分类进损益的其他综合收益	－170 422 484.19	0.00
（1）重新计量设定受益计划变动额		
（2）权益法下不能转损益的其他综合收益	16 272 717.51	0.00
（3）其他权益工具投资公允价值变动	－186 695 201.70	0.00
（4）企业自身信用风险公允价值变动		
2. 将重分类进损益的其他综合收益	7 143.48	15 180.66
（1）权益法下可转损益的其他综合收益		

续表二

项　目	2019 年度	2018 年度
（2）其他债权投资公允价值变动		
（3）可供出售金融资产公允价值变动损益		
（4）金融资产重分类计入其他综合收益的金额		
（5）持有至到期投资重分类为可供出售金融资产损益		
（6）其他债权投资信用减值准备		
（7）现金流量套期储备（现金流量套期损益的有效部分）		
（8）外币财务报表折算差额	7 143.48	15 180.66
（9）其他		
（二）归属于少数股东的其他综合收益的税后净额	56 401 569.83	0.00
七、综合收益总额	58 159 467.45	208 006 522.94
（一）归属于母公司所有者的综合收益总额	−904 425.35	207 079 358.82
（二）归属于少数股东的综合收益总额	59 063 892.80	927 164.12
八、每股收益		
（一）基本每股收益（元/股）	0.07	0.08
（二）稀释每股收益（元/股）	0.07	0.08

案例解析：

　　××实业股份有限公司的利润情况分析如表 5-4 所示。

表 5-4　利润表

编制单位：××实业股份有限公司　　　　　　　　　　　　　单位：元

项目	2019 年度	2019 年占比/%	2018 年度	变动数
一、营业总收入	2 539 896 538.01	100.00	2 482 528 003.57	57 368 534.44
其中：营业收入	2 539 896 538.01	100.00	2 482 528 003.57	57 368 534.44
二、营业总成本	2 417 969 951.31	95.20	2 316 212 842.94	101 757 108.37
其中：营业成本	1 764 505 428.42	69.47	1 789 720 861.41	(25 215 432.99)
税金及附加	18 099 459.65	0.71	19 336 122.09	(1 236 662.44)
销售费用	384 310 459.88	15.13	309 630 569.15	74 679 890.73
管理费用	221 332 531.20	8.71	181 192 222.10	40 140 309.10
研发费用	10 086 095.03	0.40	9 074 742.81	1 011 352.22
财务费用	19 635 977.13	0.77	7 258 325.38	12 377 651.75
其中：利息费用	28 314 209.65	1.11	16 732 626.85	11 581 582.80
利息收入	8 304 634.46	0.33	13 944 587.85	(5 639 953.39)
加：其他收益	6 032 678.31	0.24	5 974 912.38	57 765.93

续表

项　目	2019 年度	2019 年占比/%	2018 年度	变动数
投资收益	100 534 396.38	3.96	113 036 890.33	(12 502 493.95)
公允价值变动收益	1 075 347.48	0.04	0	1 075 347.48
信用减值损失	1 265 311.14	0.05	0	1 265 311.14
资产减值损失	−22 450 669.39	−0.88	−26 907 100.09	4 456 430.70
资产处置收益	25 278.23	0.00	−40 765.31	66 043.54
三、营业利润	208 408 928.85	8.21	258 379 097.94	(49 970 169.09)
加：营业外收入	1 170 916.52	0.05	2 470 840.13	(1 299 923.61)
减：营业外支出	1 130 458.65	0.04	4 182 528.93	(3 052 070.28)
四、利润总额	208 449 386.72	8.21	256 667 409.14	(48 218 022.42)
减：所得税费用	36 276 148.39	1.43	48 676 066.86	(12 399 918.47)
五、净利润	172 173 238.33	6.78	207 991 342.28	(35 818 103.95)
毛利率		30.53		
期间费用占比		24.62		
销售净利率		6.78		

公司 2019 年营业成本占收入的 69.47%，比上一年略有下降，期间费用（销售费用、管理费用和财务费用）占比 24.61%，比上一年有所上升。毛利率为 30.53%，净利润为 6.78%，比 2018 年同期下降约 2 个百分点，主要是由销售费用、管理费用、财务费用和研发费用的提高所致。企业为提升产品竞争力，从研发、生产、营销等方面在创新线上销售模式，迎合用户的便捷化消费趋势，导致企业研发费用、销售费用略有上升。

5.3　财务比率分析法及应用

财务比率分析法是财务分析最基本的工具之一。财务比率分析法是通过对财务报表上若干重要项目的相关数据进行比较，计算出相关的财务比率，用以分析和评价企业财务状况和经营成果的一种方法。财务比率可以评价企业在各年度及不同企业之间财务状况和经营成果的变化，体现企业的偿债能力、盈利能力、营运能力和现金流的创造能力等。

5.3.1　偿债能力分析

偿债能力是指企业偿还到期债务本息的能力，适度的偿债能力是企业安全的基本保障。企业的偿债能力分为短期偿债能力和长期偿债能力。短期偿债能力是指企业偿还流动负债的能力，包括流动比率、速动比率等。长期偿债能力是指企业偿还长期负债的能力，也是反映企业资本结构的指标，包括资产负债率、权益乘数等。

1. 流动比率

流动比率是流动资产与流动负债的比率，计算公式为：

$$流动比率 = \frac{流动资产}{流动负债}$$

式中，流动资产是指企业可以在一年或者超过一年的一个营业周期内变现或者运用的资产，包括货币资金、交易性金融资产、衍生金融资产、应收票据、应收账款、预付款项、其他应收款、存货、一年内到期非流动资产等。流动负债是指企业将在一年内或超过一年的一个营业周期内偿还的债务，包括短期借款、应付账款、应付票据、应付工资、应付福利费、应交税金、应付股利、应付利息、预收账款、预提费用、其他应付款、其他应交税款等。

为了便于说明，本章节各项财务指标的计算将采用附录中××电器作为例子，该公司的资产负债表、利润表、现金流量表如附录 A、附录 B、附录 C 所示。

【例 5 - 3】 根据××电器财务报表，计算其 20××年的流动比率。

$$流动比率 = \frac{流动资产}{流动负债} = \frac{171\ 534\ 646\ 159.36}{147\ 490\ 788\ 889.61} = 1.16$$

流动比率反映企业运用其流动资产偿还流动负债的能力。由于流动负债具有偿还期较短的特点，流动资产具有较容易变现的特点，正好可以满足流动负债的偿还需要，所以流动比率是分析短期偿债能力的最主要指标。

需要注意的是，在全部流动资产中，各项目在清偿债务时的可用性并不相同。可用性是指资产及时、不贬值地转变为可以清偿债务的货币资金的能力（即本书所强调的资产质量中的保值性）。因此，流动比率仅是一个较为粗略的评价企业短期偿债能力的比率。

2. 速动比率

为了更精确地评价企业短期偿债能力，需要剔除流动资产中可用性差的项目，于是出现了速动比率，也叫酸性测试比率，计算公式为：

$$速动比率 = \frac{速动资产}{流动负债}$$

式中，速动资产是指可以及时、不贬值地转换为可以直接偿债的货币资金的流动资产，等于流动资产减去变现能力较差且不稳定的存货、预付款项、一年内到期的非流动资产和其他流动资产等的余额。流动比率和速动比率都可以用来衡量企业的短期偿债能力，一般来说，比率越高，对流动负债的偿还能力越强。但这两个比率也不是越高越好，因为流动资产的流动性越强，收益可能越差。在比较分析时还要考虑行业差异，相同的数据在不同行业中可能蕴含巨大差异。

【例 5 - 4】 根据××电器财务报表，计算其 20××年的速动比率。

$$速动比率 = \frac{速动资产}{流动负债}$$

$$= \frac{171\ 534\ 664\ 159.36 - 10\ 341\ 912\ 577.58 - 16\ 568\ 347\ 179.12 - 3\ 717\ 874\ 635.44}{147\ 490\ 788\ 889.61}$$

$$= 0.96$$

3. 杠杆比率

杠杆比率反映的是企业负债与所有者权益之间的对比关系，是用来评价企业长期偿债能力和继续举借债务能力的指标。

企业可以用来偿还债务的资金来源除了自身拥有的财产、经营过程中赚取的利润，还包括向外部债务人举借债务所获得的资金。一般来说，企业负债与股东权益的比率越小，企业进一步举债的能力就越大。

1）资产负债率

资产负债率是企业负债总额与资产总额的比率，表示企业全部资金来源中有多少来自举借债务。这个指标是对企业负债状况的总体反映，也是衡量企业财务风险的主要指标。资产负债率的计算公式为：

$$资产负债率 = \frac{负债总额}{资产总额} \times 100\%$$

【例 5-5】 根据××电器财务报表，计算其 20××年的资产负债率。

$$资产负债率 = \frac{负债总额}{资产总额} \times 100\% = \frac{148\ 133\ 201\ 565.19}{214\ 967\ 999\ 328.38} \times 100\% = 68.91\%$$

2）权益乘数

权益乘数是资产总额与所有者权益总额的比率，表示资产中股东权益的比例，反映企业用于举债而产生财务杠杆效应的程度。权益乘数的计算公式为：

$$权益乘数 = \frac{资产总额}{所有者权益总额}$$

权益乘数和资产负债率多大为宜，通常没有定论。权益乘数的大小和资产负债率的高低除了受企业所在行业、所处经营周期等经营因素的影响外，也与企业的举债程度有直接关系，能够反映管理层的经营理念和风险偏好。通常认为，具有较高的权益乘数（也就是较高的资产负债率）的企业财务风险相对较大，企业应根据自身的实际情况采取不同的融资策略。这两个指标在不同行业的不同企业之间会存在很大的差异。

【例 5-6】 根据××电器财务报表，计算其 20××年的权益乘数。

$$权益乘数 = \frac{资产总额}{所有者权益总额} = \frac{214\ 967\ 999\ 328.38}{66\ 834\ 797\ 763.19} = 3.22$$

4. 其他相关比率

利息保障倍数和固定支出保障倍数也可以用来评价企业的偿债能力。但是这两个比率与以上比率的评价角度不同，资产负债率和权益乘数是从评价企业偿还债务本金的能力出发，而这两个比率是从评价企业每年支付利息和固定支付能力的角度出发。

1）利息保障倍数

利息保障倍数的计算公式为：

$$利息保障倍数 = \frac{息税前利润}{利息费用}$$

式中，息税前利润是指扣除利息和税务支出之前的利润，可以通过以下公式取得：

息税前利润＝企业的净利润＋企业支付的利息费用＋企业支付的所得税

息税前利润＝边际贡献－固定经营成本

　　　　　＝销售收入－变动成本－固定成本

这个指标一般要求大于1（等于1时说明企业全年的经营成果都要用于清偿债务利息）。通常认为这个指标越大越好。但在计算时可能会存在一个问题，即企业利息费用的数据难以得到，因为在我国会计实务中是将利息费用计入财务费用，而不单独记录。在这种情况下，分析人员通常用财务费用代替利息费用进行计算，这样会存在一定的误差。

【例 5 - 7】　根据××电器财务报表，计算其 20××年的利息保障倍数，其 20××年利息费用为 818 839 384.70 万元。

$$利息保障倍数=\frac{息税前利润}{利息费用}$$

$$=\frac{22\ 508\ 599\ 044.09+818\ 839\ 384.70+4\ 108\ 585\ 909.81}{818\ 839\ 384.70}$$

$$=33.51$$

2）固定支出保障倍数

固定支出保障倍数的计算公式为：

$$固定支出保障倍数=\frac{息税前利润}{固定支出费用}$$

固定支出保障倍数考虑到企业中除了利息费用之外，还有一些固定的支出，即无论企业是否盈利都会发生的支出，比如优先股的股利、偿还基金每年要求提取的费用（为了保证到期偿还负债而设立的）等。在计算比率时需要注意的是，税后支付的固定费用（如优先股股利）要折算成税前的数值。用这个比率来评价企业的偿债能力相对于利息保障倍数来说更保守、更稳健。

5.3.2　盈利能力分析

对企业报表的使用者来说，最关心的通常是企业赚取利润的能力。评价企业盈利能力的指标有很多，主要有三类：第一类是经营活动赚取利润的能力，如毛利率、核心利润率、销售净利率等；第二类是企业的资产对企业利润的贡献率，如总资产报酬率、股东权益报酬率等；第三类是企业给股东带来的投资回报，如每股收益、每股净资产、市盈率等。

1. 毛利率

毛利率的计算公式为：

$$毛利率=\frac{毛利}{营业收入}\times100\%$$

式中，毛利等于营业收入减去营业成本。这个比率用来计量管理者根据产品成本进行产品定价的能力，也就是企业的产品还有多大的降价空间。由于各个企业所处行业和会计处理方式不同，产品成本的组成有很大的差别，因此在使用毛利率比较两个企业时要注意分析具体情况。

【例 5 - 8】　根据××电器财务报表，计算其 20××年的毛利率。

$$毛利率=\frac{毛利}{营业收入}\times100\%=\frac{148\ 286\ 450\ 009.18-99\ 562\ 912\ 753.17}{148\ 286\ 450\ 009.18}\times100\%=32.86\%$$

2. 核心利润率

核心利润是指企业自身开展经营活动所产生的经营成果。核心利润的计算公式为：

核心利润＝营业收入－营业成本－税金及附加－销售费用－管理费用－财务费用

　　　　＝毛利－（销售费用＋管理费用＋财务费用）－税金及附加

核心利润率的计算公式为：

$$核心利润率=\frac{核心利润}{营业收入}\times100\%$$

只有将核心利润与营业收入相比较，而非将营业利润、利润总额或净利润与营业收入相比较，才能更加客观地评价管理层在经营活动中的经营绩效和管理能力。

【例5-9】　根据××电器财务报表，计算其20××年的核心利润率。

$$核心利润率=\frac{核心利润}{营业收入}\times100\%$$

$$=\left(\frac{48\ 723\ 537\ 256.01-1\ 513\ 035\ 444.41-16\ 660\ 268\ 494.07}{148\ 286\ 450\ 009.18}\right.$$

$$\left.-\frac{6\ 071\ 143\ 700.01+431\ 284\ 686.19}{148\ 286\ 450\ 009.18}\right)\times100\%$$

$$=16.22\%$$

3. 核心利润获现率

核心利润获现率的计算公式为：

$$核心利润获现率=\frac{经营活动产生的现金流量净额}{核心利润}\times100\%$$

衡量企业自身经营活动的盈利能力不仅应从数量维度考察企业盈利的绝对规模（核心利润）和相对规模（核心利润率），还应从质量维度考察企业盈利的含金量和持续性。其中，核心利润的含金量可以通过核心利润获现率来考察。在实务中，一般认为持续具有较高核心利润获现率的企业财务指标质量更优。

【例5-10】　根据××电器财务报表，计算其20××年的核心利润获现率。

$$核心利润获现率=\frac{经营活动产生的现金流量净额}{核心利润}\times100\%$$

$$=\frac{16\ 358\ 538\ 247.83}{24\ 047\ 804\ 931.33}\times100\%$$

$$=68.03\%$$

4. 总营业费用率

总营业费用率的计算公式为：

$$总营业费用率=\frac{总营业费用}{营业收入}\times100\%$$

这里的总营业费用通常不包含财务费用，仅包含销售费用和管理费用。用上述各项费用单独与营业收入对比，可以分析各项目占总收入的比重及发展趋势。

【例5-11】　根据××电器财务报表，计算其20××年的总营业费用率。

$$总营业费用率=\frac{总营业费用}{营业收入}\times100\%$$

$$=\frac{16\ 660\ 268\ 494.07+6\ 071\ 143\ 700.01}{148\ 286\ 450\ 009.18}\times100\%$$

$$=15.33\%$$

5. 销售净利率

销售净利率的计算公式为：

$$销售净利率=\frac{净利润}{营业收入}\times100\%$$

销售净利率用来衡量企业营业收入最终给企业带来盈利的能力以及企业总的经营管理水平。但要注意，在企业的净利润中自身经营活动占比较大的条件下，此比率才有较大意义。如果在企业的净利润中，投资收益、公允价值变动损益等与企业自身的本期营业收入无关的项目金额过大，则此比率会失去意义。

【例 5 - 12】　根据××电器财务报表，计算其20××年的销售净利率。

$$销售净利率=\frac{净利润}{营业收入}\times100\%=\frac{22\ 508\ 599\ 044.09}{148\ 286\ 450\ 009.18}\times100\%=15.18\%$$

6. 经营性资产报酬率

经营性资产报酬率的计算公式为：

$$经营性资产报酬率=\frac{核心利润}{平均经营性资产}\times100\%$$

式中，平均经营性资产是经营性资产年初余额和年末余额之和除以 2 得到的。由于企业通过自身经营活动创造核心利润，该比率可以反映企业管理层利用经营性资产在经营活动中创造价值的能力，是对企业经营活动获利能力的考察。

【例 5 - 13】　根据××电器财务报表，计算其20××年的经营性资产报酬率。20××年金融资产期末余额为 160 096 795 245.01 元，期初余额为 138 196 705 637.75 元。

20××年期末经营性资产=总资产－金融资产=214 967 999 328.38－160 096 795 245.01
　　　　　　　　　　　=54 871 204 083.37

20××年期初经营性资产=总资产－金融资产=182 369 705 049.35－138 196 705 637.75
　　　　　　　　　　　=44 172 999 411.60

$$平均经营性资产=\frac{44\ 172\ 999\ 411.60+54\ 871\ 204\ 083.37}{2}=49\ 522\ 101\ 747.49$$

$$经营性资产报酬率=\frac{核心利润}{平均经营性资产}\times100\%=\frac{24\ 047\ 804\ 931.33}{49\ 522\ 101\ 747.49}\times100\%=48.56\%$$

7. 总资产报酬率

总资产报酬率的计算公式为：

$$总资产报酬率=\frac{息税前利润}{平均总资产}\times100\%$$

式中，平均总资产是资产年初余额和年末余额之和除以 2 得到的，该比率反映管理层对所有资产实施管理所产生的效益，即管理层利用企业现有资源创造价值的能力。该比率是对企业整体盈利能力的衡量。

【例 5 - 14】　根据××电器财务报表，计算其20××年的总资产报酬率。

$$总资产报酬率=\frac{息税前利润}{平均总资产}\times100\%$$
$$=\frac{27\ 436\ 024\ 338.60}{(214\ 967\ 999\ 328.38+182\ 369\ 705\ 049.35)/2}\times100\%$$
$$=13.81\%$$

8. 股东权益报酬率

股东权益报酬率的计算公式为：

$$股东权益报酬率 = \frac{可供普通股股东分配的净利润}{平均普通股股东权益} \times 100\%$$

股东权益报酬率通常也称净资产收益率，计算时应注意以下问题：首先，分子是息税后净利润减去支付给优先股股东的股利得到的，考虑了企业资本结构的影响。其次，分母是期初数加上期末数除以 2 得到的，考虑了普通股股东权益的变化。

【例 5-15】　根据××电器财务报表，计算其 20××年的股东权益报酬率。可供普通股股东分配的净利润为 22 401 576 204.94 元。

$$股东权益报酬率 = \frac{可供普通股股东分配的净利润}{平均普通股股东权益} \times 100\%$$

$$= \frac{22\ 401\ 576\ 204.94}{(65\ 595\ 006\ 071.74 + 53\ 863\ 951\ 278.13)/2} \times 100\% = 37.51\%$$

9. 每股收益

每股收益也称每股盈余或每股盈利，反映企业一定时期平均对外发行的股份所享有的净利润，计算公式为：

$$每股收益 = \frac{可供普通股股东分配的净收益}{发行在外的普通股加权平均数}$$

一般来说，在利润质量较低的情况下，每股收益越高，表明股东的投资效益越好，股东获取较高股利的可能性也就越大。该指标是普通股股东最关心的指标之一，而且其数值直接影响企业支付普通股股利的多少。如果没有足够的收益就不能支付股利，当然，股利的实际支付还要受企业现金状况的影响。

【例 5-16】　根据××电器财务报表，20××年发行在外的普通股加权平均数为 6 015 730 878股，计算其 20××年的每股收益。可供普通股股东分配的净收益为 22 401 576 204.94 元。

$$每股收益 = \frac{可供普通股股东分配的净收益}{发行在外的普通股加权平均数} = \frac{22\ 401\ 576\ 204.94}{6\ 015\ 730\ 878} = 3.72$$

10. 每股净资产

每股净资产是企业的净资产与普通股股数之比，计算公式为：

$$每股净资产 = \frac{净资产}{普通股股数}$$

每股净资产在理论上提供了企业普通股每股的最低价格。

【例 5-17】　根据××电器财务报表，计算其 20××年的每股净资产。

$$每股净资产 = \frac{净资产}{普通股股数} = \frac{214\ 967\ 999\ 328.38 - 148\ 133\ 201\ 565.19}{6\ 016\ 000\ 000} = 11.11$$

11. 市盈率

市盈率是普通股每股市价与每股收益的比率，计算公式为：

$$市盈率 = \frac{普通股每股市价}{普通股每股收益}$$

市盈率是反映市场对企业期望的指标。市盈率越高，市场对企业的未来越看好。市盈率的问题之一是会计利润会受各种公认会计政策的影响，也会受不同行业发展前景预期的影响，这使企业间的比较难以发生。

【例 5-18】　根据××电器财务报表，假设每股市价为 44.03 元，计算其 20××年的市盈率。

$$市盈率 = \frac{普通股每股市价}{普通股每股收益} = \frac{44.03}{3.72} = 11.84$$

5.3.3　营运能力分析

企业的营运能力是指企业使用资产支撑经营活动的效率，效率越高，意味着企业用同样的资产可以支撑更大规模的销售，这种能力通常用各项资产的周转期或周转率来描述。周转期即每种资产或负债从发生到收回或支付的天数，周转率即每种资产或负债在一年内从发生到收回循环往复的次数。通常选取一年的业务量计算年周转率或周转期。

1. 应收账款周转率

应收账款周转率的计算公式为：

$$应收账款周转率 = \frac{当期销售净收入 - 当期现销收入}{(期初应收账款余额 + 期末应收账款余额)/2} = \frac{赊销净额}{平均应收账款}$$

式中，平均应收账款是年初应收账款和年末应收账款之和除以 2 得到的；赊销净额是通过赊销取得的收入。通常企业通过赊销和现销两种方式进行销售，应收账款是在赊销过程中产生的，所以计算应收账款周转率时应该采用赊销净额。但是作为外部报表使用者很难得到"赊销净额"这个数据，所以实践中常用营业收入代替赊销净额来计算这个比率。在用营业收入代替赊销净额时，将现销视为回收期为零的应收账款。因此，如果企业销售中赊销比例较小，计算得到的周转率就会较大。

实践中常用的数据是平均收账期（应收账款周转天数），是应收账款周转率的另一种表达方式，比应收账款周转率容易理解。

$$平均收账期 = \frac{平均应收账款}{平均日赊销额} = \frac{365}{应收账款周转率}$$

需要指出的是，利用上述公式进行分析时应注意：第一，该公式假设企业的应收票据一般规模不大，在应收票据规模较大时，应改用商业债权周转率；第二，应收账款应该用减除坏账准备之前的"原值"金额；第三，在实施增值税的条件下，销售额的项目还应该乘以（1 + 增值税率），这是因为债权中包括销项增值税。

【例 5-19】　根据××电器财务报表，假设 20××年××电器的赊销净额为 148 286 450 009.18，计算其 20××年的平均收账期。

$$应收账款周转率 = \frac{赊销净额}{平均应收账款} = \frac{148\ 286\ 450\ 009.18}{(5\ 814\ 491\ 641.18 + 2\ 960\ 534\ 651.37)/2} = 33.80$$

$$平均收账期 = \frac{平均应收账款}{平均日赊销额} = \frac{365}{应收账款周转率} = \frac{365}{33.80} = 10.80$$

2. 存货周转率

存货周转率的计算公式为：

$$存货周转率 = \frac{营业成本}{平均存货}$$

式中，平均存货可以是年平均存货、季平均存货或者月平均存货。营业成本（主营业务成本和其他业务成本）对应年营业成本、季营业成本和月营业成本。存货周转率是年营业成本除以年平均存货，年平均存货是由年初存货金额加上年末存货金额除以 2 得到的。使用这个指标时做了如下假设：存货在一年当中是匀速使用的。很显然，这种假设对很多企业是不适用的，因为很多企业的存货存在季节性。

实践中常用的另一个数据是存货周转天数。实际上它是存货周转率的另一种表达方式，不过比存货周转率更直观、更容易理解。

$$存货周转天数 = \frac{平均存货}{平均日营业成本} = \frac{365}{存货周转率}$$

【例 5－20】 根据××电器财务报表，计算其 20××年的存货周转天数。

$$存货周转率 = \frac{营业成本}{平均存货} = \frac{99\ 562\ 912\ 753.17}{(16\ 568\ 347\ 179.12 + 9\ 024\ 905\ 239.41)/2} = 7.78$$

$$存货周转天数 = \frac{平均存货}{平均日营业成本} = \frac{365}{存货周转率} = \frac{365}{7.78} = 46.92$$

3. 经营性资产周转率

经营性资产周转率的计算公式为：

$$经营性资产周转率 = \frac{营业收入}{平均经营性资产}$$

式中，平均经营性资产是经营性资产期初余额和期末余额之和除以 2 得到的。由于只有经营性资产才能带来营业收入，创造核心利润，因此，通过经营性资产周转率的计算，考察企业经营性资产的周转效率可以剔除投资性资产的干扰，更加客观、直接地反映企业管理层在自身的经营活动中对资产运营效率的管理能力。

【例 5－21】 根据××电器财务报表，计算其 20××年的经营性资产周转率。

$$经营性资产周转率 = \frac{营业收入}{平均经营性资产} = \frac{148\ 286\ 450\ 009.18}{49\ 522\ 101\ 747.49} = 2.99$$

4. 固定资产周转率

固定资产周转率的计算公式为：

$$固定资产周转率 = \frac{营业收入}{平均固定资产原值}$$

式中，平均固定资产原值是期初固定资产原值和期末固定资产原值的和除以 2 得到的，这个指标可以粗略地计量企业固定资产创造收入的能力，反映企业管理层管理企业固定资产运营的能力。

【例 5－22】 根据××电器财务报表，计算其 20××年的固定资产周转率。20××年固定资产原值期末余额为 26 809 345 412.58 元，期初余额为 25 568 918 530.50 元。

$$固定资产周转率 = \frac{营业收入}{平均固定资产原值}$$

$$= \frac{148\ 286\ 450\ 009.18}{(25\ 568\ 918\ 530.50 + 26\ 809\ 345\ 412.58)/2}$$

$$= 5.66$$

5. 总资产周转率

总资产周转率的计算公式为：

$$总资产周转率 = \frac{营业收入}{平均总资产}$$

式中，平均总资产是期初总资产和期末总资产的和除以 2 得到的，这个指标可以粗略地计量企业资产创造收入的能力，反映企业管理层管理企业资产运营的能力。但是资产的组成很复杂，所以这个指标只是一种粗略的描述，还要考虑企业资产的具体构成情况才能做出合理细致的评价。

【例 5 - 23】　根据××电器财务报表，计算其20××年的总资产周转率。

$$总资产周转率=\frac{营业收入}{平均总资产}=\frac{148\ 286\ 450\ 009.18}{198\ 668\ 852\ 188.87}=0.7464$$

5.3.4　现金流量质量分析

现金流量的质量是指企业的现金流量能够按照企业预期目标进行顺畅运转的质量，其结构能力体现企业发展战略的要求，与企业利润有一定的对应关系，能为企业扩张提供现金流量的支持。

1. 现金与负债总额比率

现金与负债总额比率是指经营活动现金净流量与平均总负债额的比率，计算公式为：

$$现金与负债总额比率=\frac{经营活动现金净流量}{平均总负债}$$

现金与负债总额比率反映了企业依据自身创造现金的能力所能承担债务规模的大小。一般而言，该比率越高，企业承担债务的能力就越强；该比率越低，企业承担债务的能力就越弱。

【例 5 - 24】　根据××电器财务报表，计算其20××年的平均现金与负债总额比率。

$$现金与负债总额比率=\frac{经营活动现金净流量}{平均总负债}$$
$$=\frac{16\ 358\ 538\ 247.83}{(148\ 133\ 201\ 565.19+127\ 446\ 102\ 258.84)/2}$$
$$=0.12$$

2. 经营性资产现金回收比率

经营性资产现金回收比率是指经营活动现金净流量与平均经营性资产的比率，计算公式为：

$$经营性资产现金回收比率=\frac{经营活动现金净流量}{平均经营性资产}$$

经营性资产现金回收比率反映了企业一定时期经营性资产创造现金的能力。与同行业平均数值相比，该数值越大，表明企业经营性资产整体获现质量越好；该数值越小，表明企业资产整体获现质量越差。

【例 5 - 25】　根据××电器财务报表，计算其20××年的经营性资产现金回收比率。

$$经营性资产现金回收比率=\frac{经营活动现金净流量}{平均经营性资产}=\frac{16\ 358\ 538\ 247.83}{49\ 522\ 101\ 747.49}=0.33$$

3. 收入现金比率

收入现金比率是指一定时期经营活动现金净流入与营业收入的比率，计算公式为：

$$收入现金比率=\frac{经营活动现金净流入}{营业收入}$$

该比率反映了企业从每一元营业收入中所实现的净现金收入；从另一个角度分析，该比率体现了企业应收款项回收的效率。该比率越大，表明企业的收入质量越高，企业应收款项回收的效率越高。

【例 5 - 26】 根据××电器财务报表，计算其 20××年的收入现金比率。

$$收入现金比率 = \frac{经营活动现金净流入}{营业收入} = \frac{113\,641\,295\,891.16}{148\,286\,450\,009.18} = 0.77$$

5.3.5　上市公司的特殊比率

前面讨论的比率是评价企业财务状况的基本比率。对上市公司而言，信息使用者还应关注与普通股有关的指标，为股票投资提供参考，比如股票收益率、股利支付率和股利保障系数等。

1. 股票收益率

股票收益率即股利与市价的比率，是指企业普通股每股股利与普通股每股市价的比率。股票收益率的计算公式为：

$$股票收益率 = \frac{普通股每股股利}{普通股每股市价}$$

从上式分子、分母的构成可以看出，股票价格的波动和股利水平的任何变化均会导致股票收益率的变化。它粗略地计量了在当年投资获得收益的比率。

【例 5 - 27】 根据××电器财务报表，假设每股市价为 44.03 元，每股股利为 1.80 元，计算其 20××年的股票收益率。

$$股票收益率 = \frac{普通股每股股利}{普通股每股市价} = \frac{1.80}{44.03} = 0.040\,9$$

2. 股利支付率

股利支付率是每股股利与每股收益之比，其计算公式为：

$$股利支付率 = \frac{每股股利}{每股收益}$$

股利支付率反映普通股股东从全部获利中实际可获取的股利份额。单纯从股东眼前利益的角度看，此比率越高，股东所获取的回报越多。可以通过该数据分析企业的股利政策。

【例 5 - 28】 根据××电器财务报表，计算其 20××年的股利支付率。

$$股利支付率 = \frac{每股股利}{每股收益} = \frac{1.80}{3.72} = 0.483\,9$$

3. 股利保障倍数

股利保障倍数是指用利润金额与股利成本所进行的比较。这是安全性的一种计量，显示股利和盈利的关系，并反映盈利超过股利的情况。据此，信息使用者可以分析在什么条件下企业的盈利仍能保障目前股利的分配。

$$股利保障倍数 = \frac{属于普通股的税后净利}{股利支付金额}$$

股利保障倍数反映了企业的净利润与股利支付数额之比。此比率越大，表明企业留存的利润越多。在资产质量较好，企业有好的投资项目的情况下，如果将利润更多地留作投资资金，更有利于企业未来的发展。企业未来的发展潜力越大，越有利于企业股东的长远利益。

5.4　其他财务分析方法

5.4.1　比较分析法

比较分析法是会计报表分析最常用，也是最基本的方法。比较分析法在会计报表分析中的作用主要表现在：通过比较分析，可以发现差距；通过比较分析，可以确定企业生产经营活动收益性和资金投向的安全性。比较分析法是按照特定的指标将客观事物加以比较，从而认识事物的本质和规律，并作出正确评价的方法。运用比较分析法的关键在于比较标准的确立。根据比较标准选择不同，比较分析法的作用也有所区别：① 与本企业的历史数据相比较；② 与本企业的预测目标相比较；③ 与同行业整体水平相比较。

横向比较法比较的对象是同类企业，如行业平均水平或竞争对手。横向比较是同行业的不同企业之间进行各指标比较，首先要确定各指标的标准水平，可以是行业的平均水平，也可以是行业的最佳水平，然后将目标企业的指标与标准指标进行比较分析，比较企业与其他同行业企业指标，可以反映企业在该行业的地位，通过财务指标分析企业各项能力，揭示客观存在的差距及原因，发现问题，挖掘潜力，改进工作。

【例 5 - 29】　分析××医药健康产业股份有限公司和××医药股份有限公司的相关财务数据，判断其财务状况，并做出相应的评价。

2019 年××医药健康产业股份有限公司资产负债表　　　　单位：元

流动资产	22 513 773 541.98
非流动资产	7 318 888 216.49
流动负债	15 840 109 383.87
非流动负债	2 981 937 702.28
实收资本（或股本）	1 068 485 534.00
资本公积	2 047 304 986.05
未分配利润	5 307 534 584.22
所有者权益（或股东权 益）合计	11 010 614 672.32

2019 年××医药股份有限公司资产负债表　　　　单位：元

流动资产	5 039 083 988.57
非流动资产	5 323 277 281.97
流动负债	2 050 577 560.29
非流动负债	59 580 395.20
实收资本（或股本）	965 128 000.00
资本公积	1 342 797 356.59
未分配利润	4 379 865 887.23
所有者权益（或股东权 益）合计	8 252 203 315.05

（1）××医药健康产业股份有限公司有关财务比率分析：

$$流动比率=\frac{流动资产}{流动负债}=\frac{22\ 513\ 773\ 541.98}{15\ 840\ 109\ 383.87}=1.42$$

$$资产负债率=\frac{负债总额}{资产总额}=\frac{18\ 822\ 047\ 086.15}{29\ 832\ 661\ 758.47}=0.63$$

$$权益乘数=\frac{资产总额}{所有者权益总额}=\frac{29\ 832\ 661\ 758.47}{11\ 010\ 614\ 672.32}=2.71$$

（2）××医药股份有限公司：

$$流动比率=\frac{流动资产}{流动负债}=\frac{5\ 039\ 083\ 988.57}{2\ 050\ 577\ 560.29}=2.46$$

$$资产负债率=\frac{负债总额}{资产总额}=\frac{2\ 110\ 157\ 955.49}{10\ 362\ 361\ 270.54}=0.20$$

$$权益乘数=\frac{资产总额}{所有者权益}=\frac{10\ 362\ 361\ 270.54}{8\ 252\ 203\ 315.05}=1.26$$

两家公司的财务指标比较表

财务指标	××医药健康产业股份有限公司	××医药股份有限公司
流动比率	1.42	2.46
资产负债率	0.63	0.20
权益乘数	2.71	1.26

从流动比率来看，××医药股份有限公司短期偿债能力更强。从资产负债率看，××医药健康产业股份有限公司负债总额高于所有者权益总额，企业的债务负担重，需要警惕偿债风险。××医药健康产业股份有限公司的权益乘数为××医药股份有限公司的2.15倍，即××医药健康产业股份有限公司的股东投入的资本在资产中所占的比重远远小于××医药股份有限公司。××医药健康产业股份有限公司资产负债率为××医药股份有限公司的3.15倍，流动比率为××医药股份有限公司的0.58，由此可知××医药健康产业股份有限公司的举债率更大，企业财务风险更高。

通过比较反映短期偿债能力和长期偿债能力的财务指标后，发现在××医药健康产业股份有限公司的运营过程中，举借负债的意愿更为强烈。企业所有者和经营者运用债权人资金进行经营活动，扩大企业规模，当企业投资收益率大于资金成本时，通过适当的财务杠杆可以提高所有者的获利能力。同时过高的负债可能会影响企业的筹资能力，并且增加企业的偿债风险，企业的股东和债权人需要关注公司的盈利能力变化来进一步分析。

5.4.2 趋势分析法

趋势分析法是通过对比两期或连续数期财务报告中的相同指标，确定其增减变动的方向、数额和幅度，说明企业财务状况或经营成果变动趋势的一种方法。采用这种方法可以分析引起变化的主要原因、变动的性质，并预测企业未来的发展趋势。趋势分析法是一种动态的分析方法，通过分析本期与前期（上季、上年同期）财务报表中有关项目金额的比率，可以从差异中及时发现问题，查找原因，改进工作。

将不同时期财务报告中的相同指标或比率进行纵向比较，直接观察其增减变动情况及

变动幅度,考察其发展趋势,预测其发展前景。用于不同时期财务指标比较的比率主要有以下两种:

(1)定基动态比率,是以某一时期的数额为固定的基期数额而计算出来的动态比率。其计算公式为:

$$定基动态比率=\frac{分析期数额}{固定基期数额}\times100\%$$

(2)环比动态比率,是以每一分析期的数据与上期数据相比较计算出来的动态比率。其计算公式为:

$$环比动态比率=\frac{分析期数额}{前期数额}\times100\%$$

【例 5-30】　××旅游股份有限公司 2016—2020 年的销售收入如下表所示:

年份	2016	2017	2018	2019	2020
销售收入/万元	12 624.85	14 163.22	17 859.92	18 791.84	12 592.55

要求:以 2016 年作为基期,进行定基动态比率与环比动态比率分析,并预测未来发展趋势。

如果该公司以 2016 年作为基期,则 2017～2020 年的定基动态比率为:

$$2017\ 定基动态比率=\frac{分析期数额}{固定基期数额}\times100\%=\frac{14\ 163.22}{12\ 624.85}\times100\%=112.19\%$$

$$2018\ 定基动态比率=\frac{分析期数额}{固定基期数额}\times100\%=\frac{17\ 859.92}{12\ 624.85}\times100\%=141.47\%$$

$$2019\ 定基动态比率=\frac{分析期数额}{固定基期数额}\times100\%=\frac{18\ 791.84}{12\ 624.85}\times100\%=148.85\%$$

$$2020\ 定基动态比率=\frac{分析期数额}{固定基期数额}\times100\%=\frac{12\ 592.55}{12\ 624.85}\times100\%=99.74\%$$

由 2017—2020 年的定基动态比率可以得出:与 2016 年相比,2017—2019 年的经营成果在不断上升,其中 2019 年的销售收入额达到最大,而 2020 年受疫情等影响与 2016 年相比稍有下降。

2017—2020 年的环比动态比率为:

$$2017\ 环比动态比率=\frac{分析期数额}{前期数额}\times100\%=\frac{14\ 163.22}{12\ 624.85}\times100\%=112.19\%$$

$$2018\ 环比动态比率=\frac{分析期数额}{前期数额}\times100\%=\frac{17\ 859.92}{14\ 163.22}\times100\%=126.10\%$$

$$2019\ 环比动态比率=\frac{分析期数额}{前期数额}\times100\%=\frac{18\ 791.84}{17\ 859.92}\times100\%=105.22\%$$

$$2020\ 环比动态比率=\frac{分析期数额}{前期数额}\times100\%=\frac{12\ 592.55}{18\ 791.84}\times100\%=67.01\%$$

以 2016 年作为基期,比较 2017—2020 年该公司收入的变化情况,通过定基动态比率和环比动态比率可以看出 2016—2019 年销售收入均波动上涨,盈利能力稳步提升,其中 2018 年收入的增长幅度较大,2019 年收入的增长幅度相对放缓,2020 年受疫情影响,销售收入没有保持增长的趋势反而大幅回落。

5.4.3　杜邦分析法

杜邦分析法又称杜邦财务分析体系，简称杜邦体系，是利用各主要财务比率指标间的内在联系对企业财务状况及经济效益进行综合系统分析评价的方法。该体系是以净资产收益率为起点，以总资产净利率和权益乘数为基础，重点揭示企业盈利能力及权益乘数对净资产收益率的影响，以及各相关指标间相互作用的关系。

杜邦分析法的分析关系式为：

$$净资产收益率＝营业净利率×总资产周转率×权益乘数$$

其中：

$$营业净利率 ＝ \frac{净利润}{营业收入}×100\%$$

运用杜邦分析法需要注意以下几点：① 净资产收益率是一个综合性最强的财务分析指标，是杜邦分析体系的起点；② 营业净利率反映了企业净利润与营业收入的关系，其高低取决于营业收入与成本总额的高低；③ 影响总资产周转率的一个重要因素是资产总额。权益乘数主要受资产负债率的影响。

【例 5 - 31】　××生物医药股份有限公司为一家上市公司，已公布的公司 2020 年财务报告显示，该公司 2020 年营业净利率、总资产周转率和权益乘数的有关财务指标如下：

项　目	2020 年	2019 年
营业净利率	25.52%	24.64%
总资产周转率	74.85%	91.51%
权益乘数	1.44	1.89

$$2020 年净资产收益率＝营业净利率×总资产周转率×权益乘数$$
$$＝25.52\%×74.85\%×1.44＝27.51\%$$
$$2019 年净资产收益率＝营业净利率×总资产周转率×权益乘数$$
$$＝24.64\%×91.51\%×1.89＝42.62\%$$

$$\frac{2020 年净资产收益率}{2019 年净资产收益率}＝\frac{27.51\%}{42.62\%}＝64.55\%$$

$$\frac{2020 年营业净利率}{2019 年营业净利率}＝\frac{25.52\%}{24.64\%}＝103.57\%$$

$$\frac{2020 年总资产周转率}{2019 年总资产周转率}＝\frac{74.85\%}{91.51\%}＝81.79\%$$

$$\frac{2020 年权益乘数}{2019 年权益乘数}＝\frac{1.44}{1.89}＝76.19\%$$

根据上述比较可知，这两年间该公司的营业净利率大致相同，企业销售获利能力指标没有发生较大的变化。该公司 2020 年的净资产收益率相比 2019 年下降了约 35.45%，是因为营业收入占所有者权益的比率降低，股东权益的收益水平下降，公司运用自有资本的效率降低。

5.5　财务报表分析方法的正确运用

虽然对企业报表进行比率分析可以获得许多关于企业财务状况的信息，但是，仍不足以对企业的财务状况整体做出全面评价。比率分析的局限性主要由三个方面的因素造成：一是会计报表自身存在一定的局限性；二是比率分析法本身存在一定的局限性；三是一些财务比率存在一定的局限性。

5.5.1 会计报表自身的局限性

（1）报表信息并未完全反映企业可以利用的经济资源。

我们已经知道，列入报表的仅是可以利用的、用货币计量的经济资源。实际上，企业有许多经济资源受客观条件制约或者受会计惯例制约并未在报表中得到体现。报表仅反映了企业有价值的一部分经济资源。

（2）受历史成本计量属性的制约，企业的报表资料对未来决策的价值仍然在一定程度上受到限制。

在进行比率分析时，经常要将报表中的相关项目加以比较，并在此基础上进行趋势分析。虽然新准则广泛引入了公允价值计量属性，但对于相当多的资产项目仍然要以历史成本为基础加以计量（即使在一些时候计提了资产减值准备），这就导致在计算各类比率时，依旧存在用现时价值计量的数据与用历史成本计量的数据比较的情况，从而使得出的结果不够合理，难以反映企业的实际情况。

（3）企业会计政策运用上的差异导致企业在与自身的历史、未来预测对比，以及在与其他企业对比的过程中难以发挥应有的作用。

企业在不同会计年度间采用不同会计方法以及不同企业以不同会计方法为基础形成的信息在一定程度上没有可比性。在企业变更会计政策的情况下，一定要深入研究政策变更对企业的影响和发生变更的原因。

（4）企业对会计信息的人为操纵可能会误导信息使用者做出错误决策。

对企业财务状况的全面分析与评价，除考虑货币因素外，还应充分收集和考虑非货币性因素。信息使用者需提高对误导性信息的识别与防范能力。

5.5.2 财务比率分析法的局限性

（1）比率分析只能对财务数据进行比较，没有考虑财务数据以外的信息，很可能造成对实际情况的误解。

比率分析中的计算和比较过程只涉及财务数据的比较。如果分析人员不注意参考大量报表附注的相关内容，结合非数字信息进行分析，就会造成对经济业务理解的偏差，从而误解公司的实际情况。

（2）为了达到某种目的，企业可能人为地修饰报表，造成对财务信息的歪曲，误导投资者。

不同的报表使用者对报表不同比率的重视程度不同，比如在申请贷款时，银行非常看重企业的偿债能力，企业可能会对反映偿债能力的财务比率等相关指标进行修饰，以满足银行的要求，达到借款的目的。例如，经常出现为了修饰流动比率，管理者在报表日前将短期债务还掉，之后再借回来的情况。而股东对反映盈利能力的比率会比较重视，企业也有可能进行相应的修饰，从而改变财务比率。这些修饰有可能会误导报表使用者，使他们做出错误的决策。

5.5.3　财务比率使用局限性举例

1. 流动比率

流动比率是分析短期偿债能力的最主要指标,实践当中,将其保持在 2 : 1 左右比较适宜,但由于所处行业和季节性因素,或者企业处于不同的发展阶段,这一数据会有很大差别,通常要将这个数据与往年同期的数据进行比较,或者和行业数据进行比较,以此来排除这些因素的干扰。企业偿还短期债务的流动资产保证程度强,并不意味着企业已有足够的现金或存款用来偿债,而且资产转换成现金的时间有可能与负债到期日不配比。流动比率高可能是由存货积压、应收账款增多且收款期延长所致,而真正可用来偿债的现金和银行存款却有可能严重短缺。所以,企业应在分析流动比率的基础上,进一步对现金流量加以考察。

2. 速动比率

一个企业的速动比率为 1 : 1 是比较合适的,即使流动负债要求同时偿还,也有足够的资产用来及时偿债。

虽然速动比率较流动比率能更好地反映流动负债偿还的安全性和稳定性,该比率弥补了流动比率的某些不足,但仍没有考虑速动资产的构成。虽然速动资产变现能力较强,但速动资产不等于企业的现时支付能力,需要进一步结合应收账款周转率及坏账损失率来进行分析。

3. 应收账款周转率

应收账款周转率反映应收账款的周转速度。但在实践中该指标有可能存在季节性差异,特别是当赊销业务量各年相差较大时,该指标不能反映实际情况,不便于对跨年度的应收账款收款情况进行连续反映。应收账款包括企业应该回收的销项增值税受税法变更的影响。

4. 存货周转率

存货周转率是反映企业销售能力强弱、存货是否过量和资产流动性的指标,也是衡量企业生产经营各环节中存货运营效率的一个综合性指标。但在实际运用中,存货计价方法对存货周转率有较大的影响,因此,在分析企业不同时期或不同企业的存货周转率时,应注意存货计价方法的口径是否一致。另外,为了改善资产报酬率,企业管理层可能希望降低存货水平和缩短周转期,因此该指标并不能准确地反映存货资产的运营效率,有可能受人为政策的左右,同时,在分析中不可忽视因存货水平太高或太低而带来的相关成本。

5. 销售净利率

销售净利率用以揭示企业在一定时期总的获利水平。但企业业务中不仅包括正常的营业业务,还包括偶尔发生的营业外业务,因此利润总额中包含不稳定和不持续的会临时波动的营业外收支因素,使得销售净利率虽能揭示特定时期的获利水平,但难以反映获利的稳定性和持续性。另外,利润总额中的投资收益、资产减值损失、公允价值变动损益以及上述营业外收支净额等因素均与营业收入毫无关系。该比率还受企业筹资决策的影响,财务费用作为筹资成本,是企业新创造价值的一部分,但在计算利润总额时却被扣除了,这将导致在销售收入、销售成本等因素相同的情况下，因企业的资本结构不同、财务费用水平不同，所计算出的销售利润率有所差异，但这与经营活动没有直接关系。

综上所述，企业财务分析指标无论是在偿债能力评价方面，还是在获利以及盈利能力评价方面均存在诸多的局限性，从而制约和影响了使用者对会计报表的正确阅读和使用，甚至可能产生误导。因此，在对企业进行财务报表分析时，不应过分依赖有限的财务比率，而应结合非财务因素进行适当的定性分析，才能较为全面综合地对企业的财务状况作出科学的判断和评价。

5.5.4　应注意的问题

不同企业间进行财务分析时应注意的问题如下。

1. 同类企业的确认

一般而言，财务比率在同类企业间具有较大的可比性。但是，同类企业的确认没有一个公认的标准，在实际分析中，同类企业可以从以下几个方面来考虑：

（1）最终产品相同。在大多数情况下，人们通常将生产同类或同系列产品的企业视为同类企业。

（2）内部生产结构相同。使用同样的原材料、同样的技术或同样的生产方式的企业，如副食品加工企业和食品加工企业的内部生产结构相同。

（3）股份特性相同。股票投资者常从投资风险和投资收益方面关注企业，因而常将股份特性相同的企业视为同类企业。

（4）规模相近。在考虑规模时，不仅要考虑企业本身的规模，还要考虑所比较的产品的生产或经营规模。

2. 会计政策的差异问题

企业会计政策的典型差异主要体现在以下方面：

（1）固定资产评估。企业在有些情况下（如企业合并、资产盘盈等）可以用评估价值对固定资产进行处理。在对固定资产价值进行重新估价后，通常会直接增加资产负债表中的总资产与所有者权益，进而影响资本报酬率、资本周转率等基本比率的计算。这就会妨碍与其他没有对固定资产进行重新估价的企业间的比较与分析。但是，可以通过将评估价值调整为原来的账面价值来避免这个差异。

（2）存货计价与坏账准备的估计方法。由于会计准则允许企业选择适合自己的存货计价方法和坏账准备的估计方法，因此企业出于自身的考虑在方法的选择上可能存在较大差异。不同的存货计价方法会导致不同的期末存货价值与不同的利润额。不同的坏账准备估计方法也会导致不同的资产价值与不同的盈亏水平。这种差异会在一定程度上影响企业的获利能力、流动性、周转率及投资比率等的计算。

（3）折旧计算方法。不同的企业对固定资产的折旧可以采用不同的确定方法，这将对固定资产净值、折旧费乃至利润额的计算等产生影响，进而影响有关比率的计算。

（4）负债等融资表外确认。某些企业采取使企业的真正负债在会计报表外反映，因为过高的负债比率会使企业的所有者及债权人对企业失去信心。

（5）营业收入的确认。在企业营业收入的确认方面，企业间可能存在差异。

3. 非会计信息的使用

企业的财务状况及发展前景等方面的问题难以用货币来计量的,仅以会计信息为基础得出的结论还不足以作为决策的全部依据。有时非会计信息对企业的信息使用者来说更具有决策有用性。例如,两个财务状况相同(从报表信息看)的同类企业,一个处于上升期,另一个则处于下滑期。它们只是在上升与下滑过程中的某一时点表现为相同的财务状况。这种上升与下滑的趋势不一定能从报表中反映出来,特别是无法在一个会计年度的报表信息中充分体现。另外,由于企业的管理战略不同,采用的生产、销售、研发策略不同,从而影响费用、成本因素,可能出现财务数据在短期内相近,但从长期来看会产生较大差距的情况。

互联网时代的到来使人类协作的方式、商业活动的规律、商业活动开展的逻辑、管理的思路等诸多方面均发生了巨大的改变。移动互联网技术的兴起与发展让企业、个人能够在各平台上自由合作、高效协同。会计的四大理论假设——会计主体假设、持续经营假设、会计分期假设、货币计量假设显得越来越不科学。互联网时代的平台经济使企业的边界越来越模糊,哪些业务应该核算、利益应该如何分配越来越难以判断;中国中小型企业平均寿命不到3年,如果还要用"持续经营"作为假设来进行资本性支出的分摊并以此作为业绩衡量的依据,对企业非常不公平,也非常不利于投资者利益的保全;会计分期假设要求定期出财务报告,在移动互联网时代,这种频率和速度显然太慢了。比特币的出现打破了货币供给逻辑和货币发行中政府的中心地位,也将给货币计量假设在一定程度上带来冲击。

目前这套成熟的会计要素和会计报告模式设计是基于工业时代的生产经营特点。随着信息经济、知识经济的到来,越来越不能客观全面地反映企业的资源状况和运营效率。如今,资本、有形资产固然还是重要的生产要素,但是商业模式、企业家贡献、大数据这些无形的生产要素以及粉丝数量、用户黏性这些外部资源都是形成企业的核心竞争力,是保障企业发展优势的主要因素,而这些都没有纳入会计核算和报告体系。如果单纯依靠会计信息,很可能会得到非常不科学和错误的结论,因此,在对企业进行系统的财务状况质量分析时,将越来越需要动态的报告、价值链报告、整合式报告、各因素贡献报告等信息,非会计信息在分析中所占的地位和所起的作用将越来越重要!

练　习　题

一、单项选择题

1. 下列财务指标中不属于营运能力分析比率的是(　　　)。

A. 应收账款周转率　　　　B. 存货周转率　　　　C. 企业经营周期

D. 平均收账期　　　　　　E. 再投资比率

2. 在杜邦财务分析体系中,将(　　　)指标加以层层分解,通过一个关系体系将不同的许多比率和数据联系在一起进行分析。

A. 资产报酬率　　　　　　B. 权益报酬率　　　　C. 资产周转率

D. 权益乘数　　　　　　　E. 销售净利率

3. 速动比率计算公式中的分子即速动资产,是指可以及时、不贬值地转换为可以直接偿债的货币资金的流动资产。在实践中一般将(　　　)从流动资产中剔除而得到速动资产。

A. 应收账款　　　　　　　　　　　B. 应收票据

C. 以公允价值计量且其变动计入当期损益的金融资产

D. 存货　　　　　　　　　　　　　E. 长期待摊费用

4. 从理论上说，考虑到增值税因素，应收账款周转率计算公式中的分子应为（　　）。

A. 赊销净额　　　　　　　B. 营业收入　　　　　　　C. 赊销净额×(1＋增值税税率)

D. 营业收入×(1＋增值税税率)　　　　　　E. 赊销净额×(1－增值税税率)

5. 从理论上说，与营业收入最具有直接比较价值和意义的利润是（　　）。

A. 营业利润　　　　　　　　　B. 核心利润　　　　　　　C. 利润总额

D. 净利润　　　　　　　　　　E. 息税前利润

6. 市盈率主要取决于两个因素：一是普通股每股净利润；二是（　　）。

A. 普通股每股股利　　　　　　　　　B. 普通股账面价值

C. 普通股每股市价　　　　　　　　　D. 普通股股数

7. 下列各项指标中，计算结果越高，说明企业从营业收入中获取利润的能力越强的是（　　）。

A. 营业利润率　　　B. 现金比率　　　C. 产权比率　　　D. 应收账款周转率

8. 在杜邦分析体系中，假设其他情况相同，下列说法错误的是（　　）。

A. 权益乘数越大财务风险越大　　　　　B. 权益乘数等于资产权益率的倒数

C. 权益乘数大则资产净利率大　　　　　D. 权益乘数大则权益净利率大

9. 如果流动资产大于流动负债，则月末用现金偿还一笔应付账款会使（　　）。

A. 营运资金减少　　　B. 营运资金增加　　　C. 流动比率提高　　　D. 流动比率降低

10. 应收账款周转率越高，表明（　　）。

A. 资金占用越大　　　　　　　　　B. 坏账风险越大

C. 偿债能力越差　　　　　　　　　D. 应收账款的平均回收期越短

二、多项选择题

1. 分析企业盈利能力的常用指标包括（　　）。

A. 毛利率　　　　　　　B. 资产报酬率　　　　　　C. 权益报酬率

D. 杠杆比率　　　　　　E. 权益比率

2. 分析企业短期偿债能力的常用指标包括（　　）。

A. 资产负债率　　　　　B. 利息保障倍数　　　　　C. 流动比率

D. 速动比率　　　　　　E. 股利支付率

3. 对企业进行背景分析通常需要关注（　　）。

A. 企业的基本情况、所处行业

B. 企业自身对经营活动及经营战略的表述、企业竞争状况以及政策法规对企业的影响

C. 企业的主要股东，尤其是控制性股东

D. 企业的发展沿革

E. 企业高级管理人员的结构及其变化情况

4. 考察利润的质量，可以从（　　）等方面来进行。

A. 利润的经常性　　　　B. 利润的含金量　　　　C. 利润的合理性

D. 利润的持续性　　　　E. 利润的战略吻合性

5. 会计报表自身的局限性体现在（　　）。

A. 报表信息并未完全反映企业可以利用的经济资源

B. 企业的报表资料对未来决策的价值在一定程度上受到限制

C. 企业会计政策运用上的差异导致企业在与自身的历史对比以及在与其他企业对比的过程中难以发挥应有的作用

D. 企业对会计信息的人为操纵可能会误导信息使用者做出错误决策

E. 比率分析只能对财务数据进行比较，对财务数据以外的信息没有考虑

6. 应收账款周转率越高越好，因为它表明（　　）。

A. 收款迅速　　　　　B. 减少坏账损失　　　　　C. 资产流动性高

D. 销售收入增加　　　E. 利润增加

7. 由杜邦分析体系可知，提高资产净利率的途径可以有（　　）。

A. 加强资产管理，提高资产利用率　　　B. 加强销售管理，提高销售利润率

C. 加强资产管理，降低资产利用率　　　D. 加强销售管理，降低销售利润率

8. 提高总资产周转率的因素有（　　）。

A. 期初负债总额　　　B. 营业收入　　　　　C. 期初资产总额

D. 期末资产总额　　　E. 期末负债总额

9. 关于产权比率，下列说法中正确的有（　　）。

A. 产权比率的倒数就是资产权益率

B. 产权比率高，是高风险、高报酬的财务结构

C. 该比率可以说明清算时对债权人利益的保障程度

D. 它比资产负债率具有共同的经济意义

E. 该比率是衡量偿债能力的指标

10. 通常企业经营活动产生的净现金流量为正数，且经营活动的现金流量占全部现金流量的比重越大，说明（　　）。

A. 企业的财务状况越趋向稳定

B. 企业的营销状况越好

C. 成本控制水平也越高

D. 财务状况出现问题

E. 偿债能力出现问题

三、判断题

1. 在实践中，企业将流动比率保持在2∶1左右是最为适应的，该比率偏低则意味着企业的短期偿债能力一定存在问题。（　　）

2. 利息保障倍数反映了企业偿还利息的能力。此倍数越大，表明企业还息能力越强。只要此比率大于1，企业就一定能偿清债务利息。（　　）

3. 对于广泛采用商业汇票结算方式的企业来说，企业营业收入的商业债权除了包括应收账款项目，还应包括应收票据项目。另外增值税因素还导致营业收入和应收账款之间存在着计算口径的差异。因此，应对传统的应收账款周转率计算公式加以修正和改进，甚至可以考虑建立新的财务指标，如商业债权周转率指标。（　　）

4. 财务报告是企业整体账务状况的一个总结，其中财务报表是用数据反映企业经营管理情况，除了财务报表，还有许多其他有用的信息会在财务报告中对外披露。比率分析

由于其自身的计算和比较过程只涉及财务数据的比较，如果财务分析人员不注重参考大量财务报表附注内容，结合非会计信息考虑，就有可能造成对报表理解的偏差，甚至误解公司的实际情况。（　　）

5. 传统的企业财务报表分析从偿债能力、盈利能力和营运能力三个方面入手，可以全面综合地分析预评价企业的财务状况，得出有关企业财务状况质量的正确结论。（　　）

6. 每股收益的变动趋势是对未来的收益的预期，但它并不能影响公司的股票市值。（　　）

7. 过高的市盈率预算者投资者认为公司的每股收益水平将上涨，同时也意味着股票价值被高估。（　　）

8. 对债权人而言，企业的资产负债率越高越好。（　　）

9. 对任何企业而言，速动比率应该大于 1 才是正常的。（　　）

10. 营运资金的多少能反映短期债务的能力，但它只能在不同规模企业之间进行比较。（　　）

四、思考题

1. 利用财务信息对企业财务状况进行分析的基本方法有哪几种？

2. 评价企业财务状况的财务比率主要有哪些？这些比率反映了企业财务状况的哪些方面？

3. 请说明评价企业财务状况与经营成果的比率对企业经营者的行为的影响。

4. 不同企业之间进行财务比较时对同类企业如何认定？

5. 在对企业财务状况进行分析时，应考虑哪些非货币因素？

6. 怎样对企业财务状况质量进行综合分析？

7. 利用财务信息对企业财务状况质量进行分析有哪些局限性？

五、计算题

1. 某企业 6 月初存货余额为 950 万元，6 月末存货为 1 050 万元，营业成本为 850 万元。

要求：根据上述资料计算该企业的存货平均余额和存货周转率。

2. 某企业年末资产负债表中本期流动资产合计 363 万元，存货 63 万元，流动负债合计 400 万元。

要求：根据上述资料计算该企业的速动资产和速动比率。

3. 某企业年末流动负债 60 万元，速动比率 2.5，流动比率 3.0，营业成本 81 万元，年初和年末的存货相同。

要求：根据上述资料计算该企业的流动资产、速动资产、年末存货数额和存货周转率。

4. 某企业的流动资产是由库存现金、应收账款和存货构成，该企业的流动比率为 2.5，速动比率为 1.2，现金比率为 0.6，流动负债为 400 万元。

要求：根据上述资料计算该企业的存货数额和应收账款数额。

5. 某企业流动资产总额为 3 000 万元，非流动资产总额为 7 000 万元，所有者权益总额为 4 000 万元，净利润 1 250 万元，营业收入 8 000 万元。

要求：根据上述资料计算企业的净资产收益率。

第 6 章　企业经营管理与决策

【学习目标】　了解管理会计的概念和内容、管理会计中成本性态,掌握变动成本法的计算。了解本、量、利分析的含义、相关假设及基本公式,掌握保本点的预测分析。了解经营决策的意义及需要考虑的特定成本概念,掌握生产决策、定价决策、存货决策的常用方法。熟练掌握企业业绩评价和考核的指标和方法。

【引导案例】　L 公司曾经是英国乃至欧洲最大的卡车制造厂商之一。其设在英国 G 城的 A 工厂承担着整个集团公司的卡车与面包车轮轴的生产任务。工厂建立时是按照大规模生产的需要而设计和建设的。然而随着卡车产量的降低,工厂的经营弹性不断提高。随着该公司在荷兰的母公司的倒闭,其卡车与面包车业务计划被售出的重组方案曾被视为拯救母公司的措施之一。

为了避免这种情况的发生造成 G 城的失业现象加剧,G 城有关机构聘请了咨询师 D. Write 先生作为顾问寻求解决之道。D. Write 先生曾经在××汽车公司担任汽车设计工程师,他主张将生产回归到手工操作程度较高的方式中,并扩大生产规模,加大投资的力度。

根据上述资料,请分析:回归到手工生产对企业的成本有怎样的影响? 在卡车产销量降低的条件下,利润将发生怎样的变化?

6.1　管理会计概论

6.1.1　管理会计的定义和组成部分

管理会计是以使用价值管理为基础的价值管理活动,它运用一系列专门的方式方法,通过确认、计量、归集、分析、编制与解释、传递等一系列工作,为规划、决策、控制和评价提供信息,并参与企业经营管理。

1. 为管理和决策提供信息

管理会计应向各级管理人员提供以下经过选择和加工的信息:

(1) 与计划、评价和控制企业经营活动有关的各类信息,包括历史的信息和未来的信息。这些信息有利于各级管理者加强对经营过程的控制,实现最佳化经营。

(2) 与维护企业资产安全、完整及资源有效利用有关的各类信息。

(3) 与股东、债权人及其他企业外部利益关系者决策有关的信息,这些信息将有利于投资、借贷及有关法规的实施。

2. 参与企业的经营管理

在现代管理理论的指导下,管理会计正在以各种方式积极参与企业的经营管理,将会计核算推向会计管理。不仅有利于各项决策方案的落实,而且有利于企业在总体上兼顾长期、中期和短期利益的最佳化运行。

现代管理会计包括预测决策会计、规划控制会计和责任会计三项基本内容。

（1）预测决策会计：管理会计系统中侧重于发挥预测经济前景和实施经营决策职能的最具有能动作用的子系统。它处于现代管理会计的核心地位，又是现代管理会计形成的关键标志之一。

（2）规划控制会计：在决策目标和经营方针已经明确的前提下，为执行既定的决策方案而进行有关规划和控制，以确保预期奋斗目标顺利实现的管理会计子系统。

（3）责任会计：在组织企业经营时，按照分权管理的思想划分各个内部管理层次的相应职责、权限及所承担义务的范围和内容，通过考核评价各有关方面履行责任的情况，反映其真实业绩，从而调动企业全体职工积极性的管理会计子系统。

6.1.2　管理会计与财务会计的区别和联系

管理会计和财务会计是现代企业会计的两大分支，分别服务于企业内部管理的需要和外部决策的需要，两者之间既有区别又有联系。

1. 管理会计与财务会计的区别

1）职能不同

管理会计的职能侧重于对未来的预测、决策和规划，对现在的控制、考核和评价，属于经营管理型会计；财务会计的职能侧重于核算和监督，属于报账型会计。

2）服务对象不同

管理会计主要向企业内部各管理层级提供有效经营和最优化决策所需的管理信息，是对内报告会计；财务会计主要向企业外部各利益相关者提供信息，是对外报告会计。

3）约束条件不同

管理会计不受会计准则、会计制度的制约，其处理方法可以根据企业管理的实际情况和需要确定，具有很大的灵活性；财务会计进行会计核算、财务监督，必须受会计准则、会计制度及其他法规的制约，其处理方法只能在允许的范围内选用，灵活性较小。

4）报告期间不同

管理会计面向未来进行预测、决策，因此其报告的编制不受固定会计期间的限制，而是根据管理需要，编制反映不同影响期间经济活动的各种报告；财务会计面向过去进行核算和监督，反映一定期间的财务状况、经营成果和资金变动情况，应按规定的会计期间编制报告。

5）会计主体不同

管理会计既要提供反映企业整体情况的资料，又要提供反映企业内部各责任单位经营活动情况的资料，因而其会计主体是多层次的；财务会计以企业为会计主体提供反映整个企业财务状况、经营成果和资金变动的会计资料，通常不以企业内部各部门、各单位为会计主体提供相关资料。

6）计算方法不同

由于未来经济活动的复杂性和不确定性，管理会计在进行预测、决策时，要大量应用现代数学方法和计算机技术；财务会计多采用一般的数学方法进行会计核算。

7) 信息精确程度不同

由于管理会计的工作重点是面向未来，未来期间影响经济活动的不确定因素比较多，加之管理会计对信息及时性的要求，这决定了管理会计所提供的信息不能绝对精确，一般只能相对精确；财务会计反映的是已经发生或已经完成的经济活动，因此其提供的信息应力求精确，数字必须平衡。

8) 计量尺度不同

适应不同管理活动的需要，管理会计虽然主要使用货币量度，但也大量采用非货币量度，如实物量度、劳动量度、关系量度等；为了综合反映企业的经济活动，财务会计几乎全部使用货币量度。

2. 管理会计与财务会计的联系

管理会计与财务会计都是在传统会计中孕育、发展和分离出来的，财务会计与管理会计的目标都是提高企业经济效益，使价值最大化。管理会计使用的信息广泛多样，但基本信息来源于财务会计，有的是财务会计资料的直接使用，有的则是财务会计资料的调整和延伸。虽然管理会计与财务会计有内外之分，但服务对象并不严格、唯一。管理会计使用的某些概念与财务会计完全相同，有些概念则是根据财务会计的概念引申出来的。

6.1.3　管理会计中成本的概念和分类

为了更好地进行经济规划和决策，成本管理与分析在管理会计中起到了举足轻重的作用。成本是商品经济的价值范畴，是商品价值的组成部分。人们要进行生产经营活动或达到一定的目的，就必须耗费一定的资源，其所耗费资源的货币表现及其对象化称为成本。成本指生产和销售一定种类与数量产品以耗费资源用货币计量的经济价值。

1. 成本的概念

管理会计中的成本是指特定主体为了达成特定目的所做出的"牺牲"。"牺牲"就是为了达到目的的放弃，通常是耗费或放弃的经济资源的价值。在市场经济条件下，"没有完全免费的午餐"，做什么事情都必须有所耗费。换句话说，成本是市场交易的前提，是"为了得到自己所需要的有价值的东西而放弃自己所拥有的有价值的东西"。

成本有广义和狭义之分。广义的成本泛指取得各种资产的代价；狭义的成本仅指生产产品所付出的代价，即产品的生产成本或制造成本。

从管理的角度看，不同目的需要不同的成本概念。为了控制成本，必须有标准(计划或目标)成本和实际成本；为了进行决策，必须有相关成本、沉没成本、不可避免成本和机会成本等。

2. 成本的分类

为了适应成本计算、成本控制和成本规划的需要，提升成本的价值贡献，细化成本管理对象，服从成本管理的不同要求，有必要对成本进行分类。成本可以按照不同的标准进行分类。

1) 制造成本与非制造成本

制造成本包括直接材料成本、直接人工成本和制造费用。直接材料成本是指能够直接追溯到每个产品，并构成产品实体的材料成本。直接人工成本是指能够直接追溯到每个产品上的人工成本，包括直接参与生产产品的员工的薪酬，如汽车生产人员的工资、福利。制造费用是指除直接材料成本和直接人工成本以外的所有制造成本，包括间接材料成本、间接人工成本和其他制造费用。

非制造成本包括销售费用、管理费用和财务费用，它们不构成产品的制造成本。制造成本和非制造成本的区分是产品成本计算和有关管理决策分析的重要依据。

2）产品成本与期间成本

在传统企业中，依据费用的发生与产品的关系可以将费用划分为产品成本与期间成本。产品成本是与产品的生产直接相关的成本，包括产品生产中所耗用的直接材料成本、直接人工成本和制造费用等。期间成本是企业经营活动中所产生的与该会计期间的销售、经营和管理等活动相关的成本，例如管理费用、销售费用、财务费用等。

由此可见，成本是属于某个成本对象（在产品、产成品）所消耗的支出，是对象化了的费用；费用是相对于期间发生的费用化支出。

3）直接成本与间接成本

产品成本按照其计入成本对象的方式分为直接成本和间接成本。直接成本是与成本对象直接相关的，可以用经济合理的方式直接追溯到成本对象的那一部分成本。间接成本对于成本对象相关联的成本中不能用一种经济合理的方式追溯到成本对象，不适宜直接计入的那一部分成本。

除此之外，根据成本与业务量之间的关系，成本可以划分为固定成本与变动成本；根据成本是否可以控制，成本可以划分为可控成本与不可控成本；根据决策方案变动时成本是否可避免，成本可以划分为可避免成本与不可避免成本；根据费用的发生是否需要支付现金等流动资产，成本可以划分为付现成本和沉没成本。

6.1.4　成本性态分析

成本性态也称成本习性，是指成本总额对业务总量（产量或销售量）的依存关系。成本总额对业务总量的依存关系是客观存在的，而且具有规律性。成本按性态可以分为固定成本、变动成本和混合成本三类。

1. 固定成本

固定成本是指在特定的业务量范围内不受业务量变动影响，一定期间的总额能保持相对稳定的成本。

一定期间的固定成本想保持稳定是有条件的，即业务量的变动在特定的范围之内。能够使固定成本保持稳定的特定的业务量范围被称为"相关范围"。一定期间固定成本的稳定性是相对的，即对于业务量来说是稳定的，但这并不意味着每月该项成本的实际发生额都完全一样。固定成本的稳定性是针对成本总额而言的，如果从单位产品分摊的固定成本来看，则正好相反。

一般来说，固定成本的发生有两种情况：

（1）提供和维持生产经营所需设施、机构而发生的成本，其金额取决于设施和机构的规模和质量，它们是以前决策的结果，现在难以改变。这种不能通过当前的管理决策行动加以改变的固定成本称为约束性固定成本。约束性固定成本属于企业"经营能力成本"，是企业为了维持一定的业务量所必须负担的最低成本。若降低约束性固定成本，则只能合理利用经营能力，增加生产规模，进而降低单位固定成本。在企业经营过程中，厂房租金、机械设备成本及折旧等属于约束性固定成本。

（2）为完成特定活动而发生的固定成本，其发生额是根据企业的经营由经理人员决定的。这种可以通过管理决策行动而改变数额的固定成本称为酌量性固定成本。由于酌量性固定成本通常按预算来支出，而预算是按计划期编制的，因此，预算一经确定，这类成本的支出额便与时间相联系，而与产量无关，故也应视为"期间成本"。例如，职工培训支出费用属于酌量性固定成本。

2. 变动成本

变动成本是指在特定的业务量范围内其总额随业务量变动而呈正比例变动的成本。这类成本直接受产量的影响，两者保持正比例关系，系数稳定。这个比例系数就是单位产品的变动成本。

单位成本的稳定性也是有条件的，即业务量的变动是在特定的相关范围内。这就是说，变动成本和产量之间的线性关系通常只在一定的相关范围内存在。在相关范围之外，变动成本和产量之间就可能表现为非线性关系。

一般来说，变动成本的发生也有两种情况：

（1）由技术或实物关系决定的成本。这种与产量有明确的技术或实物关系的变动成本称为技术变动成本。这类成本是利用生产能力所必须发生的成本，生产能力利用得越充分，则这种成本发生得越多。

（2）单位成本的发生额是由经理人员决定的成本。这种可以通过管理决策行动改变的变动成本称为酌量性变动成本。这种成本的效用主要是提高竞争能力或改善企业形象，其最佳的合理支出难以计算，通常要依靠经理人员的综合判断来决定。经理人员的决策一经作出，其支出额将随业务量呈正比例变动，与技术变动成本具有相同特性。

如果把成本分为固定成本和变动成本两大类，业务量增加时固定成本总额不变，只有变动成本总额随业务量增加而增加，那么，总成本的增加额就是由变动成本总额增加引起的。因此，变动成本是产品生产的增量成本。在企业经营中，原材料成本、人工成本、运输费等属于变动成本。

3. 混合成本

混合成本是指除固定成本和变动成本之外的成本，其因业务量变动而变动，但不呈正比例关系。

混合成本的情况比较复杂，需要进一步分类。一般来说，可以将混合成本分为三种主要类别。

1）半变动成本

半变动成本是指在初始成本的基础上随业务量正比例增长的成本。这类成本通常有一个初始成本，一般不随业务量变动而变动，相当于固定成本。在这个基础上，成本总额随业务量变化呈正比例变化，又相当于变动成本。这两部分混合在一起，构成半变动成本。例如，水电费可作为半变动成本，如图 6-1 所示。

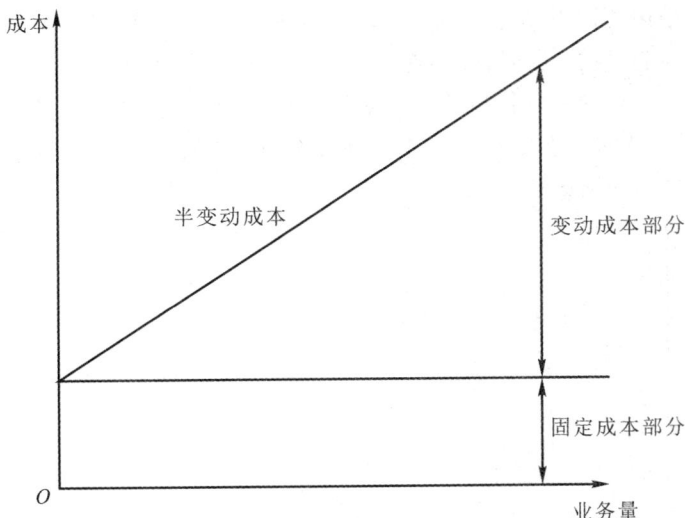

图 6-1　半变动成本

2）半固定成本

半固定成本是指总额随业务量呈阶梯式增长的成本，亦称步增成本或阶梯式成本。这类成本在一定业务量范围内发生额不变，当业务量增长超过一定限度时，其发生额会突然跳跃到新的水平，然后，在业务量增长的一定限度内其发生额又保持不变，直到业务量达到下一个新的跳跃点为止。例如，某些岗位人员的工资会结合具体情况发生阶梯式变化，属于半固定成本，如图 6-2 所示。

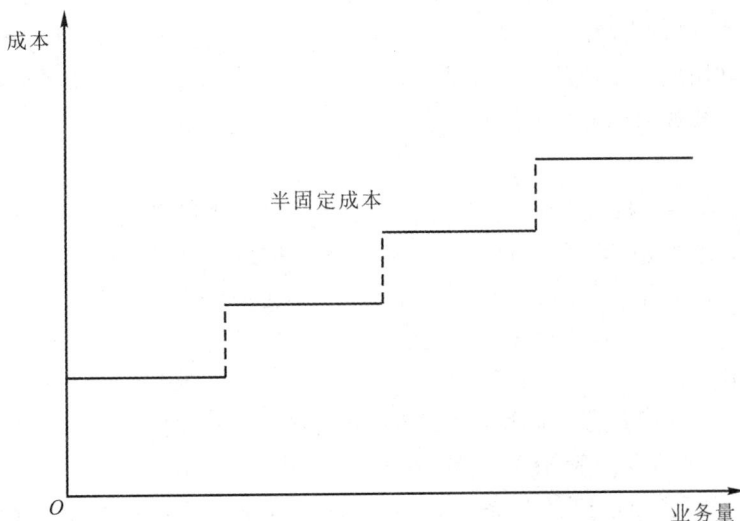

图 6-2　半固定成本

3）延期变动成本

延期变动成本是指在一定业务量范围内总额保持稳定，超出特定业务量则开始随业务量比例增长的成本。延期变动成本在某一业务量以下表现为固定成本，超过这一业务量则成为变动成本。此外，有些成本和业务量有依存关系，但不是直线关系。各种非线性成本在业务量相关范围内可以近似地看成是变动成本或半变动成本。在特定的产量范围内，它们的实际性态虽为非直线，但与直线的差别有限。忽略这种有限的差别，可以大大简化数据处理过程，故在计算时可以将超过一定业务量的延期变动成本看作是变动成本，可以用 $y=a+bx$ 来表示这些非线性成本，其中，y 是总成本，a 是固定成本，b 是系数，x 是业务量，bx 为变动成本，如图 6-3 所示。

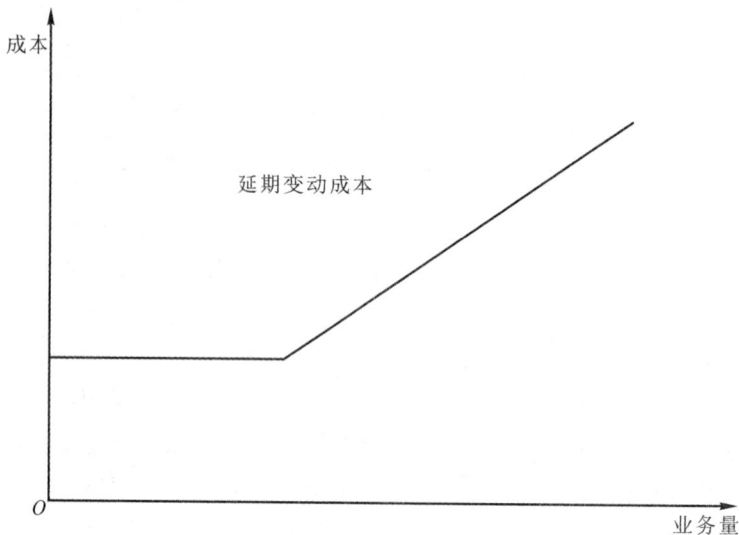

图 6-3　延期变动成本

4. 变动成本法

变动成本法是指在计算产品成本时，只包括产品生产过程中所消耗的直接材料成本、直接人工成本和制造费用中的变动性部分，而不包括制造费用中的固定性部分。制造费用中的固定性部分被视为期间成本而从相应期间的收入中全部扣除。

1）变动成本法的特点

（1）以成本性态分析为基础计算产品成本。变动成本法将产品的制造成本按成本性态划分为变动性制造费用和固定性制造费用两部分，只有变动性制造费用才构成产品成本，而固定性制造费用应作为期间成本处理。换句话说，变动成本法认为固定性制造费用转销的时间选择十分重要，它应该属于为取得收益而已然丧失的资产。

（2）强调不同的制造成本在补偿方式上存在差异性。变动成本法认为产品的成本应该在其销售的收入中获得补偿，而固定性制造费用与产品的销量无关，只与企业是否经营有关，因此不应该将其纳入产品成本，而应在发生的当期确认为费用。

（3）强调销售环节对企业利润的贡献。由于变动成本法将固定性制造费用作为期间成本，因此在一定产量条件下，期间内发生的固定性制造费用全部计入当期成本，导致损益对销量的变化更为敏感，客观上有刺激销售的作用。产品销售收入与变动成本的差量是管理会计中的一个重要概念，即贡献毛益。以贡献毛益减去期间成本就是利润。由贡献毛益这个概念不难看出，变动成本法强调的是变动成本对企业利润的影响。

2）变动成本法的优缺点

变动成本法的优点如下：

（1）变动成本法增强了成本信息的有用性，有利于企业的短期决策。

（2）变动成本法更符合配比原则中的"期间配比"。

（3）变动成本法便于进行各部门的业绩评价。制定标准成本和费用预算、考核执行情况、兑现奖惩是加强企业管理的一种有效的做法，变动成本法为这一做法提供了正确的思路和恰当的操作方法。

（4）变动成本法能够促使企业管理者重视销售。在分析"完全成本法重视生产而变动成本法重视销售"这一问题时，还必须注意到，随着生产力水平的不断提高，资本有机构成不断上升，设备折旧费这项重要的固定性制造费用在两种成本法下的杠杆作用也会越来越大。也就是说，两种成本计算方法对损益计算的影响差异有可能进一步拉大。

（5）变动成本法可以简化成本计算工作，还可以避免固定性制造费用分摊中的主观臆断性。变动成本法不仅适用于提供与短期决策相关的成本信息，也适用于提供对外报告的成本信息。

当然，变动成本法也有一定局限性，主要表现在：

（1）按变动成本法计算的产品成本至少目前还不合乎税法的有关要求。

（2）按成本性态将成本划分为固定成本与变动成本本身的局限性，即这种划分在很大程度上是假设的结果。

（3）当面临长期决策时，变动成本法的作用会随决策期的延长而削弱。

3）变动成本法的应用

变动成本法的成本信息可以满足企业内部经营管理多方面的需要，变动成本法将固定性制造费用全部作为期间成本，只是在编制对外会计报表时作适当的分配调整，以确定应由当期已销产品和期末存货分别负担的份额。这样做不仅可以大大减轻工作量，也更合乎逻辑。这种成本计算系统既在账户层面上将制造费用按成本性态进行划分和归类，满足管理的要求，也兼顾了会计报表对账户信息的要求。

以变动成本法为基础建立统一的成本计算系统，具体做法是：

（1）日常核算以变动成本法为基础，"在产品（生产成本）""产成品"账户均登记变动成本。

（2）设置"变动制造费用"账户，借方用以核算生产过程中发生的变动费用，期末则将其发生额转入"在产品"账户。

（3）设置"固定制造费用"账户，借方用以归集当期发生的固定性制造费用，期末则将应由已销产品负担的部分自贷方转入"销售成本"账户的借方而列入利润表；该账户的期末余额为期末在产品和产成品所应负担的固定性制造费用，期末与"在产品"和"产成品"账户的余额一起合计列入资产负债表的"存货"项下。

（4）设置"变动非制造费用"和"固定非制造费用"账户，借方用以分别归集销售费用和管理费用中的变动部分和固定部分，期末则全部由贷方转入"本年利润"账户建立以变动成本法为基础的统一的成本计算系统，还需要注意以下几个问题：

第一，企业如生产多种产品，对于某些变动性的共同费用仍需首先在各种产品之间进行划分，而且在以这种成本信息进行决策时，还应考虑到关联产品，这是一项基础工作。

第二，企业如期末有在产品，则需要对在产品的成本进行计算，"在产品"账户本身只核算变动制造成本。

第三，企业期末如有存货，则在计算列入利润表的销售成本时，应注意在连续各期中

"固定制造费用"与存货之间的匹配关系。

　　还要特别强调的是，如前所述，成本按性态划分具有一定的假设性，当然不能十分精确。尽管如此，做好划分的基础工作仍十分重要，这直接关系到以变动成本法为基础的成本核算系统下的成本信息是否真的有利于企业的决策。

　　【例 6-1】　××企业生产 A 产品，当期生产 500 件，当期销售 350 件，期末结余 150 件，期初存货为 0。在当期发生的成本类别中，直接材料 3 200 万元；直接人工 1 800 万元；变动性制造费用为 500 万元；固定性制造费用为 1 000 万元；销售费用、管理费用和财务费用（均为固定性）三者相加为 800 万元。根据上述资料，请运用变动成本法计算 A 产品的产品成本、单位产品成本、期间成本。

　　A 产品：

$$产品成本 = 3\,200 + 1\,800 + 500 = 5\,500\ 万元$$

$$单位产品成本 = \frac{5\,500}{500} = 11\ 万元/件$$

$$期间成本 = 1\,000 + 800 = 1\,800\ 万元$$

6.2　本量利分析

6.2.1　本量利分析的基本假设

　　在现实经济生活中，成本、销售数量、价格和利润之间的关系非常复杂。为了建立本量利分析理论，必须对上述复杂的关系做一些基本假设，由此来严格限定本量利分析的范围。对于不符合这些基本假设的情况，可以进行本量利扩展分析。

　　（1）相关范围假设，即期间假设和业务量假设。期间假设指无论是固定成本还是变动成本，其固定性与变动性均是体现在特定的期间内。业务量假设指对成本按性态进行划分而得到的固定成本和变动成本，是在一定业务量范围内分析和计量的结果。

　　（2）模型线性假设。站在本量利分析的立场，由于利润只是收入与成本之间的一个差量，因此本假设只涉及成本和业务量两个因素。模型线性假设包含三个方面：一是固定成本不变假设；二是变动成本与业务量呈完全线性关系；三是销售收入与销售数量呈完全线性关系。企业的总成本性态可以近似看作 $y = a + bx$。

　　（3）产销平衡假设。该假设指产量的变动无论是对固定成本，还是对变动成本都可能产生影响，进而影响到收入与成本之间的对比关系。从销售数量的角度进行本量利分析时，就必须假设产销关系平衡。

　　（4）品种结构不变假设。假设在一个多品种生产和销售的企业中，各种产品的销售收入在总收入中所占的比重不会发生变化。

6.2.2　成本、产量与利润之间的关系

　　本量利分析是指在固定成本和变动成本分类的基础上，分析成本、销售额和利润之间的数量依存关系，为会计预测和决策提供的一种专门方法。

1.利润

　　企业经营的根本目的是利润最大化，利润可以用以下公式表示：

$$利润＝销售收入－总成本$$

其中：

$$总成本＝变动成本＋固定成本＝单位变动成本×产量＋固定成本$$
$$销售收入＝单价×销量$$

假设产销平衡，则有：

$$利润＝单价×销量－单位变动成本×销量－固定成本$$

这个等式明确表达了本量利之间的数量关系。通常把单价、单位变动成本、固定成本视为稳定的常量，只有销量和利润两个自由变量。给定销量时，可以利用该等式直接算出预期利润，反之亦然。

【例 6 - 2】　××企业所生产销售的 Y 产品单价为 180 元，单位变动成本为 100 元，当期计划销量 30 000 件，当期固定成本为 550 000 元，则 Y 产品的预期利润是多少？

$$预期利润＝180×30\ 000－100×30\ 000－550\ 000＝1\ 850\ 000\ 元$$

2. 边际贡献

$$边际贡献＝销售收入－变动成本$$
$$单位边际贡献＝单价－单位变动成本$$
$$边际贡献＝单位边际贡献×销量$$

边际贡献首先用于补偿企业的固定成本。如果还有剩余才形成利润，如果不足以补偿固定成本则形成亏损。

有了边际贡献这个概念，上文的损益等式可以改写为以下形式：

$$利润＝单价×销量－单位变动成本×销量－固定成本$$
$$＝单位边际贡献×销量－固定成本$$
$$＝边际贡献－固定成本$$

【例 6 - 3】　××企业所生产销售的 Z 产品单位边际贡献为 60 元，当期计划销量 26 000 件，当期固定成本为 350 000 元，则 Z 产品的预期利润是多少？

$$预期利润＝60×26\ 000－350\ 000＝1\ 210\ 000\ 元$$

3. 保本点分析

保本点也称盈亏临界点，指销售总收入和总成本相等的经营状态，即边际贡献等于固定成本时企业所处的既不盈利又不亏损的状态，通常用一定的销售量和销售额来表示。保本点分析是基于本量利基本关系原理进行的损益平衡分析或盈亏临界分析。它主要研究如何确定保本点以及有关因素变动的影响，为决策提供超过哪个业务量企业会有盈利，或者低于哪个业务量企业会亏损等信息。在特定情况下，也可以为企业内部制定经济责任制提供依据。

1）保本量分析

由于利润＝单价×销量－单位变动成本×销量－固定成本，令利润＝0，此时的销量即为保本量：

$$0＝单价×销量－单位变动成本×销量－固定成本$$

$$保本量＝\frac{固定成本}{单价－单位变动成本}＝\frac{固定成本}{单位边际贡献}$$

2）保本额分析

在现代经济中，大多数企业同时产销多种产品。由于不同产品销量的加总没有意义，因此多品种情况下我们一般使用销售额来衡量保本点。

$$边际贡献率=\frac{边际贡献}{销售收入}$$

$$利润=销售收入\times边际贡献率-固定成本$$

令利润＝0，此时的销售额为保本销售额：

$$保本额=\frac{固定成本}{边际贡献率}$$

【例 6 - 4】　××企业所生产销售的 Q 产品单价为 200 元，单位变动成本为 120 元，当期固定成本为 530 000 元，那么 Q 产品当期的保本量是多少？

$$保本量=\frac{530\,000}{200-120}=6\,625\ 件$$

3）盈亏临界点分析

盈亏临界点分析也称保本点分析，所涉及的比率有盈亏临界点销售量、盈亏临界点销售额与盈亏临界点作业率。

盈亏临界点指的是公司的收入和成本基本处于相等状态下的一种特殊的经营状态，即边际贡献等于固定成本时企业所处的既不盈利又不亏损的状态，通常用一定的业务量来表示这种状态。

$$盈亏临界点销售量=\frac{固定成本}{单价-单位变动成本}$$

$$盈亏临界点销售额=\frac{固定成本}{边际贡献率}$$

$$盈亏临界点作业率=\frac{盈亏临界点销售量}{正常经营销售量}\times100\%$$

盈亏临界点作业率表明企业保本的业务量在实际或预计业务量中所占的比重。在特定的情况下，盈亏临界点可以为企业内部制定经济责任制提供一定的依据。由于多数企业的生产经营能力是按实际或预计销售量来规划的，生产经营能力与实际或预计销售量基本相同，因此，盈亏临界点作业率还表明保本状态下的生产经营能力的利用程度。该指标的数值越低，表示公司当前的盈利能力越强，反之，说明公司当前的盈利能力越弱。

【例 6 - 5】　××企业的正常经营销售额为 5 000 元，盈亏临界点销售额为 4 000 元，则

$$盈亏临界点作业率=\frac{4\,000}{5\,000}\times100\%=80\%$$

6.3　经　营　决　策

6.3.1　经营决策概述

1. 经营决策的意义

经营决策是指企业为了实现一定的目标，在经营过程中运用科学的理论和方法，进行

必要的研究和分析，从决策备选方案中选出最可行的方案使企业利润最大化。

经营决策贯穿于企业经营的整个过程，对企业具有十分重要的意义。"管理的重心在于经营，经营的重心在于决策"正说明了经营决策对企业的重要性。

（1）经营决策是企业经营活动的核心。

企业的经营活动是企业最重要的活动，企业正常经营的很多核心问题都由经营决策决定。

（2）经营决策决定着企业的生存和发展。

正确的经营决策指引企业进行科学经营管理，帮助其持续发展。

（3）正确的经营决策有助于企业提高市场竞争力，获得良好经营效果。

正确的经营决策使企业能灵活地应对千变万化的市场竞争，提高企业的应变能力，增强企业的竞争力。

总之，经营决策对每一个企业来说都是至关重要的，我们要从企业发展的战略高度充分认识经营决策的重要意义，把正确的经营决策放在企业各项工作的首位。

2. 与决策相关的成本概念及其分类

经营决策需要通过比较不同备选方案的经济效益以选择最优的方案，这时成本就是决策者需要考虑的重要因素，它是衡量经济效益的关键性指标。财务中成本的概念包罗万象，而经营决策需要考虑的是与决策相关的成本。对于具体的某一决策，相关成本首先要具有两个特点：

（1）相关成本必须是发生在未来的成本。

（2）相关成本应在各备选方案之间有所不同。

下面介绍几种在决策中常见的成本。

1）差别成本

差别成本也叫差量成本，有广义和狭义之分。广义的差别成本是指可供选择的决策备选方案之间预期成本的差额；狭义的差别成本是指由于产量增减或者资源利用率的不同而形成的成本差别。

2）边际成本

从数学的角度来看，边际成本是指当产量发生无穷小的变化时成本的变化量，它可以用成本函数的一阶导数来表示；从经济学的角度来看，边际成本是指产量变化一个单位所引起的成本的变动。在一定范围内，产量增加或者减少一个单位的差别成本就是单位产品的变动成本，这时边际成本、差别成本和单位变动成本是一致的。

3）机会成本

在进行经营决策时，决策者只会从备选的方案中选出一个最优方案，而其他方案都会被放弃，被放弃的次优方案的可计量价值就是决策的机会成本。在决策中要考虑决策的机会成本，才能全面地评价备选方案的经济效益，才能正确地判断被选中方案是不是真正最优的。

4）沉没成本

沉没成本是指已经发生的，不管现在做什么决策都不会发生改变的成本。沉没成本是由之前的活动产生且无法恢复的，它是与决策无关的成本。

5）重置成本

重置成本是指按照现在的市场价格购买与目前拥有的、相同的或类似的资产所需要支付的成本。

6）付现成本

付现成本是企业由于实施决策被选方案在未来需要支付的现金数量，即决策带来的企业未来现金的流出。

7）可避免成本与不可避免成本

可避免成本是指会随着决策的变化而发生数量变化的成本。这种成本直接受到决策的制约，是典型的决策相关成本；相对地，不可避免成本是决策变化不会影响其数量的成本，也就是不与某一特定方案有直接联系的成本，方案的取舍并不会影响其数量。

可避免成本与不可避免成本在决策中的作用很大，特别是在亏损产品生产、特殊订货和零部件的自制与外购中起决定性作用。

8）可延缓成本与不可延缓成本

企业决策有轻重缓急之分，有些方案被选择后，可以暂缓其中的开支，并不会对企业的生产经营造成影响，这一方案的相关成本被称为可延缓成本。企业的有些决策要当机立断，选定方案后要马上实施，否则会对企业的长远利益造成重大影响，与这一方案相关的成本被称为不可延缓成本。

9）专属成本与共同成本

专属成本是可以归属于企业生产的特定的产品或者设置的特定部门的成本。

共同成本是与专属成本相对的成本概念，指为多种产品生产或者多个部门共同发生的成本，这些成本需要多个产品或部门共同分担。

10）相关成本与非相关成本

相关成本是指与决策相关的，会对决策方案取舍造成影响的成本。差别成本、边际成本、机会成本、重置成本、付现成本、可避免成本、可延缓成本等都是决策相关成本。非相关成本是与特定的决策没有联系的成本。常见的非相关成本有沉没成本、不可避免成本和不可延缓成本等。

可见，企业中发生的成本并非都是与决策相关的成本，在进行决策时必须区分相关成本和非相关成本，充分考虑相关成本而不考虑非相关成本。

【例 6 - 6】　① ××公司的职员小 E 打算看电影，并且已经购买价值 30 元的电影票，30 元的电影票已经支付，属于沉没成本。

② 某机器可以用于生产 a 产品，也可以用于生产 b 产品，但只能从两者中选择一个进行生产。在这种情况下，如果选择生产 a 产品，则原本生产 b 产品会带来的价值即为机会成本。

③ S 产品的生产产量每增加一件，成本就会增加 16 元，16 元即为边际成本。

④ 本期××公司需要购买一项价值 50 000 元的 M 设备，50 000 元即为付现成本。

⑤ ××公司考虑购买一批价值 100 000 元的办公设备，但该项决策不急于实施，

100 000 元即为可延缓成本。

6.3.2　生产决策分析

生产决策是指在生产领域中，对生产什么、生产多少以及如何生产等几个方面的问题做出的决策，具体包括零部件自制还是外购、亏损产品如何处理、产品是否进一步加工等问题。

生产决策的主要方法有三类，分别是差量分析法、边际贡献分析法和本量利分析法。

差量分析法是指分析备选方案之间的差额收入减去差额成本，根据差额利润进行选择的方法。这种分析方法只考虑相关收入和相关成本，对不相关因素不予考虑，因此较为简单明了，但对于两个以上的备选方案，只能两两比较，逐次筛选，比较烦琐。

边际贡献分析法是通过对比各个备选方案的边际贡献额的大小来确定最优方案的决策方法。贡献毛益越大，备选方案越好。如果方案的贡献毛益小于零，就应该放弃该方案。在短期决策中，固定成本往往不变，因此可以直接比较不同方案的边际贡献，以此来做出判断。

本量利分析法是被广泛运用的一种方法，是指决策中根据各备选方案的成本、产量、利润之间的关系来进行生产决策，以盈亏作为评价标准来确定最优方案的决策方法，即在评价备选方案时，利润大于零则方案可行。如果备选方案有很多种就选择利润最大的方案。

1. 亏损产品是否停产的决策

对于亏损的产品是否应该停产，主要取决于其能否带来正的边际贡献。

【例 6-7】　假定某企业生产甲、乙两种产品，两种产品的相关收益情况如表 6-1 所示。

表 6-1　甲、乙两种产品的相关收益情况　　　　　　单位：元

	甲产品	乙产品	合 计
销售收入	5 000	25 000	30 000
变动成本	3 000	15 000	18 000
边际贡献	2 000	10 000	12 000
固定成本	1 000	12 500	13 500
营业利润	1 000	−2 500	−1 500

从表 6-1 可见乙产品利润为 −2 500 元，因此管理层需要决定是否还要生产乙产品。在短期内，即使停产乙产品，固定成本总额也不会下降。如果停产乙产品，则企业的营业利润仅来自甲产品边际贡献扣除固定成本后的余额，即 2 000 元减去 13 500 元，营业利润为 −11 500 元，反而扩大了亏损。出现这种情况的原因是乙产品能够提供正的边际贡献，可以弥补一定数额的固定成本。由此可见，短期内如果亏损产品能够提供正的边际贡献就不应该立即停产。

反之，如果甲、乙两种产品的相关收益情况如表 6-2 所示，则乙产品利润为 −11 500

元，如果停产乙产品，则企业营业利润仅来自甲产品边际贡献扣除固定成本后的余额，即 2 000－11 500＝－9 500 元，大于不停产乙产品情况的企业合计营业利润－10 500 元，由此可见需要停产乙产品。

表 6-2　甲、乙两种产品的相关收益情况　　　　单位：元

	甲产品	乙产品	合计
销售收入	5 000	25 000	30 000
变动成本	3 000	26 000	29 000
边际贡献	2 000	－1 000	1 000
固定成本	1 000	10 500	11 500
营业利润	1 000	－11 500	－10 500

2. 零部件自制与外购的决策

自制是指企业自己生产需要的零部件，外购是指决定去其他企业购买生产制造中需要的零件。对于此类决策，要关注两种方案的相关成本，选择成本低的即可。此外，在进行决策时还需要考虑是否存在剩余生产能力。如果存在剩余生产能力，不需要追加设备投资，那么只需要考虑变动成本即可，否则新增加的专属成本应该予以考虑。当然，不要忘记考虑剩余生产能力的机会成本。

【例 6-8】　某公司有一闲置车间可以用于甲零件的生产，也可用于对外出租。如果用来生产甲零件 1 500 件，则单位变动成本为 50 元，外购单价为 60 元，如果用于出租则可获得租金收入 18 000 元，则该公司应该如何获得甲零件？

由于选择自制甲零件必然放弃出租收入 18 000 元，因此该收入应作为自制零件的相关成本。

自制方案成本＝1 500×50＋18 000＝93 000 元
外购方案的成本＝60×1 500＝90 000 元

显然，该公司应该选择外购甲零件。

3. 产品是否进一步深加工的决策

有些产品既可以直接对外销售，也可以进一步加工后再出售，那么这里就存在一种选择，即某产品应该直接出售还是进一步加工后再出售。

在这种类型的决策中，进一步加工前的成本都是不相关成本，因为无论该产品直接出售还是进一步加工，这些成本都是一样已经发生的，对决策不会产生任何影响，不应考虑。相关成本仅包括进一步生产所需要追加的成本，相关收入是加工后出售的收入与直接出售的收入之差，该类问题使用差量分析法。

【例 6-9】　某企业生产甲产品 5 000 件，售价为 50 元一件，单位变动成本为 20 元，全年固定成本总额为 100 000 元。此外，甲产品还可以进一步加工成为乙产品，如要进一步加工，则每件需要追加变动成本 20 元，完工产品的单价为 80 元。假设企业已经具备进一步加工 5 000 件甲产品的能力，该生产能力无法转移，需要再追加 25 000 元的专属固定成本，如表 6-3 所示。

表 6-3　追加专属固定成本情况　　　　　　　　单位：元

	进一步加工	直接出售	差额
相关收入	80×5 000＝400 000	50×5 000＝250 000	150 000
相关成本	125 000	0	125 000
其中：变动成本	20×5 000＝100 000	0	
专属成本	25 000	0	
差额利润			25 000

由表 6-3 可见，进一步加工方案会提高利润 25 000 元，该企业应该进一步加工甲产品再出售。

6.3.3　定价决策分析

定价决策是企业生产经营业务的一项重要决策。价格是一个复杂的因子，主要受市场需求、产品成本等因素的影响。合理的定价决策能使企业的长远利益和最佳经济效益得以实现。

1. 成本加成定价法

成本加成定价法是以产品单位成本为基础，再按一定比例加成来确定产品价格的方法，其计算公式为：

$$P=c\times(1+r)$$

式中：P——商品的单价；

　　　c——商品的单位总成本；

　　　r——商品的加成率。

上述公式为完全成本加成法，成本基数为单位产品的制造成本。此外，也可以使用变动成本进行加成，还可以是完全成本或标准成本。

【例 6-10】　假定某企业生产某产品的变动成本为每件 10 元，标准产量为 500 000 件，总固定成本为 2 500 000 元。假定企业的目标成本利润率为 33.3%，则该产品的价格应定为多少？

$$变动成本＝10 元/件$$

$$固定成本＝\frac{2\ 500\ 000}{500\ 000}＝5 元/件$$

$$商品的单位总成本＝10＋5＝15 元/件$$

$$商品的单价＝15\times(1+33.3\%)＝20 元$$

2. 市场定价法

市场定价法是对于有活跃市场的产品，可以根据市场价格来定价，或者根据市场上同类或者类似产品的价格来定价。市场定价法有利于时刻保持对市场的敏感性以及对同行的敏感性。比如，广州首次发交通卡——羊城通卡的时候，对卡的定价就曾参考过香港的八达通卡和上海的交通卡的价格。

3. 新产品定价法

新产品很多信息具有不确定性，新产品定价合理与否，不仅关系到新产品能否顺利地进入市场，占领市场，取得较好的经济效益，而且关系到产品本身的命运和企业的前途。新产品定价可采用撇脂定价策略和渗透定价策略。

1）撇脂定价策略

撇脂定价策略是指在新产品上市之初，把价格定得很高，以便在短期内获取厚利，迅速收回投资，减少经营风险。撇脂定价法适合以下特征的企业：

（1）科技、知识含量较高，属于技术创新型产品，高质量、好形象的特征能够吸引足够多的消费者愿意在高价位下购买产品。

（2）市场有足够的消费者，他们的需求缺乏弹性，即使把价格定得很高，市场需求也不会大量减少。

（3）竞争对手不能轻易进入市场并推出别的竞争品，影响本产品的高价位。

例如，苹果公司销售最成功的是 iPad，第一款 iPad 在美国零售价是 399 美元，虽然是高价位，但消费者愿意花大价钱来购买，其后苹果公司为了能得到更多的脂精华，在不到半年的时间相继推出了一款容量更大的 iPad，售价 499 美元，其销量只增不减。苹果的撇脂定价大获成功。

2）渗透定价策略

与撇脂定价相反，渗透定价是一种建立在低价基础上的新产品定价策略，即在新产品进入市场初期，把价格定得很低，借以打开产品销路，扩大市场占有率，谋求较长时期的市场领先地位。渗透定价法适合以下特征的企业：

（1）市场对价格非常敏感，低价会刺激需求，带来产品销量大幅度的增加，使产品的市场份额迅速成长。

（2）低价可以阻止竞争，采用渗透价格的公司可以长期保持低价地位，否则低价优势只是暂时的。另外低价是企业的竞争优势，不会引起恶性价格战。

（3）生产和分销的成本必须随着产品销量的增加而下降。

例如，小米产品上市时，正是移动互联网刚刚兴起的时候，苹果的高昂价格让年轻人望而却步，这里蕴含着巨大的增量市场。为了撬动这个巨大的增量市场，小米采用低价策略，迅速占领手机市场，获得了极大的市场份额，并对后来的竞争者造成了巨大压力。

6.4　存货决策

存货是指企业日常生产经营过程中为生产或销售而储备的物资。存货决策可分为存货控制决策、存货数量决策、存货期限决策等几个方面。其中，存货控制决策涉及零库存问题；存货数量决策决定存货的批量，包括采购批量、生产批量以及公司仓储内的运营和货位的管理；存货期限决策涉及商品保本期和商品保利期问题。

6.4.1　储存存货的成本

与储存存货有关的成本包括取得成本、储存成本和缺货成本三种。

1. 取得成本

1）订货成本

订货成本指取得订单的成本，如办公费、差旅费、邮资、电报电话费等支出。订货成本中有一部分与订货次数无关，如常设采购机构的基本开支等，称为订货的固定成本，用 F_1 表示；另一部分与订货次数有关，如差旅费、邮资等，称为订货的变动成本，每次订货的变动成本用 K 表示；订货次数等于存货年需求量 D 与每次进货量 Q 之商。订货成本的计算公式为：

$$订货成本 = F_1 + \frac{D}{Q}K$$

2）购置成本

购置成本指存货本身的价值，经常用数量与单价的乘积来确定。年需求量用 D 表示，单价用 U 表示，于是购置成本为 DU。

订货成本加上购置成本等于存货的取得成本，用 TC_a 表示。其公式可表述为：

取得成本＝订货成本＋购置成本＝订货固定成本＋订货变动成本＋购置成本

$$TC_a = F_1 + \frac{D}{Q}K + DU$$

2. 储存成本

储存成本指为保持存货而发生的成本，包括存货占用资金所应计的利息（若企业用现有现金购买存货，便失去了现金存放银行或投资于证券本应取得的利息，视为"放弃利息"；若企业借款购买存货，便要支付利息费用，视为"付出利息"）、仓库费用、保险费用、存货破损和变质损失等等，通常用 TC_c 来表示。

储存成本分为固定成本和变动成本。固定成本与存货数量的多少无关，如仓库折旧、仓库职工的固定月工资等，通常用 F_2 来表示。变动成本与存货的数量有关，如存货资金的应计利息、存货的破损和变质损失、存货的保险费用等。

储存成本＝储存固定成本＋储存变动成本

$$TC_c = F_2 + K_c\frac{Q}{2}$$

式中：$\frac{Q}{2}$ 表示存货的平均存储量。

3. 缺货成本

缺货成本指由于存货供应中断而造成的损失，包括材料供应中断造成的停工损失、产成品库存缺货造成的拖欠发货损失和丧失销售机会的损失（还应包括需要主观估计的商誉损失）。如果生产企业以紧急采购代用材料解决库存材料中断之急，那么缺货成本表现为紧急额外购入成本（紧急额外购入的开支会大于正常采购的开支）。缺货成本用 TC_s 表示。

如果用 TC 来表示储存存货的总成本，则其计算公式为：

$$TC = TC_a + TC_c + TC_s = F_1 + \frac{D}{Q}K + DU + F_2 + K_c\frac{Q}{2} + TC_s$$

企业存货的最优化，即使上式 TC 值最小。

6.4.2　存货经济批量分析

1. 经济订货量的定义

经济订货量是指使企业全年与存货有关的总成本最低的每次采购批量。

2. 经济订货量的基本模型

1）基本假设

构建经济订货量基本模型需要的假设条件有：

（1）企业能够及时补充存货，即需要订货时便可立即取得存货。

（2）货物能集中到货，而不是陆续入库。

（3）不允许缺货，即无缺货成本，TC_s 为零，这是因为良好的存货管理本来就不应该出现缺货成本。

（4）货物的年需求量稳定，并且能够预测，即 D 为已知常量。

（5）存货单价不变，即 U 为已知常量。

（6）企业现金充足，不会因现金短缺而影响进货。

（7）所需存货市场供应充足，不会因买不到需要的存货而影响其他方面。

2）相关公式

在上列假设条件下，存货总成本的公式可以写成：

$$TC = F_1 + \frac{D}{Q}K + DU + F_2 + K_c\frac{Q}{2}$$

当 F_1、K、D、U、F_2、K_c 为常量时，TC 的大小取决于 Q。为了求出 TC 的最小值，对其进行求导演算，可得出下列公式：

$$Q^* = \sqrt{\frac{2KD}{K_c}}$$

$$经济订货量 = \sqrt{\frac{2 \times 年需求量 \times 每次订货成本}{单位存储费用}}$$

这一公式成为经济订货量的基本模型，求出的每次订货批量可使 TC 达到最小值。这个基本模型还可以演变为其他形式：

每年最佳订货次数公式：

$$N^* = \frac{D}{Q^*} = \frac{D}{\sqrt{\dfrac{2KD}{K_c}}} = \sqrt{\frac{DK_c}{2K}}$$

与批量有关的存货总成本公式：

$$TC(Q^*) = \frac{KD}{\sqrt{\dfrac{2KD}{K_c}}} + \frac{\sqrt{\dfrac{2KD}{K_c}}}{2} \times K_c = \sqrt{2KDK_c}$$

最佳订货周期公式：

$$t^* = \frac{1}{N^*} = \frac{1}{\sqrt{\dfrac{DK_c}{2K}}}$$

经济订货量占用资金：

$$I^* = \frac{Q^*}{2} \times U = \frac{\sqrt{\dfrac{2KD}{K_c}}}{2} \times U = \sqrt{\frac{KD}{2K_c}} \times U$$

【例 6 - 11】　企业年需甲材料 3 600 千克，甲采购单价 10 元，一次订货成本 25 元，单位储存费用 2 元。计算企业经济订货量。

经济订货量 $Q^* = \sqrt{\dfrac{2 \times 3600 \times 25}{2}} = 300$ 千克

每年最佳订货次数 $N^* = \dfrac{3600}{300} = 12$ 次

存货总成本 $TC(Q^*) = \sqrt{2 \times 25 \times 3\,600 \times 2} = 600$ 元

最佳订货周期 $t^* = \dfrac{1}{12} = 1$ 月

经济订货量占用资金 $I^* = \dfrac{300}{2} \times 10 = 1\,500$ 元

3. 确定最佳进货时间——再订货点

一般来说，企业的存货不能做到随用随时补充，因此不能等存货用光再去订货，而需要在没有用完时提前订货。在提前订货的情况下，企业再次发出订货单时，尚有存货的库存量，称为再订货点，用 R 来表示。它的数值等于平均交货时间(L)和每日平均需用量(d)的乘积：

$$R = L \times d$$

【例 6 - 12】　沿用例 6 - 11，企业订货日期至到货日期的时间为 10 天，每日存货需求量为 10 千克，那么：

$$R = L \times d = 10 \times 10 = 100 \text{ 千克}$$

这表示企业在尚存 100 千克存货时，就应再次订货，等到下批订货到达时（再次发出订货单 10 天后），原有库存刚好用完。

6.5　业绩评价与考核

公司业绩评价是指运用一定的方法，采用特定的指标体系，对照统一的评价标准，按照一定的程序，对公司一定经营期间的经营效益和经营者业绩做出客观、公正、准确的综合评判。业绩考核是针对企业中每个职工所承担的工作，应用各种科学的定性和定量的方法对职工行为的实际效果及其对企业的贡献或价值进行考核和评价。

6.5.1　财务业绩评价与非财务业绩评价

公司业绩评价指标是公司业绩评价内容的载体，也是公司业绩评价内容的外在表现。公司业绩评价指标必须充分体现公司的基本内容，围绕评价公司业绩的主要方面，建立逻辑严密、相互联系、互为补充的体系结构。可从财务指标和非财务指标两方面来评价公司的业绩。

1. 常见的财务业绩评价指标

1）净资产报酬率

净资产报酬率是评价公司自有资本及其积累获取报酬水平的最具综合性与代表性的指标，反映企业资本运营的综合效益。该指标通用性强，适应范围广，不受行业局限。一般认

为，公司净资产报酬率越高，公司自有资本获取收益的能力越强，运营效益越好，对公司投资人、债权人的保证程度越高。净资产报酬率充分体现了投资者投入公司的自有资本获取净收益的能力，突出反映了投资与报酬的关系，是评价公司经营效益的核心指标。其计算公式为：

$$净资产报酬率 = \frac{净利润}{净资产平均总额} \times 100\%$$

净资产报酬率越高，企业的盈利能力与管理水平也越强。

2）总资产报酬率

总资产报酬率表示公司包括净资产和负债在内的全部资产的总体的获利能力，是评价企业资产运营效益的重要指标。总资产报酬率表示公司全部资产获取收益的水平，全面反映了公司的资产获利能力和投入产出状况。一般情况下，公司可据此指标与市场资本利率进行比较，如果该指标大于市场利率，则表明企业可以充分利用财务杠杆进行负债经营，获取尽可能多的收益。该指标越高，表明企业投入产出的水平越好，企业的资产运营越有效。其计算公式为：

$$总资产报酬率 = \frac{息税前利润}{资产平均总额} \times 100\%$$

运用总资产报酬率进行分析比较，可评价企业资产运营效益水平。

3）净收益和每股收益额

净收益即公司的净利润，是指公司的税后利润，即利润总额扣除应交所得税后的净额，是未进行任何分配的数额。联系股份数额表示的会计净收益即为每股收益额，它是公司净利润与发行在外的普通股股数的比值。其计算公式为：

$$每股收益额 = \frac{净利润 - 优先股股利}{普通股流通股数}$$

每股收益额能够较客观地评价公司的管理效率和盈利能力。该指标反映每一股份的获利水平，指标值越大，每一股份可得的利润越多，股东的投资效率越好，反之则越差。这个指标同时也可衡量普通股持有者获得报酬的程度。

4）营业现金流量

营业现金流量是指公司正常经营活动所发生的现金流入与现金流出之间的净额。现金流量可以用来评价公司业绩，也可以用来评价公司支付债务利息、支付股息的能力及偿付债务的能力，还可用于现金管理业绩的计量。

自由现金流量是指从客户处获得的现金净额减去用以维持公司目前增长所需的现金支出。这一定义用公式定量描述如下：

$$自由现金流量 = 经营现金净流量 - 资本支出$$

公司的自由现金流量越大，其市场价值越高。因此，自由现金流量是投资者进行投资决策时对企业加以评价的重要参考指标。

5）市场价值

（1）市盈率。该指标表示投资者对每赚 1 元税后利润所愿付出的股票价格。其倒数是以股票市价计算的股东投资报酬率，因此，市盈率越高，表示股东所要求的投资报酬率越低。一般认为市盈率为 10～20 是正常的。比率小说明股价低，风险小；比率大说明股价高，风险大。发展前景较好的公司通常都有较高的市盈率，前景不佳的公司市盈率较低。

（2）净资产倍率。该指标反映普通股票本身价值的大小，股票的权益保持率越高，股票市场价值高于账面价值的幅度就越大，股票的价值也越高。因此，该指标反映了企业发展的潜在能力，同时也表示投资者对公司的投资信心。

值得注意的是，公司财务政策中的稳健性原则会影响股票市场价格与账面价值的比率。在其他因素不变时，会计政策中的稳健程度越高，净资产倍率也会越高。

（3）托宾 Q 比率。托宾 Q 比率是指公司资产的市场价值（通过其已公开发行并售出的股票和债务来衡量）与资产的重置成本的比值。这一方法是由经济学家 J. Tohn 提出的，其计算公式为：

$$托宾 Q 比率 = \frac{资产市场价值}{预计重置成本}$$

当托宾 Q 比率大于 1 时，公司有投资的积极性，因为固定资产的市场价值超过了其重置成本；当托宾 Q 比率小于 1 时，公司将终止其投资，因为公司固定资产的市场价值小于其重置成本，这时公司在市场上通过兼并的方式获取资产要比采用购买新资产的方式更便宜。

2．非财务业绩评价指标

1）市场占有率

市场占有率反映公司市场营销方面的业绩。由于市场在现代商品经济中具有举足轻重的地位，市场占有率在众多非财务指标中雄居榜首。该指标通过对市场占有份额情况的调查来研究公司的经营战略。评价时，视公司战略有所区别。对于战略性的公司，市场份额往往比财务指标更重要。市场占有率在很大程度上反映了企业的竞争地位和盈利能力，该指标是评价体系的重要组成部分。

2）产品品质

产品品质指的是产品的质量。产品表现出的品质，一是处于产品制造阶段合乎企业制造标准所表现出的品质；二是顾客购买后，合乎其使用要求而表现出的品质。产品品质可以用废品率和顾客退货率这两个计量指标加以综合反映。一般来说，对质量的评价应包括以下几项内容：① 对购进原材料的评价；② 生产过程中的质量控制；③ 对产成品的质量评价。

3）可信赖程度和交货效率

可信赖程度是指公司对客户的订货是否按期及时发货。如果公司不能按时发货，一方面可能使公司失去这笔业务，另一方面可能使公司的声誉受到影响。公司应保证即时供货，使客户对其保持高度的信赖。该因素可以用及时发货次数百分比这一计量指标来反映。对交货情况的评价可以从循环时间这一角度来考察，循环时间指的是从订单签订到将货物交给客户所需要的时间，这一时间越短越好。

4）敏感性与应变能力

在激烈的市场竞争环境中，敏感性常被认为是公司竞争优势的一个重要方面。该因素可以用"从接受订货到发货的时间"来计量。该段时间越短，表明公司的敏感性越高。对公司生产应变能力的评价主要是从生产调整准备时间这一角度来进行的。生产调整准备时间指的是公司在一批产品生产改成另一批产品生产时，需要调整机器设备来组织生产所花费的时间。一般情况下，这一时间越短证明公司生产应变能力越强。

5）员工积极性

不能对雇员的生产技术水平、劳动积极性及培训情况等方面作出评价是传统的业绩评价方法受到批评的一个重要原因。一般而言，对雇员情况进行评价的重要指标是员工流动率，即月中离职人数与平均雇用人数的比率。这一比率越高，表明公司员工的思想越不稳定，对公司越没有信心。公司应根据这一指标的变化，仔细分析原因，使公司员工保持旺盛的生产积极性。

　　6）创新能力

　　公司的创新能力指的是公司在生产和改进现有产品时，开发和创造适应市场需要的新产品的能力。公司在开发新产品方面付出的代价及所取得的成果是评价公司创新能力的主要资料。利用这些资料，可以对公司过去、现在及未来的创新能力进行评价，并根据评价结果采取适当地增加投入或加强市场调查等方面的措施来提高公司的创新能力。

　　7）顾客满意程度

　　评价顾客满意程度可以对公司业绩提供反馈。评价顾客满意程度的指标是表明顾客如何判断一个产品或一个公司的可信赖程度。该指标因公司不同而有所不同。一般来讲，确定顾客满意度指标可以依据两条主要原则：① 绩效指标对顾客而言必须是重要的；② 绩效指标必须能够控制。

6.5.2　关键绩效指标法

1. 关键绩效指标法的含义

　　关键绩效指标（Key Performance Indicator，KPT）是通过对组织内部流程的输入端、输出端的关键参数进行设置、取样、计算、分析，衡量流程绩效的一种目标式量化管理指标，是把企业的战略目标分解为可操作的工作目标的工具，是企业绩效管理的基础。

　　KPI 可以是部门主管明确部门的主要责任，并以此为基础，明确部门人员的业绩衡量指标。建立明确的切实可行的 KPI 体系，是做好绩效管理的关键。关键绩效指标是用于衡量工作人员工作绩效表现的量化指标，是绩效计划的重要组成部分。

2. 关键绩效指标法的应用

　　制定绩效计划包括构建关键绩效指标体系、设定关键绩效指标权重、设定关键绩效目标值等。

　　1）构建关键绩效指标体系

　　按照从宏观到微观的顺序，依次建立各级的指标体系。首先明确企业的战略目标，找出企业的业务重点，并确定这些关键业务领域的关键业绩指标，在此基础上建立企业级KPI。各部门的主管需要依据企业级 KPI 建立部门级 KPI。然后，各部门的主管和部门的KPI 人员一起将 KPI 进一步分解为更细的 KPI，直至最终明确到每一个具体岗位上。

　　2）设定关键绩效指标权重

　　关键绩效指标权重分配应以企业战略目标为导向，反映被评价对象对企业价值贡献或支持的程度以及各指标之间的重要性水平。单项关键绩效指标权重一般设定为 5%～30%，对特别重要的指标可适当提高权重。对特别关键、影响企业整体价值的指标可设立"一票否决"制度，即如果某项关键绩效指标未完成，则无论其他指标是否完成，均视为未完成绩效目标。

3）设定关键绩效指标目标值

企业确定关键绩效指标目标值，一般参考以下标准：一是国家有关部门或权威机构发布的行业标准或竞争对手标准，比如国务院国资委考核分配局编制并每年更新出版的《企业绩效评价标准值》；二是企业内部标准，包括企业战略目标、年度生产经营计划目标、年度预算目标、历年指标水平等；三是如果不能按照前面两种方法确定的，可以根据企业历史经验值确定。

6.5.3　经济增加值

1. 经济增加值的含义

经济增加值（Economic Value Added，EVA）指从税后净营业利润扣除全部投入资本的成本后的剩余收益。经济增加值及其改善值是全面评价经营者有效使用资本和为企业创造价值的重要指标。经济增加值为正值，表明经营者在为企业创造价值；经济增加值为负值，表明经营者在损毁企业价值。

2. 经济增加值的计算

经济增加值的计算公式为：

经济增加值＝税后净营业利润－资金成本＝税后净营业利润－调整后资本×平均资本成本率

其中，

税后净营业利润＝净利润＋（利息支出＋研究开发费用调整项）×（1－25％）

【例 6-13】　甲公司去年的税后净营业利润为 250 万元。该公司有三个融资来源：300万元年利率为 8％的长期借款；400 万元年利率为 9％的企业债券；1 300 万元的普通股，普通股的资金成本是 10％。该公司的资金总额是 2 000 万元，所得税税率为 25％。计算该公司的 EVA 并对其业绩进行评价。

甲公司的资金加权平均成本计算如表 6-4 所示。

表 6-4　甲公司的资金加权平均成本计算表

	金额/元	百分比	税后成本	加权成本
长期借款	3 000 000	15％	6％	0.009
企业债券	4 000 000	20％	6.75％	0.013 5
普通股	13 000 000	65％	10％	0.065
合计	20 000 000			0.087 5

由于该公司的资金总额为 2 000 万元，资金成本为 175 万元（2 000×0.087 5），该公司的 EVA 如表 6-5 所示。

表 6-5　甲公司的 EVA 计算表　　　　　　　　　单位：元

税后净营业利润	2 500 000
减：资金的加权平均成本	1 750 000
EVA	750 000

从表 6-5 的计算结果可以看出，EVA 为正数，表明甲公司在扣除资金成本后，仍有盈利，甲公司正在创造财富。

3. 经济增加值的优点

经济增加值考虑了所有资金的成本，更真实地反映了企业的价值创造能力；实现了企业利益、经营者利益和员工利益的统一，激励经营者和所有员工为企业创造更多价值；能有效遏制企业盲目扩张规模以追求利润总量和增长率的倾向，引导企业注重长期价值创造。

在经济增加值的框架下，公司可以向投资人宣传他们的目标和成就，投资人也可以用经济增加值选择最有前景的公司。经济增加值还是股票分析的一个强有力的工具。

4. 经济增加值的缺点

首先，EVA 仅对企业当期或未来 1～3 年的价值创造情况进行衡量和预判，无法衡量企业长远发展战略的价值创造情况；其次，EVA 计算主要基于财务指标，无法对企业的营运效率与效果进行综合评价；再次，不同行业、不同发展阶段以及不同规模的企业，其会计调整项和加权平均资金成本各不相同，计算比较复杂，影响指标的可比性；最后，由于经济增加值是绝对数指标，因而不便于比较不同规模公司的业绩。

6.5.4 平衡计分卡

平衡计分卡是指基于企业战略，从财务、顾客、内部业务流程和学习与成长四个维度，将战略目标逐层分解转化为具体的、相互平衡的绩效指标体系，并据此进行绩效管理的方法。

1. 平衡计分卡的框架

平衡计分卡通过将财务指标与非财务指标相结合，将企业的业绩评价同企业战略发展联系起来，设计出了一套能使企业高管迅速且全面了解企业经营状况的指标体系，用来表达企业进行战略性发展所必须达到的目标，把任务和决策转化成目标和指标。

平衡计分卡的目标和指标来源于企业的愿景和战略，这些目标和指标通过财务、顾客、内部业务流程和学习与成长这四个维度考察企业的业绩，这四个维度组成了平衡计分卡的框架，如图 6-4 所示。

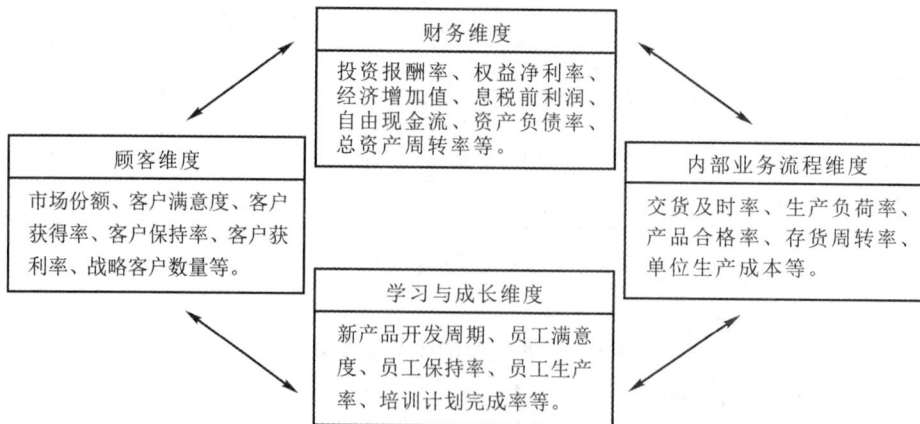

图 6-4 平衡计分卡的框架

1) 财务维度

财务维度的目标是解决"股东如何看待我们"这一问题。表明企业的努力是否最终对企业的经济收益产生了积极的作用。现代企业财务管理目标是企业价值最大化，而对企业价值目标的计量离不开相关财务指标。财务维度指标通常包括投资报酬率、权益净利率、经济增加值、息税前利润、自由现金流、资产负债率、总资产周转率等。

2) 顾客维度

顾客维度回答"顾客如何看待我们"的问题。顾客是企业之本，是现代企业的利润来源。顾客感受理应成为企业关注的焦点，应当从时间、质量、服务效率以及成本等方面了解市场份额、顾客需求和顾客满意度。常见的顾客维度指标有市场份额、客户满意度、客户获得率、客户保持率、客户获利率、战略客户数量等。

3) 内部业务流程维度

内部业务流程维度着眼于企业的核心竞争力，解决"我们的优势是什么"的问题。企业要想按时向顾客交货，满足现在和未来顾客的需要，必须以优化企业的内部业务流程为前提。因此，企业应当遴选出那些对顾客满意度有最大影响的业务流程，明确自身的核心竞争能力，并把它们转化成具体的测评指标。反映内部业务流程维度的常用指标有交货及时率、生产负荷率、产品合格率、存货周转率、单位生产成本等。

4) 学习与成长维度

学习与成长维度的目标是解决"我们是否继续提高并创造价值"的问题。只有持续不断地开发新产品，为客户创造更多价值并提高经营效率，企业才能打入新市场，才能赢得顾客的满意，从而增加股东价值。企业的学习与成长来自员工、信息系统和企业程序等。根据经营环境和利润增长点的差异，企业可以确定不同的产品创新、过程创新和生产水平提高指标，如新产品开发周期、员工满意度、员工保持率、员工生产率、培训计划完成率等。

从平衡计分卡中，管理者能够看到并分析影响企业整体目标的各种关键因素，而不单单是短期的财务结果。它有助于管理者对整个业务活动的发展过程保持关注，并确保现在的实际经营业绩与公司的长期战略保持一致。

【例 6 - 14】　　××科技集团利用生物净化技术对土壤、农家肥和水进行解毒、净化和修复，并通过吸附土壤重金属、采用生物植物保护剂防治虫害，在华东生产基地成功试产了高于欧盟、日本标准的有机大米。××公司采用"政府＋公司＋大米专业合作社＋农户"的协议式生产模式，通过向农户无偿提供生产资料和技术服务，保证了大米的质量和产量。目前，该有机大米的收购价格高于普通大米市场收购价的120％以上，有机大米的市场零售价格是普通大米的10倍以上，产品主要目标市场是出口日本、东南亚和国内主要大城市。

为了确保对产品质量的控制，××公司自主研发核心技术、培养技术人才。公司在有机大米的市场占有率逐年快速增长，位居同类产品销售额第一名。环保、安全、健康的产品理念契合了追求生活品质的消费群体，有机大米的品质和品牌逐渐被消费者高度认可，并拥有一批忠实消费者。××公司在生产有机大米的基础上，还生产其他有机农产品，包括水产、蔬菜和水果，并先后在河北、山东、四川等地建成了有机农产品基地。

××公司采用财务和非财务指标进行业绩考核。公司层面的财务指标主要有销售额、销售费用率、净利润、流动比率、速动比率和资产负债率，其他指标主要是市场占有率。

　　为了提高自身产品的竞争力，××公司通过购买竞争对手的产品并对其进行研究，从而缩小与对手的差距。问：针对××公司业绩考核应当补充哪些指标？

　　对××公司的建议：××公司采用财务和非财务指标进行业绩考核，可以参考平衡计分卡，对业绩考核指标进行补充。从财务层面，建议补充销售毛利率反映企业产品本身的盈利能力；补充投资回报率反映投资者评估和比较投资回报；补充存货周转率和应收账款周转天数反映企业运营效率。从顾客层面，建议补充客户满意度反映已售产品的质量问题，并为客户提供意见反馈渠道。从学习与成长层面，建议补充员工培训比率与周期、储备人才比率等指标，以提高技术人才储备的管理。从内部业务流程层面，建议补充新产品收入占销售额的比重。

2. 平衡计分卡的优点

　　（1）战略目标逐层分解并转化为被评价对象的绩效指标和行动方案，使整个组织行动协调一致；

　　（2）从财务、客户、内部业务流程、学习与成长四个维度确定绩效指标，使绩效评价更为全面完整；

　　（3）将学习与成长作为一个维度，注重员工的发展要求和组织资本、信息资本等无形资产的开发利用，有利于增强企业可持续发展的动力。

3. 平衡计分卡的缺点

　　（1）专业技术要求高，工作量较大，操作难度也较大，需要持续沟通和反馈，实施比较复杂，实施成本高；

　　（2）各指标权重在不同层级及各层级不同指标之间的分配比较困难，且部分非财务指标的量化工作难以落实；

　　（3）系统性强，涉及面广，需要专业人员的指导、企业全员的参与和长期持续地修正完善，对信息系统、管理能力的要求较高。

练 习 题

一、单项选择题

1. 某企业生产量在 10 000 件以内时，只需质检员 3 名，在此基础上，每增加产量 2 000件，需增加 1 名质检员，则质检员的工资成本属于（　　）。

　　A. 半固定成本　　　B. 半变动成本　　　　C. 延期变动成本　　　　D. 曲线式混合成本

2. 在采用图解法确定产品保本点时，保本点是保本图中（　　）所对应的销量。

　　A. 变动成本线与销售收入线的交点　　　B. 固定成本线与销售收入线的交点

　　C. 总成本线与销售收入线的交点　　　　D. 变动成本线与总成本线的交点

3. （　　）是指在一定业务量范围内总额保持稳定，超出特定业务量则开始随业务量比例增长的成本。

　　A. 变动成本　　　B. 半变动成本　　　C. 半固定成本　　　D. 延期变动成本

4. F 产品的生产产量每增加一件，成本就会增加 30 元，30 元属于（　　）。

　　A. 机会成本　　　B. 边际成本　　　C. 沉没成本　　　D. 重置成本

5. W产品单位边际贡献为85元,当期计划销量26 000件,当期固定成本为530 000元,则W产品的预期利润是(　　)。

A. 1 660 000元　　　B. 1 600 000元　　　C. 1 680 000元　　　D. 1 500 000元

6. (　　)是负责完成某一项特定产品制造功能的一系列作业的集合。

A. 资源　　　　　B. 作业　　　　　C. 作业中心　　　　　D. 制造中心

7. R产品单价为110元,单位变动成本60元,当期固定成本为300 000元,那么Q产品当期的保本量是(　　)。

A. 5 000元　　　　B. 5 500元　　　　C. 6 000元　　　　D. 6 500元

8. 在变动成本法下,本期销售成本等于(　　)。

A. 单位生产成本×本期销售量　　　　B. 单位变动生产成本×本期销售量

C. 期初存货成本+本期生产成本　　　D. 本期发生的产品成本

9. N产品单价为180元,单位变动成本为100元,预期利润为2 260 000元,当期固定成本为300 000元,则Z产品的当期计划销量是(　　)。

A. 28 000元　　　B. 30 000元　　　C. 32 000元　　　D. 35 000元

10. 在变动成本法下,对本期固定性制造费用处理应是(　　)。

A. 售出部分转为销货成本,计入损益表

B. 全额从本期销售收入中扣除

C. 未售出部分与售出部分均作为存货成本,计入资产负债表

D. 未售出部分转为存货成本,计入资产负债表

11. 边际贡献分析法是通过对比各个备选方案的(　　)的大小来确定最优方案的决策方法。

A. 边际贡献额　　　B. 变动成本额　　　C. 利润额　　　　　D. 固定成本额

12. 某公司有一闲置车间可以用于甲零件的生产,也可用于对外出租。如果用来生产甲零件100件,则单位变动成本为30元,外购单价为50元,如果用于出租则可获得租金收入3 000元,则自制方案的成本是(　　)。

A. 5 000元　　　　B. 6 000元　　　　C. 6 500元　　　　D. 8 000元

13. 假定某企业生产某产品的变动成本为每件20元,标准产量为10 000件,总固定成本为160 000元。假定企业的目标成本利润率为35%,则该产品的价格应定为(　　)元。

A. 48.6　　　　　B. 27　　　　　C. 32.6　　　　　D. 28.6

14. 经济订货量是指使企业全年与存货有关的(　　)最低的每次采购批量。

A. 变动成本　　　B. 固定成本　　　C. 总成本　　　D. 单位变动成本

15. 存货占用资金所应计的利息属于(　　)。

A. 订货成本　　　B. 购置成本　　　C. 缺货成本　　　D. 储存成本

二、多项选择题

1. 成本性态分析最终将全部成本区分为(　　)。

A. 固定成本　　　B. 变动成本　　　C. 半固定成本　　　D. 半变动成本

2. 下列各因素单独变化对保本点的影响是(　　)。

A. 销售单价降低,保本点上升　　　B. 销量上升,保本点不变

C. 单位变动成本降低,保本点上升　　　D. 固定成本总额下降,保本点下降

3. 提高企业经营安全性的途径包括( )。

A. 扩大销量　　　B. 降低固定成本　　　C. 降低销售单价　　　D. 降低单位变动成本

4. 本量利分析的基本假设包括( )。

A. 相关范围假设　　B. 模型线性假设　　C. 产销平衡假　　D. 品种结构不变假设

5. 以下属于相关成本的有( )。

A. 沉没成本　　　B. 机会成本　　　C. 边际成本　　　D. 不可避免成本

6. 作业应具备的特征有( )。

A. 作业是以人为主体的

B. 作业消耗一定的资源

C. 区分不同作业的标志是作业目的

D. 对于一个生产流程或管理流程不尽合理的企业,作业可以区分为增值作业和不增值作业

E. 作业的范围可以被限定

7. 在作业成本计算法下,成本计算的对象是多层次的,大体上可以分为( )这几个层次。

A. 资源　　　　　B. 作业　　　　　C. 作业中心　　　　D. 制造中心

8. 以下各项属于约束性固定成本的是( )。

A. 机器设备折旧费　　　B. 广告费　　　C. 销售人员的工资

D. 管理人员薪金　　　E. 研究开发费用

9. 保本量的计算公式是( )。

A. $\dfrac{固定成本}{单价-单位变动成本}$　　　　B. $\dfrac{固定成本}{单位边际贡献}$

C. $\dfrac{变动成本}{单位边际贡献}$　　　　D. $\dfrac{变动成本+固定成本}{单位边际贡献}$

10. 本量利分析法就是利用( )之间的依存关系来进行生产决策,利用本量利分析的思路和各种分析指标,可以方便地分析判断各种方案对利润的影响程度。

A. 成本　　　　　B. 收入　　　　　C. 产量　　　　　D. 利润

11. 模型线性假设包含( )等方面。

A. 固定成本不变假设　　　　　　B. 变动成本与业务量呈完全线性关系

C. 销售收入与销售数量呈完全线性关系　　D. 总成本与业务量呈完全线性关系

12. ( )会影响成本加成定价法的计算。

A. 商品单价　　B. 商品单位变动成本　　C. 商品单位固定成本　　D. 商品加成率

13. 常见的财务业绩评价指标包括( )。

A. 净资产报酬率　　　B. 总资产报酬率　　　C. 净收益和每股收益额

D. 营业现金流量　　　E. 市场价值

14. 平衡计分卡中的财务维度指标包括( )。

A. 投资报酬率　　B. 经济增加值　　C. 资产负债率　　D. 客户获利率

15. 平衡计分卡中的顾客维度指标包括( )。

A. 客户满意度　　B. 市场份额　　C. 客户获得率　　D. 客户保持率

三、判断题

1．凡是亏损产品就应该停产。（　　）

2．变动成本法将产品的制造成本按成本性态划分为变动性制造费用和固定性制造费用两部分，认为只有变动性制造费用才构成产品成本，而固定性制造费用应作为期间成本处理。（　　）

3．对于亏损的产品是否应该停产，主要取决于其能否带来正的收入。（　　）

4．产品是否进一步深加工的决策中，需要考虑进一步加工前的成本。（　　）

5．本量利分析是指在变动成本计算模式的基础上，以数学化的会计模型与图文来揭示固定成本、变动成本、销售量、单价、销售额、利润等变量之间的内在规律性的联系，为会计预测决策和规划提供必要的财务信息的一种定量分析方法。（　　）

6．保本点，也称盈亏临界点，指企业收入和成本相等的经营状态，即边际贡献等于固定成本时企业所处的既不盈利又不亏损的状态。（　　）

7．生产决策的主要方法有两类，分别是差量分析法和边际贡献分析法。（　　）

8．撇脂定价又称"取脂定价"，是指在新产品上市之初，把价格定得很高，以便在短期内获取厚利，迅速收回投资，减少经营风险。（　　）

9．在进行经营决策时，决策者只会从备选的方案中选出一个最优方案，而其他方案都会被放弃，被放弃的次优方案的可计量价值就是决策的机会成本。（　　）

10．如果把整个制造中心（即作业系统）看成一个与外界进行物质交换的投入产出系统，则所有进入该系统的人力、物力、财力等都属于资源范畴。（　　）

11．变动成本、沉没成本、不可避免成本和重置成本都属于相关成本。（　　）

12．建立明确的切实可行的KPI体系，是做好绩效管理的关键。关键绩效指标是用于衡量工作人员工作绩效表现的量化指标，是绩效计划的重要组成部分。（　　）

13．经济增加值（EVA）指从税前净营业利润扣除全部投入资本的成本后的剩余收益。（　　）

14．由于经济增加值是绝对数指标，不便于比较不同规模公司的业绩。（　　）

15．平衡计分卡的目标和指标来源于企业的愿景和战略，这些目标和指标从四个维度来考察企业的业绩，即财务、顾客、内部业务流程和学习与成长，这四个维度组成了平衡计分卡的框架。（　　）

四、简答题

1．简述管理会计与财务会计的区别。

2．简述固定成本与变动成本的定义及特征。

3．简述变动成本法的优缺点。

4．简述变动成本法与完全成本法的区别。

5．简述边际成本的概念与含义。

6．什么是保本点？保本点分析有哪些具体内容？

7．举例说明机会成本在经营决策中的作用。

8．试说明新产品定价的两种策略。

9．构建经济订货量基本模型需要的假设条件有哪些？

10．什么是关键绩效指标法？

11. 简述关键绩效指标法的应用。

12. 简述经济增加值的含义。

13. 简述经济增加值的优缺点。

14. 什么是平衡计分卡？简述平衡计分卡的优缺点。

15. 评价企业的财务指标与非财务指标分别有哪些？

五、计算分析题

1. K产品单价为160元，单位变动成本100元，当期固定成本为330 000元，那么：

(1) K产品的单位边际贡献是多少？

(2) K产品当期的保本量是多少？

(3) 假设K产品单位变动成本提高了10%，那么保本量是多少？

(4) 假设K产品的当期固定成本下降为300 000元，那么保本量是多少？

(5) 假设K产品当期计划销售23 000件，则预期利润为多少？

2. ××企业有一个闲置厂房，可以将其对外出租，也可以用来生产C产品。

假设该闲置厂房对外出租，则可得租金收入23 000元；假设该闲置厂房用来生产C产品(需要2 000件)，单位变动成本65元/件，且另需一台设备(专属固定成本)12 000元，C产品外购价格为135元/件。

请问，××企业应该选择自制C产品，还是外购C产品？

3. ××企业年需甲材料1 000千克，甲采购单价3元，一次订货成本5元，单位储存费用1元。

计算企业经济订货量、每年最佳订货次数、存货总成本、最佳订货周期以及经济订货量占用资金。

六、综合题

1. ××公司计划生产销售甲、乙、丙三种产品，预计销售单价分别为15元、20元和32元，单位变动成本分别为9元、14元和20元，预计销售量分别为2 000件、1 100件和1 500件，固定成本总额为128 100元。

根据以上资料，××公司多种产品的保本点销售额的计算如下表所示。

多种产品保本点销售额计算表　　　　　　　　单位：元

项　目	甲产品	乙产品	丙产品	合计
销售单价	15	20	32	
销售数量	2 000	1 100	1 500	
销售收入	30 000	22 000	48 000	100 000
变动成本	18 000	15 400	30 000	63 400
边际贡献	12 000	6 600	18 000	36 600
固定成本				128 100
加权平均边际贡献率				36.6%
综合保本点销售额				350 000

根据以上资料：

（1）计算各种产品的销售额占全部产品销售额的比重。

（2）计算各种产品的边际贡献率和全部产品的加权平均边际贡献率。

（3）计算全部产品的综合保本点销售额。

（4）计算各产品的保本点销售额。

2. 已知某公司从事一产品生产，连续三年销售量均为 1 000 件，而三年的产量分别为 1 000 件、1 200 件和 800 件。单位产品售价为 200 元，管理费用和销售费用均为固定成本，两项费用均为固定成本，两项费用各年总额均为 50 000 元，单位产品变动生产成本为 90 元，固定性制造费用为 20 000 元。要求：

（1）不考虑税金，分别采用变动成本法和完全成本法计算各年营业利润；

（2）根据（1）的计算结果，简单分析完全成本法与变动成本法对损益计算的影响。

3. 某企业现有生产能力 20 000 机器小时，利用率为 75%，企业决定用剩余的生产能力投产甲、乙两种产品，甲、乙产品的有关资料如下表所示。

乙产品资料表

	甲产品	乙产品
销售单价/元	40	26
单位变动成本/元	25	14
单位产品耗用的机器时间/小时	3	2

要求：

（1）企业应投产何种产品？

（2）若投产乙产品，企业需追加投入某专用设备，若租用该设备，则年租金为 3 000 元；若购入该设备，则价格为 20 000 元，预计使用 5 年。企业该投产何种产品？若投产乙产品，则企业应租入还是购入该设备？

第 7 章　企业成本决策

【学习目标】　了解成本的基本概念和职能，掌握成本核算的具体内容、基本程序、各种要素费用的归集和分配方法以及账务处理。掌握生产成本在完工产品和在产品之间归集和分配的方法，产品成本计算的主要方法。区别传统计算成本的方法和作业成本法，了解作业成本法的基本原理，掌握作业成本法的计算方法。

【引导案例】　某某家居公司成立于 2003 年，注册资本 2 000 万人民币，致力于满足全球消费者居家木制品需求，是全国高端定制家居生产企业之一。以"精工细做"的产品理念和"完美服务"的服务理念为客户提供完美定制家居解决方案，让客户收获美好的家居生活。其经营范围包括整体衣柜、橱柜、书柜、酒柜、电视柜、精品柜、鞋柜、商业展架等。

经过将近 20 年的打拼，该家居已经有了一定的成就和地位，被誉为"中国整体衣柜十大品牌"。但因企业起步迟，基础比较弱，经济方面还没有很雄厚的资金，又因成本控制不当出现了很多问题，如装修中木制品质量问题、防水工程问题以及装修油漆问题。公司经过一系列分析发现造成成本控制不当的原因：首先，公司管理者成本控制观念模糊，难以分清成本控制与成本降低的区别，一味追求利润而降低不该节约的成本，导致产品质量出现问题，影响了公司口碑。其次，公司并未设立健全的成本控制制度，采购人员在采购过程中出现过分杀价行为，认为采购就是杀价，价格越低越好，从而导致购买的材料或产品存在质量和数量上的偏差，形成质量不过关、实际数量比订单数量少的情况，不但没有减少企业采购成本，反而导致成本的增加。另外，很多中小企业也在淡季时出现大量的浪费现象，例如没有采取措施减少淡季的用工数量，平时所需的生产设备闲置而老化。由此可见，成本管理在各行各业中都起着举足轻重的作用。

7.1　成本会计的发展和基本概念

成本会计是会计学科中的一个重要分支，是由成本计算和复式记账相结合而产生的。成本会计是社会经济和管理理论发展到一定历史阶段的产物，随着商品经济的发展而逐步形成，随着生产过程的日趋复杂，生产、经营管理对成本会计不断提出新的要求，成本会计向着更深的层次发展。

7.1.1　成本会计的产生与发展

随着英国产业革命完成，机器代替了手工劳动，为了满足企业管理上的需要，会计人员用统计的方法来计算成本。此时，成本会计出现了萌芽，主要是用来计算和确定产品的生产成本和销售成本。成本计算与复式簿记有了一定的结合，成本计算比较简单。19 世纪末 20 世纪初，形成了比较完整的成本会计理论体系和方法体系，成为工业会计中重要的、相对独立的组成部分。在这一时期，英、美等国会计学者对成本会计进行了深入的研究，解决了成本会计中的三个重要问题：① 各项间接费用的分配；② 将成本科目纳入复式记账系统；③ 采用标准成本制进行成本的控制与分析。成本会计成为独立学科，应用范围不断扩大，从工业企业扩大到各行业，并深入应用到企业内部的主要部门，特别是应用到企业经营销售方面。成本会计的职能不仅是计算和确定产品的生产成本和销售成本，还要事先制定成本标准，并据以进行日常的成本控制与定期的成本分析。正因为成本会计扩大了管理职能，应用的范围也从原来的工业企业扩大到商业企业、公用事业以及其他服务性行业。

　　第二次世界大战以后，资本主义经济进入了一个新的发展时期。随着成本会计广泛应用现代化管理、系统工程和电子计算机等各种科学技术成果，其发展侧重点已经由先前的对成本进行事中控制、事后计算和分析转变为如何预测、决策和规划成本，于是符合新的发展需求的现代成本会计应运而生。现代成本会计对于成本的定义已不再仅仅局限于产品成本的范畴，例如美国会计学会与标准委员认为成本是为了一定目的而付出的（或可能付出的）用货币测定的价值牺牲。这一定义外延了产品成本的概念与内容，它包括劳务成本、工程成本、开发成本、资产成本、资金成本、质量成本、环保成本等。除此之外由于成本管理的不同目的，形成对成本信息的不同需求，使成本有各种各样的组合。目标成本、可控成本、责任成本、相关成本、可避免成本等新的成本概念源源不断地涌现，形成了多元化的成本概念体系。

　　20 世纪 70 年代以来，随着科学技术的发展，尤其是计算机技术的发展进步，生产方式发生了巨大改变，不断加剧的全球化竞争大大改变了产品成本结构与市场竞争模式。此时，成本会计进入了创新阶段，有关战略相关性成本管理信息，比如价值链分析、战略定位和成本动因分析已成为成本管理系统不可缺少的部分。随着企业对成本计算的准确度要求，作业成本法应运而生，成为成本会计发展史上的重要里程碑。随着大数据时代的到来，企业采用适时制（Just In Time，JIT）生产方式和弹性制造系统，成本会计开始进入成本战略管理阶段。

7.1.2　成本的含义

1. 成本的概念

　　成本是商品经济的价值范畴，是商品价值的组成部分。人们要进行生产经营活动或达到一定的目的，就必须耗费一定的资源，其所费资源的货币表现及其对象化称之为成本。

　　经济学家眼中经济成本与会计成本在含义上有较大差异。经济成本是企业使用的所有资源总成本，包括企业看得见的实际成本——显性成本（如企业购买原材料、设备、劳动力、支付借款利息等），还包括隐性成本，即实际上已经投入，但在形式上没有支付报酬的那部分成本，如机会成本。会计成本是企业在过去一段时期内生产和经营过程中的实际支出，是显性成本，可以用货币计量，并在会计账目上反映出来。会计成本常被用于对以往经济行为的审核和评价。而经济学家分析成本的目的在于考察企业的决策，并进而分析资源配置的结果及效率，所以经济学中对成本的使用重在衡量稀缺资源配置于不同用途上的代价。这涉及使用一项资源或做出一项选择放弃的机会，即机会成本。

　　在本章中，成本主要指生产和销售一定种类与数量产品以耗费资源用货币计量的经济价值。企业进行产品生产需要消耗生产资料和劳动力，这些消耗在成本中用货币计量，表现为材料费用、折旧费用、工资费用等。

2. 支出、费用与产品成本之间的关系

支出一般指企业在生产经营过程中为获得另一项资产、为清偿债务所发生的耗费资产的流出。就某一会计期间而言，支出可以是现金支出，也可以是非现金支出。费用是企业在日常活动中发生的、会导致所有者权益减少的、与向所有者分配利润无关的经济利益的总流出，是构成产品成本的基础。在会计上，支出仍比费用所含范围要广泛。只有那些在企业生产经营活动中为取得营业收入而发生的各种支出才是费用。其他原因发生的支出，如偿还借款、支付应付账款、为分配利润而支付的款项、为购买固定资产而支付的款项等都与营业收入无关，都不能构成企业的费用。

产品成本是为生产某种产品而发生的各种耗费的总和，是对象化的费用。费用与产品成本的区别在于：费用涵盖范围较宽，包括企业生产各种产品发生的各种耗费，既有当期的，也有前期发生的费用，既有甲产品的，也有乙、丙等其他产品的费用，既有完工产品的，也有未完工产品的费用；费用着重于按会计期间进行归集，一般以生产过程中取得的各种原始凭证为计算依据。而产品成本按产品进行归集，一般以成本计算单或成本汇总表及产品入库单等为计算依据。产品成本是费用总额的一部分，包括为生产相关种类或数量的完工产品发生的费用，不包括期间费用等。

3. 成本会计的职能

成本会计的职能是指成本会计作为一种管理经济的活动，在生产经营过程中所能发挥的作用。它的主要职能有成本预测、成本决策、成本计划、成本控制、成本核算、成本分析和成本考核。在成本会计的各个职能中，成本核算是最基本的职能。

1）成本预测

成本预测属于经济预测的一种，是在科学的理论指导下，认真分析和研究企业内部和外在条件变化的基础上，根据成本特性和大量的经济信息资料，分析影响成本的各种因素及其重要性程度，运用一定的预测方法，对企业未来成本水平及其变动趋势做出的科学推测，从而确定未来一定时期的可能成本水平和目标成本。成本预测的目的在于寻找降低产品成本的途径，挖掘降低成本的潜力，并为做出成本决策、编制成本计划、进行成本控制提供科学的依据。

2）成本决策

成本决策指在成本预测的基础上，结合有关资料，采用定性与定量的方法，选择最优成本方案的过程。成本决策贯穿于企业生产经营的全过程，其目的在于对每一个环节、每一个过程都选择最优的方案，从而达到整体最优效果。

3）成本计划

成本计划是指在成本决策的基础上，根据计划期的生产任务、降低成本的要求及有关资料，通过一定的程序，运用一定的方法，以货币计量形式表现计划期产品的生产耗费和各种产品成本水平，并作为控制与考核成本的重要依据。成本计划的目的在于为降低产品成本提出明确的奋斗目标，提高企业领导和职工降低成本的自觉性，严格控制生产费用，挖掘降低成本的潜力，保证企业成本降低和任务的达成，提高经济效益。

4）成本控制

成本控制是指根据预定的目标，在产品成本形成过程中，通过对成本发生和形成过程的监督，及时发现并纠正发生的偏差，采取措施，使生产经营过程发生的各种消耗和费用支出限制在成本计划和费用预算标准的范围内，以保证实现产品成本降低的目标。成本控制一般按成本费用发生的时间先后划分为事前控制、事中控制、事后控制三个阶段。成本控制的目的在于通过成本控制使企业产品成本按照事先测算确定的成本水平进行，防止与克服生产过程中损失和浪费现象的发生，使企业人力、物力、财力得到合理利用，以达到减少各项消耗、降低产品成本、提高经济效益的目标。

5）成本核算

成本核算是指根据企业确定的成本计算对象，采用适当的成本计算方法，按照规定的成本项目，严格划分各种费用的界限，并将应计入产品成本的生产费用通过一系列的归集和分配方法，从而计算出各成本对象的总成本和单位成本。成本核算既是对生产经营过程中的实际耗费情况进行归集、分配及其对象化的过程，也是对各种劳动耗费进行信息反馈和控制的过程。

6）成本分析

成本分析是根据成本核算所提供的资料及其他有关的资料，对实际成本的水平、构成情况，采用一定的技术经济分析方法计算其完成情况、差异额，分析产生差异的原因的过程。通过成本分析，可以总结成本管理工作中的成绩，找出存在的问题，提出解决问题的办法，掌握成本变动的规律，提出改进的措施。

7）成本考核

成本考核是指定期对成本计划及其有关指标完成情况进行的考查和评价。成本考核一般以部门、班组或个人作为责任对象，按其可控成本条件，以责任的归属来考查其成本指标的完成情况，评价其工作业绩和决定其奖惩。成本考核主要包括成品率、废品率和单位成本费用率（分综合费用和单项费用）等指标。

7.2　成本核算的基本原理

7.2.1　成本核算概述

成本核算通常以会计核算为基础，以货币为计算单位。成本核算是成本管理的重要组成部分，对于企业的成本预测和企业的经营决策等存在直接影响。

1. 成本核算的对象

成本核算的对象是确定归集和分配生产费用的具体对象，即生产费用承担的客体。它是设立成本明细分类账户，归集和分配生产费用以及正确计算成本的前提。

由于产品工艺、生产方式、成本管理等要求不同，产品项目不等于成本核算对象。一般情况下，生产一种或几种产品，以产品品种为成本核算对象；分批、单件生产的产品，以每批或每件产品为成本核算对象；多步骤连续加工的产品，以每种产品及各生产步骤为成本核算对象；产品规格繁多的，可将产品结构、耗用原材料和工艺过程基本相同的各种产品适当合并作为成本核算对象。

2．成本核算的内容

（1）完整地归集与核算成本计算对象所发生的各种耗费。

（2）正确计算生产资料转移价值和应计入本期成本的费用额。

（3）科学地确定成本计算的对象、项目、期间以及成本计算方法和费用分配方法，保证各种产品成本的准确、及时。成本核算的实质是一种数据信息处理加工的转换过程，即将日常已发生的各种资金的耗费，按一定的方法和程序，将已经确定的成本核算对象或使用范围进行费用的汇集和分配的过程。正确、及时地进行成本核算对于企业开展增产节约和实现高产、优质、低消耗、多积累具有重要意义。

3．成本核算的基本程序

（1）根据生产特点和成本管理的要求，确定成本核算对象。

（2）确定成本项目。

（3）设置有关成本和费用明细账。

（4）收集确定各种产品的生产量、入库量、在产品盘存量以及材料、工时、动力消耗等，并对所有已发生费用进行审核。

（5）归集所发生的全部费用，并按照确定的成本计算对象予以分配，按成本项目计算各种产品的在产品成本、产成品成本和单位成本。

（6）结转产品销售成本。

7.2.2　成本核算项目

为具体反映计入产品生产成本的生产费用的各种途径，还应进一步划分为若干个项目，即产品生产成本项目，简称产品成本项目或成本项目。设置成本项目可以反映产品成本的构成情况，满足成本管理的目的和要求，有利于了解企业生产费用的经济用途，便于企业分析和考核产品成本计划的执行情况。

1．成本项目的设置

成本项目的设置应根据管理上的要求确定，对于工业企业而言，一般可设置"直接材料""燃料及动力""直接人工"和"制造费用"等项目。

（1）直接材料。直接材料是指直接用于产品生产并构成产品实体的原料、主要材料、外购半成品以及有助于产品形成的辅助材料等。如果企业不设置"燃料及动力"成本项目，则外购的燃料计入直接材料。

（2）燃料及动力。燃料及动力是指企业直接用于产品生产的外购和自制的燃料及动力。

（3）直接人工。直接人工是指直接参加产品生产的工人工资以及其他各种形式的职工薪酬。

（4）制造费用。制造费用是指企业为生产产品和提供劳务而发生的各项间接成本，包括生产车间管理人员的工资等职工薪酬、折旧费、办公费、水电费、机物料消耗、劳动保护费、季节性和修理期间的停工损失等。如果企业不设置"燃料及动力"成本项目，则外购的动力计入制造费用。

　　由于生产的特点、各种费用支出的比重及成本管理和核算的要求不同，各企业可根据
具体情况，增设"废品损失""直接燃料与动力"等成本项目。

2. 要素费用的分配

　　工业企业的费用按照经济内容可划分为外购材料、外购燃料、外购动力、职工薪酬、
折旧费、利息费用、税金和其他费用。按照要素费用分类核算工业企业的费用，反映了工
业企业在一定时期内发生了哪些费用及其金额，可以用于分析各时期费用的构成和各要素
费用所占的比重，进而分析考核各时期各种要素费用支出的执行情况。

3. 材料等费用的分配

　　1）材料、燃料、动力的归集和计算

　　无论是外购的，还是自制的，发生材料、燃料和动力等各项要素费用时，对于直接用于
产品生产、构成产品实体的原材料，一般分产品领用，应根据领退料凭证直接计入相应产品
成本的"直接材料"项目。对于不能分产品领用的材料，如化工生产中为几种产品共同耗用的
材料，需要采用适当的分配方法，分配计入各相关产品成本的"直接材料"成本项目。

$$间接费用分配率 = \frac{待分配的间接费用}{各种产品分配标准合计}$$

　　　　某产品应分配的间接成本 = 分配率 × 该种产品的分配标准

　　【例 7 - 1】　　领用某种原材料 2 106 千克，单价 20 元，原材料费用合计 42 120 元，投
产甲产品 400 件，乙产品 300 件。甲产品消耗定额 1.2 千克，乙产品消耗定额 1.1 千克。分
配结果如下：

$$分配率 = \frac{42\ 120}{400 \times 1.2 + 300 \times 1.1} = 52$$

　　应分配的材料费用：

　　甲产品：480 × 52 = 24 960 元

　　乙产品：330 × 52 = 17 160 元

　　2）材料、燃料、动力分配的账务处理

　　在实际工作中，材料、燃料、动力费用的分配一般通过材料、燃料、动力分配表进行。
这种分配表应该按照材料的用途和材料分类，根据归类后的领料凭证编制。按例 7 - 1 编制
的材料费用分配表如表 7 - 1 所示。

表 7 - 1　材料费用分配表　　　　　　　单位：元

应借科目			共同耗用原材料的分配					直接领用的材料	耗用原材料总额
总账及二级科目	明细科目	成本或费用项目	产量/件	单位消耗定额/千克	定额消耗用量/千克	分配率	应分配材料费		
生产成本—基本生产成本	甲产品	直接材料	400	1.2	480		24 960	30 040	55 000
	乙产品	直接材料	300	1.1	330		17 160	12 840	30 000
	小计				810	52	42 120	42 880	85 000

应借科目			共同耗用原材料的分配					直接领用的材料	耗用原材料总额
总账及二级科目	明细科目	成本或费用项目	产量/件	单位消耗定额/千克	定额消耗用量/千克	分配率	应分配材料费		
生产成本—辅助生产成本	供电车间	直接材料						1 200	1 200
	锅炉车间	直接材料						1 600	1 600
	小计							2 800	2 800
制造费用	基本车间	机物料消耗						2 500	2 500
管理费用		其他						2 700	2 700
合计							42 120	50 880	93 000

根据表 7-1，编制以下会计分录：

借：生产成本—基本生产成本—甲产品　　　　　　　　　　55 000

　　　　　　　　　　　—乙产品　　　　　　　　　　　　30 000

　　　　　　—辅助生产成本—供电车间　　　　　　　　　 1 200

　　　　　　　　　　　　　 —锅炉车间　　　　　　　　　 1 600

　　制造费用—基本车间　　　　　　　　　　　　　　　　 2 500

　　管理费用　　　　　　　　　　　　　　　　　　　　　 2 700

　　贷：原材料　　　　　　　　　　　　　　　　　　　　93 000

4. 人工费用的分配

1）人工费用的归集和计算

职工薪酬是企业在生产产品或提供劳务活动过程中所发生的各种直接和间接人工费用的总和。职工薪酬的归集，必须有一定的原始记录作为依据：计时工资，以考勤记录中的工作时间记录为依据；计件工资，以产量记录中的产品数量和质量记录为依据；计时工资和计件工资以外的各种奖金、津贴、补贴等，按照国家和企业的有关规定计算。

工资结算和支付的凭证为工资结算单或工资单，为便于成本核算和管理等，一般按车间、部门分别填制，是职工薪酬分配的依据。直接进行产品生产的工人的职工薪酬直接计入产品成本的"直接人工"成本项目。不能直接计入产品成本的职工薪酬，按工时、产品产量、产值比例等方法进行合理分配，计入各有关产品成本的"直接人工"项目。相应的计算公式为：

$$生产工资费用分配率 = \frac{各种产品生产工资总额}{各种产品生产工时之和}$$

$$某种产品应分配的生产工资 = 该种产品生产工时 \times 生产工资费用分配率$$

如果取得各种产品的实际生产工时数据比较困难，而各种产品的单件工时定额比较准确，也可按产品的定额工时比例分配职工薪酬，相应的计算公式如下：

$$某种产品耗用的定额工时 = 该种产品投产量 \times 单位产品工时定额$$

$$生产工资费用分配率 = \frac{各种产品生产工资总额}{各种产品定额工时之和}$$

$$某种产品应分配的生产工资 = 该种产品定额工时 \times 生产工资费用分配率$$

$$制造费用分配率=\frac{制造费用总额}{各产品分配标准之和}$$

某种产品应分配的制造费用＝该种产品分配标准×制造费用分配率

【例 7 - 2】　某企业基本生产车间生产甲、乙两种产品，共支付生产工人职工薪酬 2 700 万元，按生产工时比例分配，甲产品的生产工时为 500 小时，乙产品的生产工时为 400 小时。

$$生产工资费用分配率=\frac{2\ 700}{500+400}=3$$

甲产品应分配的职工薪酬＝500×3＝1 500 万元

乙产品应分配的职工薪酬＝400×3＝1 200 万元

2）人工费用的账务处理

职工薪酬的分配应通过职工薪酬分配表进行。该表根据工资结算单和有关的分配标准等资料编制。以例 7 - 2 编制的职工薪酬分配表如表 7 - 2 所示。

表 7 - 2　职工薪酬分配表　　　　　　　单位：万元

应借科目		成本项目	生产工人职工薪酬	其他人员职工薪酬	职工薪酬合计
生产成本—基本生产成本	甲产品	直接人工	1 500		1 500
	乙产品	直接人工	1 200		1 200
	小计		2 700		2 700
生产成本—辅助生产成本	辅助车间	直接人工		200	200
制造费用	基本车间	直接人工		1 800	1 800
	辅助车间	直接人工		150	150
	小计			1 950	1 950
管理费用	行政管理部门	直接人工		800	800
销售费用	销售部门	直接人工		500	500
合计					6 150

根据表 7 - 2，编制以下会计分录：

借：生产成本—基本生产成本—甲产品　　　　　　15 000 000

　　　　　　　　　　　—乙产品　　　　　　12 000 000

　　　　　　—辅助生产成本　　　　　　2 000 000

　　制造费用　　　　　　19 500 000

　　管理费用　　　　　　8 000 000

　　销售费用　　　　　　5 000 000

　　贷：应付职工薪酬　　　　　　61 500 000

7.2.3　辅助生产费用的归集和分配

企业的辅助生产主要是为基本生产服务的产品生产和劳务供应，如供水、供电、运输、机器修理等。

1. 辅助生产费用的归集

辅助生产费用的归集是通过辅助生产成本总账及明细账进行。一般按车间及产品和劳务设立明细账。当辅助生产发生各项费用时计入"辅助生产成本"总账及所属明细账。一般情况下，辅助生产的制造费用与基本生产的制造费用一样，先通过"制造费用"科目进行单独归集，然后再转入"辅助生产成本"科目。对于辅助生产车间规模很小、制造费用很少且辅助生产不对外提供产品和劳务的，为简化核算工作，辅助生产的制造费用也可以不通过"制造费用"科目，而直接计入"辅助生产成本"科目。

2. 辅助生产费用的分配及账务处理

辅助生产的分配应通过辅助生产费用分配表进行。辅助生产费用的分配方法很多，通常采用直接分配法、交互分配法、计划成本分配法、顺序分配法和代数分配法等。

1）直接分配法

直接分配法的特点是不考虑各辅助生产车间之间相互提供劳务或产品的情况，而是将各种辅助生产费用直接分配给辅助生产以外的各受益单位。

采用此方法，各辅助生产费用只进行对外分配，分配一次，计算简单，但分配结果不够准确，适用于辅助生产内部相互提供产品和劳务不多、不进行费用的交互分配、对辅助生产成本和企业产品成本影响不大的情况。

【例 7-3】　假定某工业企业设有机修和供电两个辅助生产车间。2016 年 6 月在分配辅助生产费用以前，机修车间发生费用 1 200 万元，按修理工时分配费用，提供修理工时 500 小时，其中供电间 20 小时，其他车间耗用工时如表 7-3 所示；供电车间发生费用 2 400 万元，耗电度数如表 7-3 所示。该企业辅助生产的制造费用不通过"制造费用"科目核算。

表 7-3　辅助生产费用分配表

辅助生产车间		机修车间		供电车间		合计/万元
		修理工时/小时	修理费用/万元	供电度数/万度	供电费用/万元	
待分配辅助生产费用及劳务数量		480	1 200	16	2 400	3 600
费用分配率（单位成本）			2.5		150	
基本生产车间耗用（计入"制造费用"）	第一车间	300	750	9	1 350	2 100
	第二车间	120	300	4	600	900
	小计	420	1 050	13	1 950	3 000
行政管理部门耗用（计入"管理费用"）		40	100	2	300	400
销售部门耗用（计入"销售费用"）		20	50	1	150	200
合计		480	1 200	16	2 400	3 600

根据表 7-3，编制以下会计分录：

借：制造费用—第一车间　　　　　　　　　　　21 000 000
　　　　　　—第二车间　　　　　　　　　　　 9 000 000
　　管理费用　　　　　　　　　　　　　　　　 4 000 000
　　销售费用　　　　　　　　　　　　　　　　 2 000 000
　　贷：辅助生产成本—机修车间　　　　　　　12 000 000

　　　　　　　—供电车间　　　　　　　　24 000 000

2）交互分配法

交互分配法的特点是辅助生产费用通过两次分配完成，首先将辅助生产明细账上的合计数根据各辅助生产车间、部门相互提供的劳务数量计算分配率，在辅助生产车间进行交互分配；然后将各辅助生产车间交互分配后的实际费用（即交互前的费用加上交互分配转入的费用，减去交互分配转出的费用）再按提供的劳务量在辅助生产车间以外的各受益单位之间进行分配。这种分配方法的优点是提高了分配的正确性，但同时加大了分配的工作量。

交互分配法的计算公式为：

$$对内交互分配率 = \frac{辅助生产费用总额}{辅助生产提供的总产品或劳务总量}$$

$$对外分配率 = \frac{交互分配前的成本费用 + 交互分配转入的成本费用 - 交互分配转出的成本费用}{对辅助以外的其他部门提供的产品或劳务总量}$$

【例 7 - 4】　以例 7 - 3 为例，其辅助生产费用分配表如表 7 - 4 所示。

表 7 - 4　辅助生产费用分配表　　　　　　　　　单位：万元

辅助生产车间名称			交互分配			对外分配		
			机修	供电	合计	机修	供电	合计
待分配辅助生产费用			1 200	2 400	3 600	1 632	1 968	3 600
供应劳务数量			500	20		480	16	
费用分配率（单位成本）			2.4	120		3.4	123	
辅助生产车间耗用（计入"辅助生产成本"）	机修车间	耗用量		4				
		分配金额		480	480			
	供电车间	耗用量	20					
		分配金额	48		48			
	小计		48	480	528			
基本生产车间耗用（计入"制造费用"）	第一车间	耗用量				300	9	
		分配金额				1 020	1 107	2 127
	第二车间	耗用量				120	4	
		分配金额				408	492	900
	小计					1 428	1 599	3 027
行政部门耗用（计入"管理费用"）	耗用量					40	2	
	分配金额					136	246	382
销售部门耗用（计入"销售费用"）	耗用量					20	1	
	分配金额					68	123	191
合计								3 600

根据表 7 - 4，编制以下会计分录：

交互分配：

借：辅助生产成本—机修车间		4 800 000
—供电车间		480 000
贷：辅助生产成本—机修车间		80 000
—供电车间		4 800 000

对外分配：

借：制造费用—第一车间		21 270 000
—第二车间		9 000 000
管理费用		3 820 000
销售费用		1 910 000
贷：辅助生产成本—机修车间		16 320 000
—供电车间		19 680 000

3）计划成本分配法

计划成本分配法主要是按照计划单位成本对各辅助生产车间为各受益车间提供的服务或劳务进行分配。"辅助生产车间实际发生的费用"和"按照计划单位成本分配计算得出的费用"之间的差额计入制造费用或者管理费用。计算公式为：

$$实际成本＝待分配费用＋按计划分配率转入的费用$$
$$计划成本＝计划分配率×劳务量$$

【例 7 - 5】　假定某工业企业设有机修和供电两个辅助生产车间。机修车间发生费用 1 200 万元，按修理工时分配费用，提供修理工时 500 小时，其中，供电车间 65 小时；供电车间发生费用 2 400 万元，按耗电度数分配费用，提供耗电度数 320 万度，其中机修车间 60 万度。该工业企业采用计划成本分配法分配辅助生产费用，计划每小时机修耗费 3 元，计划每度电耗费 6.5 元。

机修车间的计划成本＝3×500＝1 500 万元；机修车间的实际成本＝1 200＋60×6.5＝1 590 万元；成本差异为 90 万元。

供电车间的计划成本＝6.5×320＝2 080 万元；供电车间的实际成本＝2 400＋65×3＝2 595 万元；成本差异为 515 万元。

4）顺序分配法

顺序分配法主要是按照受益多少的顺序进行各辅助生产车间的费用分配。受益少的辅助生产车间在前，受益多的辅助生产车间在后。

【例 7 - 6】　假定某工业企业设有机修和供电两个辅助生产车间。机修车间发生费用 1 200 万元，按修理工时分配费用，提供修理工时 600 小时，其中，供电车间 150 小时，一车间 165 小时，二车间 110 小时，行政管理部门 95 小时，销售部门 80 小时。供电车间发生费用 2 400 万元，按耗电度数分配费用，提供耗电度数 320 万度，其中机修车间 80 万度，一车间 100 万度，二车间 85 万度，行政管理部门 50 万度，销售部门 5 万度。

$$机修车间费用分配率＝\frac{1\ 200}{150＋165＋110＋95＋80}＝2$$

按照受益顺序计算：

① 销售部门费用＝2×80＝160 万元；

② 行政管理部门费用＝2×95＝190 万元；

③ 二车间费用＝2×110＝220 万元；

④ 供电车间费用＝2×150＝300 万元；

⑤ 一车间费用＝2×165＝330 万元。

$$供电车间费用分配率＝\frac{2\,400}{80＋100＋85＋50＋5}＝7.5$$

按照受益顺序计算：

① 销售部门费用＝7.5×5＝37.5 万元；

② 行政管理部门费用＝7.5×50＝375 万元；

③ 机修车间费用＝7.5×80＝600 万元；

④ 二车间费用＝7.5×85＝637.5 万元；

⑤ 一车间费用＝7.5×100＝750 万元。

5）代数分配法

代数分配法主要是以联立方程式计算单位成本，再按照各辅助生产车间提供的服务或劳务量分配费用。

沿用例 7 - 6 设机修车间单位成本 x 万元，供电车间单位成本 y 万元。

方程 1：$1\,200＋80y＝600x$；方程 2：$2\,400＋150x＝320y$。

联立方程解得 $x＝3.2$ 万元，$y＝9$ 万元；

则机修车间费用＝$1\,200＋720＝1\,920$ 万元；

供电车间费用＝$2\,400＋480＝2\,880$ 万元；

一车间费用＝$528＋900＝1\,428$ 万元；

二车间费用＝$352＋765＝1\,117$ 万元；

行政管理部门费用＝$304＋450＝754$ 万元；

销售部门费用＝$256＋45＝301$ 万元。

7.2.4　生产成本在完工产品和在产品之间的分配

生产成本在完工产品与在产品之间的分配在成本计算工作中是一个重要而又比较复杂的问题。企业应当根据在产品数量的多少、各月在产品数量变化的大小、各项费用比重的大小以及定额管理基础的好坏等具体条件，选择既合理又简单的分配方法。常用的分配方法有以下六种：

1. 不计算在产品成本

采用不计算在产品成本法时，虽然月末有在产品，但不计算其成本。也就是说，这种产品每月发生的成本全部由完工产品负担，其每月发生的成本之和即为每月完工产品成本。这种方法适用于各月末在产品数量很小的产品。

2. 在产品按固定成本计算

这种方法适用于月末在产品数量很小，或者在产品数量虽然大但各月之间在产品数量变动不大，月初、月末在产品成本的差额对完工产品成本影响不大的情况。为简化核算工作，各月在产品成本可以固定按年初数计算。采用这种方法，某种产品本月发生的生产费用就是本月完工产品的成本。年终时，根据实地盘点的在产品数量，重新调整计算在产品成本，以避免在产品成本与实际出入过大，影响成本计算的准确性。

3. 在产品成本按其所耗用的原材料费用计算

这种方法是在产品成本按所耗用的原材料费用计算，其他费用全部由完工产品成本负担。这种方法适合于在原材料费用在产品成本中所占比重较大，而且原材料是在生产开始时一次性全部投入的情况下使用。为了简化核算工作，月末在产品可以只计算原材料费用，其他费用全部由完工产品承担。

4. 约当产量比例法

采用约当产量比例法，应将月末在产品数量按其完工程度折算为相当于完工产品的产量，即约当产量，然后将产品应负担的全部成本按照完工产品产量与月末在产品约当产量的比例分配计算完工产品成本和月末在产品成本。这种方法适用于产品数量较多，各月在产品数量变化也较大，且生产成本中直接材料成本和直接人工等加工成本的比重相差不大的产品。其计算公式如下：

$$在产品约当产量＝在产品数量×完工程度$$

$$单位成本＝\frac{月初在产品成本＋本月发生生产成本}{完工产品产量＋在产品约当产量}$$

$$完工产品成本＝完工产品产量×单位成本$$

$$在产品成本＝在产品约当产量×单位成本$$

【例 7-7】 某公司的 A 产品本月完工 370 台，在产品 100 台，平均完工程度为 30％，发生生产成本合计为 800 000 元。分配结果如下：

$$单位成本＝\frac{800\ 000}{370＋100×30％}＝2\ 000\ 元/台$$

$$在产品成本＝100×30％×2\ 000＝60\ 000\ 元$$

【例 7-8】 乙产品单位工时定额 50 小时，经两道工序制成。各工序平均完工程度为 50％，各工序单位工时定额为：第一道工序 20 小时，第二道工序 30 小时。在产品完工程度计算结果如下：

第一道工序： $\frac{20×50％}{50}×100％＝20％$

第二道工序： $\frac{20＋30×50％}{50}×100％＝70％$

5. 在产品按定额成本计算法

采用在产品按定额成本计价法，月末在产品成本按定额成本计算，该种产品全部成本（如果有月初在产品，包括月初在产品成本在内）减去按定额成本计算的月末在产品成本，余额作为完工产品成本；每月生产成本脱离定额的节约差异或超支差异全部计入当月完工产品成本。这种方法是事先经过调查研究、技术测定或按定额资料，对各个加工阶段的在产品直接确定一个单位定额成本。这种方法适用于各项消耗定额或成本定额比较准确、稳定，而且各月在产品数量变化不是很大的产品。

6. 定额比例法

采用定额比例法，产品的生产成本在完工产品和月末在产品直接按照两者的定额消耗量或定额成本比例分配。其中直接材料成本，按直接材料的定额消耗量或定额成本比例分配。直接人工等加工成本可以按各该定额成本的比例分配，也可按定额工时比例分配。这种方法适用于各项消耗定额或成本定额比较准确、稳定，但各月末在产品数量变动较大的产品。

7.3　产品成本计算方法概述

产品成本是在生产过程中形成的，因此生产的特点在很大程度上影响着成本计算方法的特点。另外由于生产类型和管理要求不同，对产品成本计算的影响也不同，这一不同主要体现在产品成本核算对象的确定上。根据成本核算程序，成本核算对象的确定是产品成本计算的前提，在这基础上，按照各成本核算对象之间分配和归集费用，然后根据本章所述在一个成本核算对象的完工产品和月末在产品之间分配和归集费用，计算各个成本核算对象的完工产品成本和月末在产品成本。

7.3.1　产品成本计算的主要方法

适应各种类型生产的特点和管理要求，产品成本计算方法主要包括三种：以产品品种为成本计算对象，简称品种法；以产品批别为成本计算对象，简称分批法；以产品生产步骤为成本计算对象，简称分步法。表 7 - 5 为三种主要的产品成本计算方法的适用范围。

表 7 - 5　产品成本计算的基本方法

产品成本计算方法	成本计算对象	生产类型		
		生产组织特点	生产工艺特点	成本管理
品种法	产品品种	大量大批生产	单步骤生产、多步骤生产	不要求分步骤计算成本
分批法	产品批别	单件小批生产	单步骤生产、多步骤生产	不要求分步骤计算成本
分步法	生产步骤	大量大批生产	多步骤生产	要求分步骤计算成本

7.3.2　品种法

品种法是指以产品品种为成本计算对象计算成本的一种方法。它适用于大量大批的单步骤生产的企业。在这种类型的生产中，产品的生产技术过程不能从技术上划分为步骤（如企业或车间的规模较小，或者车间是封闭式的，也就是从原材料投入到产品产出的全部生产过程都是在一个车间内进行的），或者生产是按流水线组织的，管理上不要求按照生产步骤计算产品成本，都可以按品种法计算产品成本。

1. 品种法的特点

（1）成本计算对象是产品品种。如果企业只生产一种产品，全部生产费用都是直接费用，可直接记入该产品成本明细账的有关成本项目中，不存在在各成本计算对象之间分配费用的问题。如果是生产多种产品，间接费用则要采用适当的方法，在各成本计算对象之间进行分配。

（2）品种法下一般定期（每月月末）计算产品成本。

（3）如果企业月末有在产品，要将生产费用在完工产品和在产品之间进行分配。

2. 品种法下产品成本的计算

按照产品品种计算成本是成本管理对于成本计算的一般要求。成本计算的一般程序也就是品种法的成本计算程序，如图 7-1 所示。

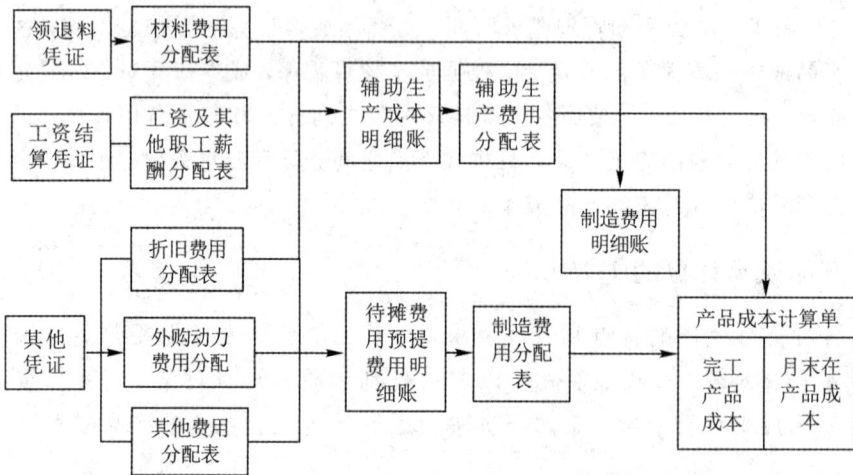

图 7-1　品种法成本计算的一般程序

各种成本计算方法除了成本计算单的开设和计算方法有所不同以外，其他核算程序基本相同。表 7-6、表 7-7 就是按品种法的主要计算程序说明的，现将其所举的各种费用的归集和分配的数字按品种法的要求显示在甲、乙两种产品的成本计算单中。

表 7-6　产品成本计算单

完工产成品数量：600 件

产品名称：甲产品　　　　　　　　20××年5月　　　　　　　　单位：元

成本项目	月初在产品成本	本月生产费用	生产费用合计	产成品成本		月末在产品成本
				总成本	单位成本	
直接材料费用	15 700	55 000	70 700	60 600	101	10 100
直接人工费用	7 730	31 920	39 650	36 600	61	3 050

续表

成本项目	月初在产品成本	本月生产费用	生产费用合计	产成品成本		月末在产品成本
				总成本	单位成本	
燃料和动力费	18 475	67 000	85 475	78 900	131.5	6 575
制造费用	6 290	22 960	29 250	27 000	45	2 250
合计	48 195	176 880	225 075	203 100	338.5	21 975

表 7-7　产品成本计算单

完工产成品数量：500 件

产品名称：乙产品　　　　　　　　20××年 5 月　　　　　　　　单位：元

成本项目	月初在产品成本	本月生产费用	生产费用合计	产成品成本		月末在产品成本
				总成本	单位成本	
直接材料费用	9 468	30 000	39 468	2 990	59.8	9 568
直接人工费用	2 544	18 240	20 784	17 320	34.64	3 464
燃料和动力费	8 020	41 300	49 320	41 100	82.2	8 220
制造费用	1 292	13 120	14 412	12 010	24.02	2 402
合计	21 324	102 660	123 984	100 330	200.66	23 654

根据表 7-6、表 7-7 成本计算单(亦称基本生产成本明细账)编制完工产品入库的会计分录如下：

　　借：库存商品—甲产品　　　　　203 100
　　　　　　—乙产品　　　　　100 330
　　　　贷：生产成本—基本生产成本—甲产品　　　203 100
　　　　　　　　　　　—乙产品　　　100 330

7.3.3　分批法

分批法是按照产品批别计算产品成本的一种方法。它主要适用于单件小批类型的生产，如造船业、重型机械制造业等；也可用于一般企业中的新产品试制或试验的生产、在建工程以及设备修理作业等。

1. 分批法的特点

(1)成本计算对象是产品的批别。由于产品的批别大多是根据销货订单确定的，因此这种方法又称为订单法。

(2)分批法下，产品成本的计算是与生产任务通知单的签发和生产任务的完成紧密配合的，因此产品成本计算是不定期的。成本计算期与产品生产周期基本一致，而与核算报告期不一致。

（3）分批法下，由于成本计算期与产品的生产周期基本一致，因而在计算月末产品成本时，一般不存在完工产品与在产品之间分配费用的问题。但是，有时会出现同一批次产品跨月陆续完工的情况，为了提供月末完工产品成本，需将归集的生产费用分别计入完工产品和期末产品。

2. 分批法下产品成本的计算

【例 7-9】　甲工厂按照购货单位的要求，小批生产 C 产品和 D 产品，采用分批法计算产品成本。该厂 7 月份投产 C 产品 50 件，批号为 601，8 月份全部完工；8 月投产 D 产品 40 件，批号为 701，当月完工 30 件，并已交货，还有 10 件尚未完工。601 批和 701 批产品成本计算单如表 7-8 和表 7-9 所示。各种成本的归集和分配过程略。

表 7-8　产品成本计算单

批号：601 产品　　名称：C 产品

委托单位：××公司　　批量：50 件　　完工日期：8 月 15 日　　　　　单位：元

项　目	直接材料	直接人工	制造费用	合　计
7 月末成本余额	54 000	4 050	15 300	73 350
8 月份发生生产成本				
据材料费用分配表	20 700			20 700
据工资费用分配表		7 650		7 650
据制造费用分配表			36 000	36 000
合　计	74 700	11 700	51 300	137 700
结转产成本（50 件）成本	74 700	11 700	51 300	137 700
单位成本	1 494	234	1 026	2 754

表 7-9　产品成本计算单

批号：701 产品　　名称：D 产品

委托单位：××公司　　批量：40 件　　开工日期：8 月 1 日　　　　　单位：元

项　目	直接材料	直接人工	制造费用	合　计
8 月份发生生产成本				
据材料费用分配表	360 000			360 000
据工资费用分配表		35 000		35 000
据制造费用分配表			91 000	91 000
合　计	360 000	35 000	91 000	486 000
结转产成本（30 件）成本	270 000	30 000	78 000	378 000
单位成本	9 000	1 000	2 600	12 600
月末在产品成本	90 000	5 000	13 000	108 000

在本例中，601 批产品 8 月份全部完工，所以 8 月份在产品成本和 8 月份发生的产品生产成本合计即为 8 月份完工产品的成本。701 批产品 8 月末部分完工，应采用适用的方

将产品生产成本在完工产品和在产品之间进行分配。本例由于材料在生产开始时一次投入，所以材料成本按完工产品和在产品的实际数量比例进行分配，而其他成本则按约当产量比例法进行分配。

1）材料成本按完工产品产量和在产品数量作为比例进行分配

$$完工产品应负担的材料成本 = \frac{360\,000}{30+10} \times 30 = 270\,000 \text{ 元}$$

$$在产品应负担的材料成本 = \frac{360\,000}{30+10} \times 10 = 90\,000 \text{ 元}$$

2）其他生产成本按约当产量比例进行分配

（1）计算 701 批 D 产品在产品约当产量，如表 7 - 10 所示。

表 7 - 10　D 产品约当产量计算表

工序	完工程度/%	在产品/件		完工产品/件	产品合计/件
1	15	2	0.3		
2	25	2	0.5		
3	70	6	4.2		
合计	—	10	5	30	35

（2）直接成本按约当产量比例法：

$$完工产品应负担的直接人工成本 = \frac{350\,000}{30+5} \times 30 = 30\,000 \text{ 元}$$

$$在产品应负担的材料成本 = \frac{350\,000}{30+5} \times 5 = 5\,000 \text{ 元}$$

（3）制造费用按约当产量比例法：

$$完工产品应负担的直接人工成本 = \frac{91\,000}{30+5} \times 30 = 78\,000 \text{ 元}$$

$$在产品应负担的材料成本 = \frac{91\,000}{30+5} \times 5 = 13\,000 \text{ 元}$$

将各项成本分配结果计入 701 批 D 产品成本计算单（表 7-10）即可算出 D 产品的产品成本和月末在产品成本。

7.3.4　分步法

分步法是按照产品的生产步骤计算产品成本的一种方法。它适用于大量大批的多步骤生产，如纺织、冶金、机械制造企业。在这类企业中，产品生产可以分为若干个生产步骤生产的成本管理，往往不仅要求按照产品品种计算成本，而且还要求按照生产步骤计算成本，以便为考核和分析各种产品及各生产步骤的成本计划的执行情况提供资料。

分步法的特点如下：

（1）成本核算对象是各种产品的生产步骤。

（2）月末为计算完工产品成本，还需要将归集在生产成本明细账中的生产成本在完工产品和在产品之间进行分配。

（3）除了按照品种计算和结转产品成本外，还需要计算和结转产品的各步骤成本。其成本核算对象是各种产品及其所经过的各个加工步骤。如果企业只生产一种产品，则成本核算对象就是该种产品及其所经过的各个生产步骤。其成本计算期是固定的，与产品的生产周期不一致。

在实际工作中，根据成本管理对各生产步骤成本资料的不同要求（是否要求计算半成品成本）和简化核算的要求，各生产步骤成本的计算和转结一般采用逐步结转和平行结转两种方法，称为逐步结转分布法和平行结转分布法。

1. 逐步结转分步法

逐步结转分步法是按照产品加工的顺序，逐步计算并结转半成品成本，直到最后一个加工步骤才能计算产品成本的一种方法。它是按照产品加工顺序先计算第一个加工步骤的半成品成本，然后结转给第二个加工步骤，第二步骤把第一步骤转来的半成品成本加上本步骤耗用的材料和加工费用，即可求得第二个加工步骤的半成品成本，顺序逐步转移累计，直到最后一个加工步骤才能计算出产成品成本。逐步结转分步法就是为了分步计算半成品成本而采用的一种分步法，也称计算半成品成本分步法。

逐步结转分步法在完工产品和在产品之间分配生产成本，即在各步骤完工产品和在产品之间进行分配。其优点：一是能提供各个生产步骤的半成品成本资料；二是为各生产步骤的在产品实物管理及资金管理提供资料；三是能够全面地反映各生产步骤的生产耗费水平，更好地满足各生产步骤成本管理的要求。其缺点：成本结转工作量较大，各生产步骤的半成品成本如果采用逐步综合结转方法，还要进行成本还原，增加了核算的工作量。

逐步结转分步法按照成本在下一个步骤成本计算单中的反映方式，还可以分为综合结转和分项结转两种方法。本节具体介绍综合结转法。

综合结转法是指上一步骤转入下一步骤的半成品成本，以"直接材料"或专设的"半成品"项目综合列入下一步骤的成本计算单中。如果半成品通过半成品库收发，由于各月所生产的半成品的单位成本不同，因而所耗半成品的单位成本可以如同材料核算一样，采用先进先出法或加权平均法计算。

【例 7 - 10】　假定甲产品生产分两步在两个车间内进行，第一车间为第二车间提供半成品，半成品收发通过半成品库进行。两个车间的月末在产品均按定额成本计价。成本计算程序如下：

（1）根据各种费用分配表、半成品产量月报和第一车间在产品定额成本资料（这些费用的归集分配和成本法一样，故过程均省略，下同），登记第一车间甲产品（半成品）成本计算单，如表 7 - 11 所示。

表 7 - 11　甲产品（半成品）成本计算单

第一车间　　　　　　　　　　20×7 年 5 月　　　　　　　　　　单位：元

项　目	产量/件	直接材料费	直接人工费	制造费用	合　计
月初在产品成本（定额成本）		6 1000	7 000	5 400	73 400
本月生产费用		89 500	12 500	12 500	114 500
合　计		150 500	19 500	17 900	187 900
完工半成品转出	800	120 000	16 000	15 200	151 200
月末在产品定额成本		30 500	3 500	2 700	36 700

根据第一车间甲产品(半成品)成本计算单和半成品入库单,编制会计分录如下:

借:自制半成品　　　　　　　　　　　　　　　　　　151 200

　　贷:生产成本—基本生产成本—第一车间(甲产品)　　151 200

(2)根据第一车间甲产品(半成品)成本计算单、半成品入库单以及第二车间领用半成品的领用单,登记半成品明细账,如表 7-12 所示。

表 7-12　半成品明细账

月份	月初余额		本月增加		合 计		本月减少		
	数量	实际成本	数量	实际成本	数量	实际成本	单位成本	数量	实际成本
5	300	55 600	800	151 200	1 100	206 800	188	900	169 200
6	200	37 600							

根据半成品明细账所列半成品单位成本资料和第二车间半成品领用单,编制会计分录如下:

借:生产成本—基本生产成本—第二车间(甲产品)　　169 200

　　贷:自制半成品　　　　　　　　　　　　　　　　　169 200

(3)根据各种费用分配表、半成品领用单、产成品产量月报以及第二车间在产品定额成本资料,登记第二车间甲产品(产成品)成本计算单,如表 7-13 所示。

表 7-13　甲产品(产成品)成本计算单

项 目	产量(件)	直接材料费	直接人工费	制造费用	合 计
月初在产品成本(定额成本)		37 400	1 000	1 100	39 500
本月生产费用		169 200	19 850	31 450	220 500
合 计		206 600	20 850	32 550	260 000
产成品转出	500	189 000	19 500	30 000	238 500
单位成本		378	39	60	477
月末在产品定额成本		17 600	1 350	2 550	21 500

根据第二车间甲产品(产成品)成本计算单和产成品入库单,编制会计分录如下:

借:库存商品　　238 500

　　贷:生产成本—基本生产成本—第二车间(甲产品)　　238 500

2. 平行结转分步法

平行结转分步法是指在计算各步骤成本时,不计算各步骤所产半成品成本,也不计算各步骤所耗上一步骤的半成品成本,而只计算本步骤发生的各项其他费用,以及这些费用中应计入产成品的份额,将相同产品的各步骤成本明细账中的这些份额平行结转、汇总,即可计算出该种产品的产成品成本。这种结转各步骤成本的方法称为平行结转分步法,也称不计算半成品成本分步法。

采用平行结转分步法的成本计算对象是各种产成品及其经过的各生产步骤中的成本份额,而各步骤的产品生产费用并不随着半成品实物的转移而结转。其成本结转程序如图 7-2所示。

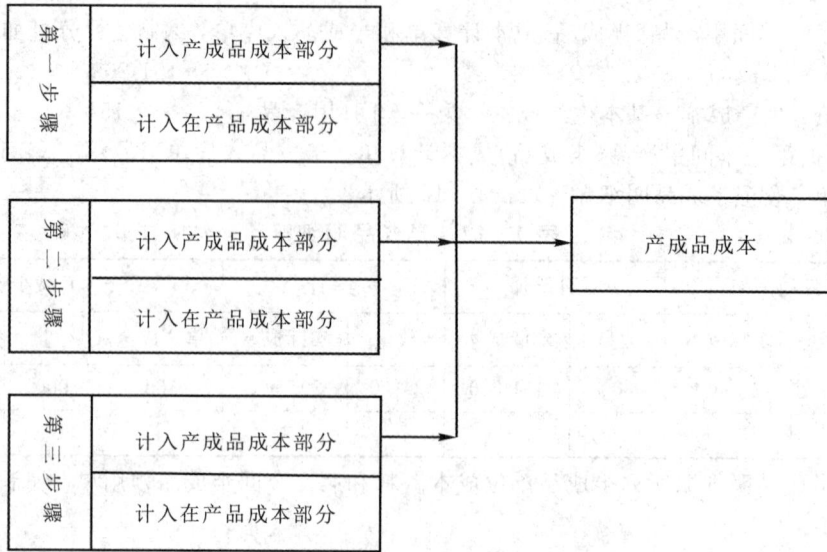

图 7 - 2　平行结转分步法的基本步骤

从图 7 - 2 中可以看出，各生产步骤不计算本步骤的半成品成本，尽管半成品的实物转入下一生产步骤继续加工，但其成本并不结转到下一生产步骤的成本计算单中去，只是当产品最终完工入库时，才将各步骤费用中应由完工产成品负担的份额从各步骤成本计算单中转出，平行汇总计算产成品的成本。

这种方法的优点是：各步骤可以同时计算产品成本，平行汇总计入产成品成本，不必逐步结转半成品成本；能够直接提供按原始成本项目反映的产成品成本资料，不必进行成本还原，因而能够简化和加速成本计算工作。这种方法的缺点是：不能提供各个步骤的半成品成本资料；在产品的费用在产品最后完成以前不随实物转出而转出，即不按其所在的地点登记，而按其发生的地点登记，因而不能为各个生产步骤在产品的实物和资金管理提供资料；各生产步骤的产品成本不包括所耗半成品费用，因而不能全面地反映各步骤产品的生产耗费水平（第一步骤除外），不能更好地满足这些步骤成本管理的要求。

7.4　作业成本法

7.4.1　作业成本法的基本理论

作业成本法是把企业消耗的资源按资源动因分配到作业，并把作业收集的成本按作业动因分配到成本对象的成本核算与管理方法。

1. 作业成本法的目标

（1）区分增值作业和不增值作业，消除不增值作业成本并使低增值作业成本达到最小。

（2）引入效率与效果，使低增值作业成本向高增值作业成本转换，从而使经营过程中展开的增值活动衔接流畅，以改善产出。

（3）发现造成问题的根源并加以改正。

（4）根除由不合理的假设与错误的成本分配造成的扭曲。

2. 产品成本的经济实质

成本是生产经营过程中为生产产品所耗费资源的货币表现，产品作为企业内部一系列作业的总产出，凝聚了在各个作业上形成并最终转移给顾客的价值。作业链同时也表现为价值链，作业的推移同时也表现为价值在企业内部的逐步积累和转移，最后形成转移给外部顾客的总价值，即产品的成本。

作业成本法强调费用支出的合理性和有效性，而不论其是否与产出直接相关。作业成本计算法下的成本项目是按照作业类别设置的。

在作业成本法下，成本计算的对象是多层次的，大体可以分为资源、作业、作业中心和制造中心这几个层次。

1）资源

如果把整个制造中心（即作业系统）看成一个与外界进行物质交换的投入产出系统，则所有进入该系统的人力、物力、财力等都属于资源范畴。作业成本法把资源作为成本计算对象，是要在价值形成的最初形态上反映被最终产品吸纳的有意义的资源耗费价值。也就是说，在这个环节，成本计算要处理两个方面的问题：一是区分有用消耗和无用消耗；二是区别消耗资源的作业状况，看资源是如何被消耗的，找到资源动因，按资源动因把资源耗费价值分解计入吸纳这些资源的不同作业中。

2）作业

作业是成本分配的第一对象。资源耗费是成本被汇集到各作业的原因，而作业是汇集资源耗费的对象。作业应具备以下特征：

（1）作业是以人为主体的。

（2）作业消耗一定的资源。

（3）区分不同作业的标志是作业目的。

（4）对于一个生产流程或管理流程不尽合理的企业，作业可以区分为增值作业和不增值作业。

（5）作业的范围可以被限定。

从上述分析中可以看到，作业作为成本计算对象，不仅有利于相对准确地计算产品成本，还有利于进行成本考核和分析工作。

3）作业中心

作业中心是负责完成某一项特定产品制造功能的一系列作业的集合。作业中心既是成本汇集中心，也是责任考核中心。一般来说，作业中心是基于管理的目的而不是专门以成本计算为目的的设置或划定的。将作业中心作为成本计算对象有利于汇集资源耗费。在计算成本时，应先在作业中心汇集该中心范围内所耗费的各种资源价值，然后把汇集的资源价值按照资源动因分解到各作业。之所以要把资源价值分解到各作业，是因为各作业对最终产品贡献的方式与原因不同。

4）制造中心

制造中心作为成本计算对象，实质上是指计算制造中心产出的产品的成本。一般来说一个大型制造企业可以划分为若干制造中心，划分制造中心的依据是各制造中心只生产一种产品或多种产品。

3. 作业成本法与传统成本法的区别

1）适用企业类型不同

采用传统成本法的企业所运用的生产设备、生产技术、原材料均处于平稳状态，生产作业呈现循环反复的特征，企业加工产品类型比较单一，间接费用、人工成本占比较小，适用于大批量生产和产品种类少、寿命周期长、工艺不复杂、制造费用比重较低的企业。

采用作业成本法的企业生产的信息技术程度要求较高，需要根据采购方实际需求来设计和生产产品，间接成本费用在产品成本中所占的比重较大，整体生产规模庞大，生产产品种类和样式复杂，加工流程烦琐，加工技术要求精湛，适用于适时生产系统与高度自动化制造系统相结合的经营环境，可应用在小批量、多品种、技术复杂、高度自动化生产，制造费用比重相对较高的现代企业中。

2）间接费用归集和分配的理论基础不同

传统成本法的理论基础是：企业产品按照耗费的生产时间或按照产量来消耗各项间接费用，然后分配到产品成本中。作业成本法的理论基础是将资源归集在成本库中，然后按照成本驱动因素，即产品耗用作业，作业耗用资源，通过选择多样化的分配标准分配间接费用，提高成本信息的准确性。

3）成本流程管理不同

传统成本下生产流程管理是单一的从前向后推进的运行方式，直至最终完成产品，产品质量监督的重点在成品上。作业成本法下生产流程是一种向前逐步推进的运行方式，后一道生产工序决定前一道生产工序，环环相扣，产品质量监督工作重点放在生产流程全过程中，能有效提升生产效率和生产质量，从而提高经济效益。

4）对成本经济内容的认识和计算方式不同

传统成本法下，产品成本只包括与生产产品直接相关的费用（直接材料、直接人工、制造费用等），在费用分配时主要将对人工和机械设备两者做出分摊，会造成生产数量少、操作技术复杂的产品在成本价格上普遍偏低，而生产数量大、操作技术简单的产品在成本价格上基本偏高。作业成本法强调费用的合理性、有效性，而不论费用是否与生产产品直接关联，注重生产过程中对投入成本及变化的前因后果进行全面细致分析，将作业取代产品，根据成本动因对资源进行合理分配，计入生产成本。

7.4.2 作业成本法的计算

在"决策相关性"这个理论基点上，作业成本法可以归纳为"作业消耗资源，产品消耗作业"。因此，作业成本计算的基本程序就是要把资源耗费价值予以分解并分配给作业，再将各作业汇集的价值分配给最终产品或服务。这一过程可以分为三个步骤。

第一，确认作业中心，将资源耗费价值归集到各作业中心。

第二，确认作业，将作业中心汇集的各资源耗费价值予以分解并分配到各作业成本库中。

在此应注意以下几点：

（1）成本动因的选择不必求全，但应该找到最重要的、与主要成本花费相关的关键因子。

（2）成本动因的选择采取多元化的方式。

（3）作业分类的确认。确认作业的理论依据是作业特性，实务依据则是作业贡献于产品的方式和原因，即作业动因。据此，可以把作业分为三大类：

① 不增值作业。把那些企业希望消除且能够消除的作业认定为不增值作业。

② 专属作业。把为某种特定产品提供专门服务的作业认定为专属作业。专属作业成本库成本直接结转计入该特定产品的生产成本。

③ 共同消耗作业。共同消耗作业是为多种产品生产提供服务的作业。

第三，设置资源库，归集资源消耗价值，将各作业成本库价值分配计入最终产品成本。

7.4.3 作业成本法案例分析

【例 7-11】 ××公司生产三种电子产品，分别是产品 X、产品 Y、产品 Z。产品 X 是三种产品中工艺最简单的一种，公司每年销售 10 000 件；产品 Y 工艺相对复杂一些，公司每年销售 20 000 件，在三种产品中销量最大；产品 Z 工艺最复杂，公司每年销售 40 00 件。公司设有一个生产车间，主要工序包括零部件排序准备、自动插件、手工插件、压焊、技术冲洗及烘干、质量检测和包装。原材料和零部件均外购。××公司一直采用传统成本法计算法产品成本。

1. 传统成本法

（1）公司有关的成本资料如表 7-14 所示。

表 7-14　公司有关的成本资料

	产品 X	产品 Y	产品 Z	合 计
产量/件	10 000	20 000	4 000	
直接材料/元	500 000	1 800 000	80 000	2 380 000
直接人工/元	580 000	1 600 000	160 000	2 360 000
制造费用/元				3 894 000
直接人工工时/小时	30 000	80 000	8 000	118 000

（2）在传统成本法下，××公司以直接人工工时为基础分配制造费用如表 7-15 所示。

表 7-15　制造费用的分配

	产品 X	产品 Y	产品 Z	合 计
年直接人工工时	30 000	80 000	8 000	118 000
分配率	3 894 000/118 000＝33			
制造费用	990 000	2 640 000	264 000	3 894 000

（3）采用传统成本法计算的产品成本资料如表 7-16 所示。

表 7-16　产品成本资料

	产品 X	产品 Y	产品 Z
直接材料	500 000	1 800 000	80 000
直接人工	580 000	1 600 000	160 000
制造费用	990 000	2 640 000	264 000
合计	2 070 000	6 040 000	504 000
产量/件	10 000	20 000	4 000
单位产品成本	207	302	126

2. 公司的定价策略及产品销售方面的困境

1）公司的定价策略

公司采用成本加成定价法作为定价策略，按照产品成本的 125% 设定目标售价，如表 7-17 所示。

表 7-17　产品定价

	产品 X	产品 Y	产品 Z
产品成本	207.00	302.00	126.00
目标售价（产品成本×125%）	258.75	377.50	157.50
实际售价	258.75	328.00	250.00

2）产品销售方面的困境

近几年，公司在产品销售方面出现了一些问题。产品 X 按照目标售价正常出售。产品 Y 由于来自外国公司的竞争压力被迫售价降低到 328 元，低于目标售价 377.5 元。产品 Z 的售价定于 157.5 元时，由于公司收到的订单数量非常多，超过其生产能力，因此将产品 Z 的售价提高到 250 元，然而即使在 250 元这一价格下，公司收到的订单数量依旧在不断增加。上述情况表明，产品 X 的销售及盈利状况正常，产品 Z 是一种高盈利低产量的优势产品，而产品 Y 是公司的主要产品，年销售量最高，现在却面临困境，因此产品 Y 成为公司管理人员关注的焦点。在分析过程中，管理人员对传统成本法提供的成本资料的正确性产生了怀疑。他们决定使用作业成本法重新计算产品成本。

3. 作业成本法在案例中的应用

（1）管理人员经过分析，认定了公司发生的主要作业并将其划分为几个同质作业成本库，然后将间接费用归集到各作业成本库中。归集的结果如表 7-18 所示。

表 7-18　间接费用的归集

制造费用	金额/元
装配	1 212 600
材料采购	200 000
物料处理	600 000
起动准备	3 000
质量控制	421 000
产品包装	250 000
工程处理	700 000
管理	507 400
合计	3 894 000

（2）管理人员认定各作业成本库的成本动因并计算单位作业成本如表 7-19、表 7-20 所示。

表 7-19　成本动因

制造费用	成本动因	作业量			
		产品 X	产品 Y	产品 Z	合计
装配	机器时间/小时	10 000	25 000	8 000	43 000
材料采购	订单数量/张	1 200	4 800	14 000	20 000
物料处理	材料移动/次	700	3 000	6 300	10 000
起动准备	准备次数/次	1 000	4 000	10 000	15 000
质量控制	检验时间/小时	4 000	8 000	8 000	20 000
产品包装	包装次数/次	400	30 00	6 600	10 000
工程处理	工程处理时间/小时	10 000	18 000	12 000	40 000
管理	直接人工/小时	30 000	80 000	8 000	118 000

表 7-20　单位作业成本

制造费用	成本动因	年制造费用	年作业量	单位作业成本
装配	机器时间/小时	1 212 600	43 000	28.2
材料采购	订单数量/张	200 000	20 000	10
物料处理	材料移动/次	600 000	10 000	60
起动准备	准备次数/次	3 000	15 000	0.2
质量控制	检验时间/小时	421 000	20 000	21.05
产品包装	包装次数/次	250 000	10 000	25
工程处理	工程处理时间/小时	700 000	40 000	17.5
管理	直接人工/小时	507 400	118 000	4.3

（3）将作业成本库的制造费用按单位作业成本分摊到各产品，如表7-21所示。

表7-21 各产品的制造费用

	单位作业成本	X产品		Y产品		Z产品	
		作业量	作业成本/元	作业量	作业成本/元	作业量	作业成本/元
装配	28.2	10 000	282 000	25 000	705 000	8 000	225 600
材料采购	10	1 200	12 000	4 800	48 000	14 000	140 000
物料处理	60	700	42 000	3 000	180 000	6 300	378 000
起动准备	0.2	1 000	200	4 000	800	10 000	2 000
质量控制	21.05	4 000	84 200	8 000	168 400	8 000	168 400

续表

	单位作业成本	X产品		Y产品		Z产品	
		作业量	作业成本/元	作业量	作业成本/元	作业量	作业成本/元
产品包装	25	400	10 000	3 000	75 000	6 600	165 000
工程处理	17.5	10 000	175 000	18 000	315 000	12 000	210 000
管理	4.3	30 000	129 000	80 000	344 000	8 000	34 400
合计	—	—	734 400	—	1 836 200	—	1 323 400

（4）经过重新计算，管理人员得到的产品成本资料如表7-22所示。

表7-22 产品成本资料 单位：元

	产品X	产品Y	产品Z
直接材料	500 000	1 800 000	80 000
直接人工	580 000	1 600 000	160 000
装配	282 000	705 000	225 600
材料采购	12 000	48 000	140 000
物料处理	42 000	180 000	378 000
起动准备	200	800	2 000
质量控制	84 200	168 400	168 400
产品包装	10 000	75 000	165 000
工程处理	175 000	315 000	210 000
管理	129 000	344 000	34 400
合计	1 814 400	5 236 200	1 563 400
产量	10 000	20 000	4 000
单位产品成本	181.44	261.81	390.85

（5）传统成本法与作业成本法的对比分析及效果如表 7-23 所示。

表 7-23　传统成本法与作业成本法的比较　　　　单位：元

	产品 X	产品 Y	产品 Z
产品成本（传统成本法）	209.00	302.00	126.00
产品成本（作业成本法）	181.44	261.81	390.85
目标售价（传统成本法下产品成本×125%）	258.75	377.50	157.50
目标售价（作业成本法下产品成本×125%）	226.80	327.26	488.56
实际售价	258.75	328.00	250.00

××公司的管理人员利用作业成本法取得较传统成本法更为准确的产品信息。产品 X 和产品 Y 在作业成本法下的产品成本都远远低于传统成本法下的产品成本，符合现实市场情况，并为产品 Y 遇到的困境提供了很好的解释。公司现有的 328 元的实际售价与目标售价基本吻合。产品 X 的实际售价 258.75 元高于重新确定的目标售价 226.8 元，是一种高盈利的产品。产品 Z 在传统成本法下的产品成本显然被低估了，应该提高至 390.85 元才能完全覆盖成本，如果售价不能提高或产品成本不能降低，公司应考虑放弃生产产品 Z。

通过比较传统成本法与作业成本法的效果，可以及时对公司的定价策略进行调整，并进一步利用作业成本法提供的相对准确的信息对公司的其他决策进行分析调整。

【例 7-12】　自制或外购决策。

最近，公司生产产品 A 使用一种主要零部件 SFA 的价格上涨到每件 10.6 元，这种零件每年需要 10 000 件。由于公司有多余的生产能力且无其他用途，只需再租用一台设备即可制造这种零件，设备的年租金为 400 00 元。管理人员对零件自制或外购进行了决策分析。

（1）根据传统成本法提供的信息，这种零件的预计制造成本如表 7-24、表 7-25 所示。

表 7-24　零件的单位制造成本　　　　单位：元

单位零件成本	成本总额
直接材料	0.6
直接人工	2.4
变动制造费用	3.6
共耗固定成本	30 000

表 7-25　自制差别成本　　　　单位：元

项　目	耗用金额	
直接材料	10 000×0.6	6 000
直接人工	10 000×2.4	24 000
变动制造费用	10 000×2.6	26 000
专属固定成本	40 000	
合计	96 000	

外购差别成本＝10 000×10.6＝106 000 元

自制差别成本＝96 000 元

分析结果显示，自制差别成本为 96 000 元，小于外购差别成本 106 000 元，自制零件可节约 10 000 元，管理人员应选择自制零件 SFA。

（2）作业成本法的应用。

经过作业成本法计算，管理人员发现有一部分共耗固定成本可以归属到这种零件，其预计制造成本如表 7-26 所示，自制差别成本如表 7-27 所示。

表 7-26　预计制造成本

项目	成本动因	单位作业成本	作业量
直接材料	产量/件	0.60	10 000
直接人工	产量/件	2.40	10 000
装配	机器时间/小时	28.22	800
材料采购	订单数量/张	10.00	600
物料处理	材料移动/次	60.00	120
起动准备	准备次数/次	0.20	200
质量控制	检验时间/小时	21.05	100
产品包装	包装次数/次	25.00	20

表 7-27　自制差别成本　　　　　　　　单位：元

项目	耗用金额	
直接材料	10 000×0.6	6 000
直接人工	10 000×2.4	24 000
装配	800×28.2	22 560
材料采购	600×10	6 000
物料处理	120×60	7 200
起动准备	500×0.20	100
质量控制	200×21.05	4210
产品包装	150×25	3 750
专属固定成本	40 000	
合计	113 820	
外购差别成本	10 000×10.6	106 000
外购零件节约的成本	7 820	

（3）对比分析及效果。

利用作业成本法提供的信息进行分析后，管理人员的结论是选择外购零件 SFA。因为自制差别成本为 113 820 元，大于外购差别成本 106 000 元，外购零件可节约 7 820 元。作业成本法提供了相对准确的信息，使管理人员避免了不当的决策。

【例 7 - 13】　实现目标利润下的产销量分析。

（1）传统成本法下，产品 A 的相关成本信息预测如表 7 - 28、表 7 - 29 所示。

表 7 - 28　产品 A 的相关成本信息预测

项　目	成本/元
直接材料	50
直接人工	60
变动制造费用	56.4

表 7 - 29　产品 A 达到目标利润的产销量

单　价	金额/元
售价	258.75
目标利润	708 200
预测企业达到目标利润的产销量	1 108 200

单位毛利：$258.75 - (50 + 60 + 56.4) = 92.35$ 元

预计产量：$\dfrac{1\ 108\ 200}{92.35} = 12\ 000$ 元

（2）作业成本法下，产品 A 的相关信息及管理人员的预测如表 7 - 30 所示。

表 7 - 30　产品 A 的相关信息与管理人员的预测　　　单位：元

项　目	成本动因	单位作业成本	耗用金额
直接材料	产量/件	50	
直接人工	产量/件	60	
装配	机器时间/小时	28.2	10 000
材料采购	订单数量/张	10	1 200
物料处理	材料移动/次数	60	700
起动准备	准备次数/次	0.2	1 000
质量控制	检验时间/小时	21.05	4 000
产品包装	包装次数/次	25	400
工程处理	工程处理时间/小时	17.5	10 000
管理	—		129 000

产品 A 的售价为 258.75 元，目标利润为 708 200 元。

预测企业达到目标利润的产销量为：

708 200＋28.2×10 000＋10×1 200＋60×700＋0.2×1 000＋21.05×4 000＋25×400＋17.5×10 000＋129 000＝1 442 600

$$\frac{1\ 442\ 600}{258.75-50-60}=9\ 699$$

作业成本法下达到目标利润的预测产销量为 9 699 件，明显与传统成本法预测的结果（12 000 件）不同。

7.5　成本会计的发展趋势和应对策略

成本会计是企业会计工作的一个重要分支，在企业发展中发挥着重要作用。随着社会经济的不断发展，企业的成本核算也在发生着变化，企业应该顺应发展趋势，不断完善成本会计工作，提升成本会计工作的质量和效率。

7.5.1　影响成本会计发展的因素

随着信息技术的进步，生产方式的改变，产品生命周期的缩短，全球竞争的加剧，企业的经营方式、管理策略、成本计算方法也在快速发展和变化。为了提供决策有用的信息，需要重构成本会计体系。影响成本会计发展的因素包括以下三方面内容。

1. 成本会计的范畴发生变化

成本会计范畴的确定对成本会计的发展有一定的影响，若将成本会计和成本管理两者进行混合，就不能突出成本会计在管理中所产生的作用。如果将与成本有关的诸多价值问题都包含在成本会计的范畴中就会导致成本会计、管理会计以及财务管理等方面内容的重复。

2. 知识经济对成本会计发展的影响

随着知识经济时代的到来，知识所具有的作用已经超越了资本和劳动力两大生产要素，已经成为经济发展中的第一要素。在这种背景下，企业的技术等知识资源消耗的存在，尤其是计算机先进技术的应用，进一步加剧了知识经济对成本会计发展所带来的影响。

3. 经济全球化对成本会计发展的影响

经济全球化的发展使国外企业与国内企业之间的竞争越来越激烈，企业管理者对企业成本核算的关注度也越来越高。面对经济全球化的影响，传统的成本会计技术和方法的应用导致了企业产品成本信息存在一定的信息失真问题，进而影响企业的经营决策。

4. 网络的普及使电子商务日益风行

网络的普及使电子商务日益风行，从而改变了成本会计核算的前提。传统意义上的核算实体已不复存在。由于网络交易的临时性，当某项交易完成后虚拟的交易主体就会解散，在成本计算时将短暂的经营期限再划分为若干会计期间显得没有必要，成本计算方法将发生根本变化。

5. 产品生命周期缩短

产品生命周期缩短更需要成本精确计算。技术的飞速发展缩短了产品的生命周期，因此，发现成本计算错误时，公司没有时间做出成本计算调整，迫切需要企业成本计算的正确性。

7.5.2　企业成本会计的发展趋势

1. 成本会计核算和管理节点前移

随着管理会计越来越受到重视，企业财务工作环节也开始前移，不再仅关注会计核算工作，预测分析工作变得越来越重要。这也促进了企业成本会计的发展，从事中的成本核算控制和事后分析，转变为事前预测、规划和决策，成本预测决策成为成本会计的发展趋势和重要环节。成本预测和分析可以为企业后续的成本管理提供预算目标，也可以通过本量利分析等工作方式确定企业的成本目标，为后续成本计划、成本核算等工作提供依据，已然成为企业经营管理中的重要环节。

2. 信息技术环境下成本会计的发展趋势

在信息化和大数据时代，企业财务工作实现了高度的系统自动化，信息化是企业成本会计的发展趋势和方向。充分利用信息技术建立系统来开展成本会计工作不仅可以提高工作的准确性和及时性，还能够避免人为因素对工作造成的影响。而且，随着科学技术的不断精进以及企业管理模式的变化，成本会计信息化进程必将加快，以提高工作效率和准确性。

3. 新型的管理理念推动成本会计的发展

成本会计在发展过程中，账务处理和管理方法不断增加和优化创新，在中国会计准则和国际会计标准接轨的情况下，中国企业的成本核算方法也逐渐与国际趋于一致。例如逐步推广的作业成本法是企业成本会计的下一步发展趋势和方向，并在不断完善。以作业成本法为基础的成本会计管理模式将逐步取代传统的一些管理方式，带动成本会计工作不断创新。

4. 成本会计的范围愈加广泛

成本会计最初是为了控制生产企业在生产环节相关成本而产生的，其使用面较窄。在各企业生产经营管理水平不断提高的情况下，企业对于成本管理越来越重视，成本会计的使用范围也越来越广，在不同行业、不同环节、不同工作方面均得到了扩展。例如，成本不再仅局限于生产环节，还包括企业的销售环节、研发环节、管理环节等；越来越多的行业重视成本管理，包括行政事业单位、服务业等，而且每个行业所关注的成本点不一样，采用的计算方法也存在差异。

7.5.3　企业成本会计发展的相关对策

从影响成本会计发展趋势的因素进行剖析，可以得出相应的应对策略。

1. 提高我国成本会计理论研究水平

针对成本会计的发展趋势，我国应不断加强在成本会计理论方面的研究水平。逐渐建立符合我国国情的成本会计研究方法体系，在理论研究中应打破原有的传统会计理论的束缚，从成本会计发展趋势的需求出发不断完善成本会计的理论。

2. 更新理念学习先进的经验与方法

在成本会计的发展策略中应不断更新自身的理念，打破传统理念给成本会计应用与发展带来的负面作用。通过更新理念，不断学习国内外一切关于成本会计的先进经验与方法，结合企业的实际情况，树立企业成本效益的思想，真正发挥出成本会计在管理中所具有的作用。

3. 充分利用计算机技术

计算机应用技术的发展给成本会计的实际应用带来了巨大发展。企业有必要利用以计算机应用技术为中心的一切信息管理手段来支撑企业成本会计的发展。不断加强自身在成本核算与成本控制方面的工作效率。

4. 完善与推广成本会计方法

成本会计应用效果的好坏与成本会计方法有着密不可分的联系。因而有必要不断地创新成本会计方法，同时应不断完善与推广有效的成本会计应用经验，从而促进我国在成本会计应用方面能力的提升。

5. 提升成本会计从业人员素质

对于成本会计的发展来说，无论是理论还是实践，都离不开成本会计从业人员。成本会计从业人员素质水平的高低对成本会计的发展起关键性的作用。因而有必要通过学校教育和工作后再培训等多种措施促进从业人员整体素质的提升。

总之，企业成本会计在一定程度上影响了现代企业的生产和发展，我们需要在对前人经验进行总结的基础上，确定适合企业自身的成本会计应用策略，不断促进成本会计的发展与进步。通过对成本会计发展趋势的不断研究与应用形成一套具有我国特色的成本会计应用体系。

练 习 题

一、单项选择题

1. 成本会计的最基本职能是（　　）。

A. 成本预测　　　B. 成本决策　　　C. 成本核算　　　D. 成本分析

2. 对大量大批生产的产品，应当以（　　）作为产品成本计算对象。

A. 产品的品种　　B. 产品的批次　　C. 产品的生产步骤　　D. 产品的类别

3. 某基本生产车间本月归集制造费用 15 000 元，本月该车间生产了 A、B 两种产品，产量分别为 200 件和 300 件。本月该车间为生产 A、B 产品共耗用生产工时 8 000 小时。其中 A 产品 3 000 小时，B 产品 5 000 小时。则该车间制造费用的分配率为（　　）。

A. 30　　　　　B. 5　　　　　C. 3　　　　　D. 1.875

4. 李某本月生产甲零件 2 000 只，其中合格品 1 950 只，工废品 30 只，料废品 20 只。本月李某计算计件工资的甲零件数量是（　　）。

A. 2 000　　　B. 1 980　　　C. 1 970　　　D. 1 950

5. 使分配结果最正确的辅助生产费用分配方法是（　　）。

A. 直接分配法　　B. 交互分配法　　C. 代数分配法　　D. 顺序分配法

6. 下列各方法中，不属于计算产品成本方法的是（　　）。

A. 分批法　　　B. 分步法　　　C. 品种法　　　D. 约当产量法

7. 最基本的产品成本计算方法是（　　　）。

A. 分批法　　　　　B. 分步法　　　　　C. 品种法　　　　　D. 分类法

8. 各月末在产品数量很小的产品，生产费用在完工产品与在产品之间分配宜采用（　　　）。

A. 不计算在产品成本法　　　　　　　B. 固定计算在产品成本法

C. 按所耗材料计算在产品成本法　　　D. 按定额成本计算在产品法

9. 某种产品由三个生产步骤形成，采用逐步结转分步法计算成本。本月第一生产步骤转入第二生产步骤的生产费用为 2 300 元，第二生产步骤转入第三生产步骤的生产费用为 4 100 元。本月第三生产步骤发生的加工费用为 2 500 元，第三生产步骤月初在产品费用 800 元，月末在产品费用为 600 元。本月该种产品的完工产品成本为（　　　）。

A. 9 100 元　　　　B. 6 800 元　　　　C. 6 400 元　　　　D. 2 700 元

10. 下列方法中，要进行成本还原的分步法是（　　　）。

A. 逐步结转分步法　　　　　　　　　B. 平行结转分步法

C. 综合结转分步法　　　　　　　　　D. 分项结转分步法

二、多项选择题

1. 制造企业一般设置的三项产品成本项目是（　　　）。

A. 直接材料　　　B. 直接人工　　　C. 燃料及动力　　　D. 制造费用

2. 下列各项中属于制造费用分配标准的有（　　　）。

A. 完工产品数量　　　　　　　　　　B. 产品生产定额工时

C. 生产工人工资　　　　　　　　　　D. 车间管理人员工资

3. 企业最常用的辅助生产费用分配方法是（　　　）。

A. 直接分配法　　　B. 交互分配法　　　C. 代数分配法　　　D. 顺序分配法

4. 产品成本计算的基本方法包括（　　　）。

A. 分批法　　　　　B. 分步法　　　　　C. 品种法　　　　　D. 分类法

5. 下列属于产品成本项目的有（　　　）。

A. 直接材料　　　B. 直接人工　　　C. 制造费用　　　D. 废品损失

6. 属于直接生产费用的有（　　　）。

A. 生产工人计时工资　　　　　　　　B. 生产工人计件工资

C. 车间机器折旧费用　　　　　　　　D. 车间厂房折旧费用

7. 分批法适用范围的应用条件是（　　　）。

A. 单件、小批类型的生产　　　　　　B. 成本计算期与产品生产周期基本一致

C. 各月间接费用水平相差不多　　　　D. 各月生产费用水平相差不多

8. 约当产量比例法适用于（　　　）。

A. 各月末在产品数量较大

B. 各月末在产品数量变化较大

C. 各月末在产品接近完工

D. 产品成本中原材料费用和工资等其他费用比重相差不大

9. 为了正确计算成本，必须划分（　　　）的界限。

A. 各个会计期间产品的成本　　　　　B. 经营管理费用支出与其他支出

C. 不同产品的费用　　　　　　　　　D. 完工产品与在产品的费用

E. 产品制造成本与期间成本

10. 在分步法中，相互对称的结转方法有（　　　）。

A. 综合结转与平行结转　　　B. 逐步结转与平行结转　　　C. 逐步结转与分项结转

D. 综合结转与分项结转　　　E. 平行结转与分项结转

三、简答题

1. 在产品成本计算过程中，应分清哪些费用界限？

2. 简述产品成本计算的一般程序。

3. 简述分批法的特点和适用范围。

4. 简述品种法的概念与特点。

5. 什么是平行结转分步法？其特点是什么？

6. 简述成本会计的职能。

7. 什么是成本核算？简述成本核算的一般程序。

8. 简述定额法的优缺点。

9. 完工产品与月末在产品之间分配费用的方法有哪些？

10. 产品成本计算的基本方法各包括哪些方法？各自的适用条件是什么？

四、计算题

1. 某企业基本生产车间生产 A、B 两种产品，共同耗用甲材料 13 500 千克，每千克单价为 2.16 元。生产 A 产品 1 800 件，单件 A 产品甲材料消耗定额为 4.5 千克；生产 B 产品 1 200 件，单件 B 产品甲材料消耗定额为 2.25 千克。

要求：根据上述资料，以定额材料消耗量为分配标准，计算 A、B 两种产品应分配的甲材料费。

2. 某公司生产 A 产品，本月完工产品产量 500 件，月末在产品 100 件。完工程度按平均 50% 计算，材料在开始时一次投入，其他费用按约当产量比例法分配。A 产品本月耗用直接材料共计 24 000 元，直接人工费用 11 000 元，制造费用 5 500 元。

要求：根据以上资料，采用约当产量比例法计算完工产品总成本和月末在产品成本。

3. 某企业生产 D、E、F 三种产品，这三种产品所用原材料和生产工艺过程基本相同，以 E 产品作为标准产品。月初在产品成本分别是：直接材料 11 280 元，直接人工 5 400 元，制造费用 4 084 元。本月发生的费用：直接材料 30 000，直接人工 10 080，制造费用 8 300。

产品名称	折合标准产量系数	完工产量	在产品	
			数量	完工程度/%
D 产品	0.8	2 000	2 500	60
E 产品	1	2 400	3 500	40
F 产品	1.2	1 500	2 000	80

要求：根据以上材料，计算月末在产品成本、本月产成品的总成本和单位成本。

第 8 章　企业投资决策

【学习目标】　了解投资概念和意义，掌握货币的时间价值、风险与报酬、资金成本的概念及相关指标的计算。掌握现金流量的概念、构成，非折现现金流量指标和折现现金流量指标的计算方法。理解各种投资决策指标的概念、计算方法和投资决策规则和优缺点。掌握投资项目现金流量估计、固定资产更新决策、项目寿命不等的投资决策方法。

【案例导入】　S公司正面临新产品是否进行投产的决策。如果将新产品进行投产，需要新购置一台成本为 120 万元的设备，新产品 5 年后停产，设备直线法计提折旧，5 年后预计设备市场价为 10 万。预计每年固定成本 6 万元（不含折旧费和利息费用），变动成本为 60 元/件。此外，新设备投产初期需要投入营运资金 20 万元。营运资金于第 5 年年末全额收回。

新产品投产后，预计年销售额为 96 万元。同时，由于新旧产品存在竞争关系，新产品投产后会使旧产品的每年营业现金净流量减少 4.5 万元。S公司希望知道是否应该进行新产品的投产。通过本章的学习，你将了解有关企业投资管理的相关知识，从而进行基本的投资判断和决策。

8.1　投资管理概述

8.1.1　投资的意义

1. 投资的定义

投资是将一定的财力投放于一定的对象，以期在未来获取一定利润的经济行为。例如投入经营资产或者购买金融资产，或者是取得这些资产的权利，其目的是在未来一定时期内获得与风险相匹配的报酬。在市场经济条件下，公司能否把筹集到的资金投放到报酬高、回收快、风险小的项目上去，对企业的生存和发展十分重要。

1）企业投资是实现财务管理目标的基本前提

企业财务管理的目标是不断提高企业价值，为股东创造财富。因此要采取各种措施增加利润，降低风险。企业要想获得利润，就必须进行投资，在投资中获得效益。

2）企业投资是公司发展生产的必要手段

在科学技术和社会经济迅速发展的今天，企业无论是维持简单再生产还是实现扩大再生产，都必须进行一定的投资。企业只有通过一系列的投资活动，才能增强实力、广开财源，推动企业不断发展壮大。

3）企业投资是公司降低经营风险的重要方法

企业把资金投向生产经营的关键环节或者薄弱环节，可以使各种生产经营能力配套、平衡，形成更大的综合生产能力。

2. 投资的分类

根据不同的划分标准，企业投资可作以下分类。

1) 直接投资与间接投资

按投资与企业生产经营的关系，企业投资可分为直接投资和间接投资。直接投资是指将资金投放于生产经营性资产来获取利润。间接投资又被称为证券投资，是指把资金投入证券等金融资产，以取得利息、股利或资本利得收入的投资。

2) 长期投资与短期投资

按投资回收时间的长短，企业投资可分为短期投资和长期投资。短期投资又被称为流动资产投资，是指能够并且也准备在一年内收回的投资，如能随时变现亦可作为短期投资。长期投资是指一年以上才能收回的投资。

3) 对内投资与对外投资

根据投资的方向，企业投资可分为对内投资和对外投资。对内投资是指把资金投向企业内部、购置生产经营用资产的投资。对外投资是指企业以现金、实物、无形资产等方式或者以购买股票、债券等有价证券方式向其他单位的投资。

4) 初创投资和后续投资

根据投资在生产过程中的作用，企业投资可分为初创投资和后续投资。初创投资是指建立新企业时所进行的各种投资。它的特点是投入的资金通过建设形成企业的原始资产，为企业的生产、经营创造必要的条件。后续投资是指为了巩固和发展企业再生产所进行的各种投资。

3. 企业投资管理的原则

（1）认真进行市场调查，及时捕捉投资机会。

（2）建立科学的投资决策程序，认真进行投资项目的可行性分析。

（3）及时足额地筹集资金，保证投资项目的资金供应。

（4）认真分析风险和报酬的关系，适当控制企业的投资风险。

4. 企业投资过程分析

按照时序，企业投资过程可以分为事前、事中、事后三个阶段。事前阶段也称为投资决策阶段，主要包括投资方案的提出、评价与决策；事中分析主要是实施投资方案并对其进行监督和控制；事后阶段指在投资项目结束后对投资效果进行的事后分析与评价。

8.1.2 投资的价值观念

1. 货币的时间价值

1) 货币时间价值的含义

货币时间价值是指货币经历一定时间的投资和再投资所增加的价值。货币时间价值是扣除风险收益和通货膨胀贴水后的真实收益率。

$$利率＝纯利率＋通货膨胀贴水＋风险报酬$$
$$风险报酬＝违约风险报酬＋流动性风险报酬＋期限风险报酬$$

2）时间价值的表现形式

利率表示一定时期内利息量与本金的比率，是货币时间价值的一种体现，反映了可借资金状况和通货膨胀水平，也反映了货币价值随时间推移而不断降低的程度。利息的收益多少与利率成正比。在投资决策中，通常会以风险收益率或者必要报酬率作为衡量货币时间价值的利息率。

3）现金流量时间线

现金流量时间线是以图的形式表示的在一定时间内发生的现金流出和流入情况。在现金流量图中，横轴为时间轴，轴上的点称为时点，通常表示该年的年末，即下一年的年初。与横轴相连的垂直线表示该时点产生的现金流量金额。如图 8-1 所示，-1 000 表示期初现金流出为 1 000，第 1 年、第 2 年、第 3 年年末各期产生现金流入为 600。

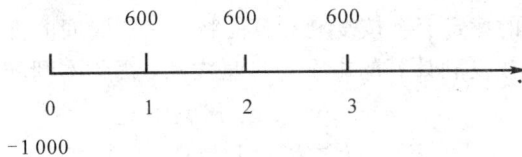

```
        600     600     600


  0       1       2       3

-1 000
```

图 8-1　现金流量时间线

2. 复利终值和复利现值

1）基本概念

终值(F)：又称将来值，是现在一定量现金在未来一时点上的价值，俗称本利和。

现值(P)：又称本金，是指未来某一时点上一定量现金折合为现在的价值。

2）计息方式

计算方式指的是计算利息的方法。利息计算有单利和复利两种方法。

（1）单利。单利是指只对本金计算利息，而不将以前计息期产生的利息累加到本金中去计算利息的一种计息方法，即利息不再生息。单利的计算公式为：

$$I = P \times R \times N$$

在该公式中，I 表示利息，P 表示本金，R 表示利率或折现率，N 表示计息期数。这里所说的计息期，是指相邻两次计息的时间间隔，如年、月、日等。除非特别指明，计息期为 1 年。

（2）复利。复利是指每经过一个计息期，即将所生利息加入本金再计利息，逐期滚算，俗称"利滚利"。复利的计算公式如下：

第一计息期末本金余额为 $F_1 = P \times (1+i)$，第一计息期利息收入为 $P \times i$；

第二计息期末本金余额为 $F_2 = P \times (1+i)^2$，第二计息期利息收入为 $P(1+i) \times i$；

……

第 n 计息期末本金余额为 $F_n = P \times (1+i)^n$，第 n 计息期利息收入为 $P(1+i)^{n-1} \times i$。

在该公式中，F_n 表示第 n 个计息期末的本金终值，P 表示初始投资额，i 表示利率或折现率，n 表示计息期数。

复利的概念充分体现了货币时间价值的含义，因为资金可以再投资，而且理性的投资者总是尽可能地将资金投入合适的方向，以赚取报酬。在讨论货币时间价值时一般按复利计算。

【例 8 - 1】　某人本金 100 元,计息期为 1 年,利率为 5%,按单利计息,3 年后本金和利息各为多少?

解:本金不变,即 100 元;利息＝100×5%×3＝15 元。

【例 8 - 2】　某人本金 100 元,计息期为 1 年,利率为 5%,按复利计息,3 年后本金和利息各为多少?

解:第 1 年本金不变,即 100 元,利息＝100×5%＝5 元;

第 2 年本金＝100＋5＝105 元,利息＝105×5%＝5.25 元;

第 3 年本金＝105＋5.25＝110.25 元,利息＝110.25×5%＝5.512 5 元。

即 3 年后本金为 110.25 元,利息为 15.762 5 元。

3) 复利终值

复利终值是指现在的特定资金按复利计算的将来一定时间的价值,或者说是现在的一定本金在将来一定时间按复利计算的本金与利息之和,简称本利和。复利终值的一般计算公式为:

$$F = P \times (1+i)^n$$

式中:P——现值或初始值;

　　　i——报酬率或利率;

　　　F——终值或本利和;

　　　n——计息期的期数。

注意:公式中的 i 和 n 对应相同的计息单位,如果 1 年计息 1 次,则 i 为年利率,如果半年计息 1 次,则 i 应为半年利率,如果是按月计算利息,则 i 为月利率。

复利终值系数为:

$$(1+i)^n$$

复利终值系数也可称为 1 元的复利终值,用符号 $(F/P, i, n)$ 表示。

例如,$(F/P, 6\%, 2)$ 表示利率为 6% 的两年期复利终值系数。为了便于计算,编制"复利终值系数表"备查。该表的第一行是利率 i,第一列是计息期的期数 n,相应的 $(1+i)^n$ 值在其纵横相交处。通过该表可查出,$(F/P, 6\%, 2) = 1.123\ 6$。在时间价值为 6% 的情况下,现在的 1 元和 2 年后的 1.123 6 元在经济上是等效的,根据这个系数可以把现值换算成终值。

4) 复利现值

复利现值是复利终值的对称概念,指未来一定时间的特定资金按复利计算的现在价值,或者说是为取得将来一定本利和现在所需要的本金。复利现值的计算是指已知 F、i、n 时,求 P。

根据公式 $F = P \times (1+i)^n$,则

$$P = F \times (1+i)^{-n}$$

复利现值系数为:

$$(1+i)^{-n}$$

该系数把终值折算为现值,也称为 1 元的复利现值,用符号 $(P/F, i, n)$ 表示。

例如,$(P/F, 6\%, 3)$ 表示利率为 6% 时 3 年期的复利现值系数。为了便于计算,可编

制"复利现值系数表"。该表第一行是利率 i，第一列是计息期的期数 n，相应的 $(1+i)^{-n}$ 值在其纵横相交处。

【例 8 - 3】　现在投资 1 万元，在年投资回报率为 10% 的情况下，40 年后变为多少万元？

解：$F=P\times(F/P,10\%,40)=1\times45.259=45.259$ 万元

【例 8 - 4】　某人拟在 5 年后获得本利和 100 万元。假设存款年利率为 4%，按复利现值，现在因存入多少万元？

解：$P=F\times(P/F,4\%,5)=100\times0.8219=82.19$ 万元

3. 年金终值和年金现值

年金是指等额、定期的系列收支。例如，分期付款赊购、分期偿还贷款、发放养老金、分期支付工程款、每年相同的销售收入等，都属于年金收付形式。按照收付时点和方式的不同可以将年金分为普通年金、预付年金、递延年金和永续年金四种。

普通年金又称后付年金，是指各期期末收付的年金。普通年金的收付形式如图 8-2 所示。横线代表时间的延续，用数字标出各期的顺序号；竖线的位置表示收付的时刻，竖线下端数字表示收付的金额。

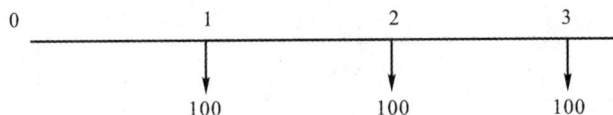

图 8-2　普通年金的收付形式

（1）普通年金终值。

普通年金终值是指各期收付的资金在最后一次收付时的本利和，它由每次收付资金的复利终值的加总构成。普通年金终值计算如图 8-3 所示。

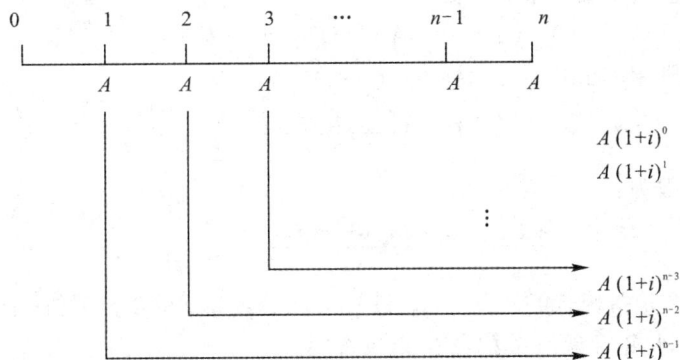

图 8-3　普通年金终值计算图解

如果年金的期数很多，对每一笔资金计算终值，再进行加总，这样的计算方法相当烦琐。由于年金每期收付的金额相等，并且终值的计算有规律，因此，可以找出简便的方法计算年金的终值。具体推导过程如下：

设每一期收付的金额为 A，计息期利率为 i，期数为 n，则年金终值为：

$$FVA_n=A+A(1+i)+A(1+i)^2+\cdots+A(1+i)^{n-1}$$

该公式为等比数列求和，根据等比数列求和公式可得：

$$FVA_n = A\left[\frac{(1+i)^n - 1}{i}\right]$$

年金终值系数为：

$$\frac{(1+i)^n - 1}{i}$$

年金终值系数是指普通年金为 1 元、利率为 i、经过 n 期的年金终值，记作 $(F/A, i, n)$。为方便查阅，可根据该公式编制"年金终值系数表"。

（2）普通年金现值。

普通年金现值是指为在每期期末收付相等金额的款项，现在需要投入或收取的金额。普通年金现值计算如图 8-4 所示。

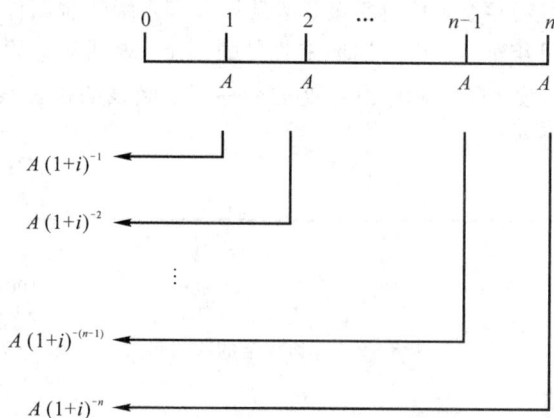

图 8-4　普通年金现值计算图解

计算普通年金现值的一般公式是：

$$P = A(1+i)^{-1} + A(1+i)^{-2} + \cdots + A(1+i)^{-n}$$

根据等比数列求和公式，可计算出：

$$P = A\left[\frac{1-(1+i)^{-n}}{i}\right]$$

年金现值系数为：

$$\frac{1-(1+i)^{-n}}{i}$$

年金现值系数是指普通年金为 1 元、利率为 i，经过 n 期的年金现值，记作 $(P/A, i, n)$。可根据该公式编制"年金现值系数表"，以供查阅。

【例 8-5】　某公司购买一台设备，从今年年末起，每年年末支付 10 万元，一共支付 6 次，假设利率为 5%，如果打算一次性付清，应支付多少？

解：$P = 10 \times (P/A, 5\%, 6) = 10 \times 5.075\,7 = 50.757$ 万元

【例 8-6】　某家长计划 10 年后一次性取出 50 万元，作为孩子的出国费用。假设银行存款年利率为 5%，按复利计息，该家长计划 1 年后开始存款，每年存一次，每次存款金额相同，共计存款 10 次。假设每次存款的数额为 A 万元，该家长每年应存款多少元？

解：$A \times (F/A, 5\%, 10) = 50$

$$A = \frac{50}{12.578} = 3.98 \text{ 万元}$$

8.1.3　风险报酬

企业的财务决策几乎都是在存在风险和不确定性的情况下做出的，离开了风险，就无法正确评价企业报酬的高低。

1. 风险

风险是指在一定情况下和一定时期内事件发生结果的不确定性。这种不确定性是不可控制的。风险的种类如下：

(1)按照风险的来源不同，可以将风险分为外部风险和内部风险。

① 外部风险：包括政府风险、社会文化风险、市场风险、法律风险与经济风险等。例如，一个国家的法律健全稳定，政治也会相应比较稳定，同时，市场竞争也会处在法律法规的框架内运行，竞争会更公平和规范，企业的整体经营风险就会相对较小。

② 内部风险：包括战略风险、财务风险、经营风险等。企业的内部风险源于企业自身的经营业务，包括企业战略的制定、财务的运行和经营的活动等方方面面的风险。与外部风险相比，内部风险一般更容易识别和管理，并可以通过一定的手段来降低风险和控制风险。

(2) 从公司本身来看，风险分为经营风险(商业风险)和财务风险(筹资风险)。

经营风险是指生产经营上的原因带来的收益不确定性。

① 企业外部条件的变动，如经济形势、市场供求、价格、税收等的变动。

② 企业内部条件的变动，如技术装备、产品结构、设备利用率、工人劳动生产率、原材料利用率等的变动。

财务风险是指因负债筹资而带来的收益不确定性，即由于借款而增加的风险。从个别投资主体的角度看，财务风险分为不可分散风险和可分散风险。

① 不可分散风险，又称市场风险或系统风险，是指那些影响所有公司的因素引起的风险，涉及所有投资对象，如战争、经济衰退、通货膨胀、高利率等。

② 可分散风险，又称非系统风险或公司特别风险，是指发生于个别公司的特有事件造成的风险，如罢工、新产品开发失败、没有争取到的重要合同、诉讼失败等。

2. 报酬(投资收益)

报酬指投资者在一定时期内所获得的总收入减去损失后的净额，是一种恰当地描述投资项目绩效的方式。报酬的大小可以用报酬率来衡量。

投资报酬率的计算公式为：

$$\text{投资报酬率} = \frac{\text{投资所得} - \text{初始投资}}{\text{初始投资}} \times 100\%$$

【例 8-7】　甲公司为某集团的一个投资中心，现有一个投资额为 500 万元的投资机会，预计息税前利润为 60 万元。甲公司 2017 年年初已投资 1 000 万元，预计可实现息税前利润为 150 万元。

要求：

① 根据资料，计算甲公司接受新投资机会前的投资报酬率。

$$投资报酬率=\frac{150}{1\,000}\times100\%=15\%$$

② 根据资料,计算甲公司接受新投资机会后的投资报酬率。

$$投资报酬率=\frac{150+60}{1000+500}\times100\%=14\%$$

3. 衡量风险报酬的指标

通俗地讲,资产的风险就是该资产带来的报酬的波动性。

1) 报酬的统计指标

资产市场理论中经常用"证券"一词代表任何投资对象。对于大多数投资者而言,个人或企业当前投入资金是因为期望在未来赚取更多的资金。

（1）年收益率。在实务中,往往用收益率来衡量报酬的大小。例如,投资股票所获得报酬来自两个方面:① 发放给股东的股利;② 股票价格的变动即资本利得。因此,投资于证券,某年的收益率为:

$$R_{t+1}=\left[\frac{D_{t+1}}{P_t}+\frac{(P_{t+1}-P_t)}{P_t}\right]\times100\%$$

式中:R_{t+1}——$t+1$ 年的收益率;

D_{t+1}——该年度获得股利;

P_t——t 年的市场价值;

P_{t+1}——$t+1$ 年的市场价值。

【例 8-8】　某位投资者系收入收益与资本得利兼得者,花 6 000 元买进某公司股票 1 000 股,1 年内分得股息 400 元(每股 0.4 元),1 年后以每股 8.5 元卖出,共卖得 8 500 元,则:

$$收益率=\frac{400+8\,500-6\,000}{6\,000}\times100\%=48\%$$

（2）持有期收益率。持有期收益率是投资者投资于股票的综合收益率,是指投资者持有股票期间的股息或红利收入与买卖价差占股票买入价格的比率,即

$$R_n=\frac{\sum_{t=1}^{n}D_t+(P_n-P_0)/n}{P_0}\times100\%$$

式中,R_n——持有期间的收益;

$\sum_{t=1}^{n}D_t$——持有期间所获得股利收入总和;

P_n——第 n 年股票卖出价格;

P_0——投资初始价格。

如果已知每年的收益率,则持有期收益率为:

$$R_n=(1+R_1)\times(1+R_2)\times\cdots\times(1+R_n)-1$$

持有期的收益率随着持有时间不同而变化,如果要将它与债券收益率、银行利率等其他金融资产收益率比较,需要注意时间的可比性。此时,可将持有期收益率换算为年平均收益率。

【例 8-9】　债券购买价格 90 元,面值 100 元,票面利率 5%,期限 3 年,持有一年后以 92 元卖出,计算持有期收益率。

解:持有期收益率为 $\frac{92-90}{1}+\frac{100\times5\%}{90}=7.8\%$。

（3）平均收益率。

① 算术平均收益率。算术平均收益率即将各年所有的收益率相加，然后除以收益率的个数，即

$$\bar{R}=\frac{R_1+R_2+\cdots+R_n}{n}$$

② 几何平均收益率。几何平均收益率是指在特定期间内，每年的复合平均收益率。一般而言，如果存在 t 年的收益率，那么 t 年的几何平均收益率可以通过以下公式计算获得：

$$几何平均收益率=[(1+R_1)\times(1+R_2)\times\cdots\times(1+R_n)]^{\frac{1}{t}}-1$$

与算术平均收益率相比，几何平均收益率更小。对于收益率波动较大的公司，更是如此。

【例 8-10】　某投资者 2018 年年初准备投资购买股票，并持有至 2020 年末，现有甲、乙、丙三家公司可供选择，甲、乙、丙三家公司的有关资料如下：

① 2018 年年初甲公司已发放的每股股利为 4 元，股票每股市价为 18 元；预期甲公司未来 2 年内股利固定增长率为 15%，第二年的股票市场价值依旧为 18 元。

② 2018 年年初乙公司已发放的每股股利为 1 元，股票每股市价为 6.8 元；预期乙公司股利年固定增长率为 6%，第二年的股票市场价值为 7 元。

③ 2018 年年初丙公司已发放的每股股利为 2 元，股票每股市价为 8.2 元；预期丙公司未来 2 年内股利固定增长率为 18%，第二年的股票市场价值为 10 元。

[已知：$(F/A,15\%,2)=2.15$，$(F/A,6\%,2)=2.06$，$(F/A,18\%,2)=2.18$]

要求分别计算甲、乙、丙三家公司的股票持有期收益率。

解：$R(甲)=\dfrac{4\times(F/A,15\%,2)\times(1+15\%)}{18}=54.94\%$

$R(乙)=\dfrac{1\times(F/A,6\%,2)\times(1+6\%)+(7-6.8)}{6.8}=35.05\%$

$R(丙)=\dfrac{2\times(F/A,18\%,2)\times(1+18\%)+(10-8.2)}{8.2}=84.69\%$

【例 8-11】　某证券市场 20×1 至 20×3 年的股票市场价格指数分别为 2 200、4 800 和 3 100，求按几何平均法和算术平均法确定的平均收益率。

解：20×2 年的市场收益率 $=\dfrac{4\,800-2\,200}{2\,200}=118.18\%$

20×3 年的市场收益率 $=\dfrac{3\,100-4\,800}{4\,800}=-35.42\%$

所以，算数平均收益率 $=\dfrac{\dfrac{4\,800-2\,200}{2\,200}+\dfrac{3\,100-4\,800}{4\,800}}{2}=\dfrac{118.18\%-35.42\%}{2}=41.38\%$

几何平均收益率 $=\left(\dfrac{3\,100}{2\,200}\right)^{\frac{1}{2}}-1=18.71\%$

2）风险报酬率

风险和报酬是一种对称关系，即风险报酬均衡，高风险要求高报酬，低风险只能获得低报酬。根据风险报酬均衡原则，财务管理运作的一般要求是：在一定的风险水平下使收益达到较高水平；或在收益一定的情况下，将风险维持在较低的水平。平均收益率能较好地描述股票市场投资的报酬，但是容易受到极端值的影响。因此风险报酬率是另一个描述报酬情况的重要的度量指标。

（1）预期收益率。预期收益率也称期望收益率，是指如果没有意外事件发生时根据已知信息所预测能得到的收益率。资产 i 的预期收益率为：

$$E(Ri)=Rf+\beta I\times[E(Rm)-Rf]$$

其中：Rf 为无风险收益率，$E(Rm)$ 为市场投资组合的预期收益率，βi 为投资 i 的 β 值。$E(Rm)-Rf$ 为投资组合的风险溢酬。

【例 8-12】　A、B 两种证券的情况如下：

假定预期的市场投资组合的预期收益率是 12％，无风险收益率是 4.5％，如果证券 A 的 βa 是 1.3，另证券 B 的 βb 是 0.9，根据上述公式，计算这两种证券的预期收益率分别是多少。

解：A 证券的预期收益率＝4.5％＋1.3×（12％－4.5％）＝14.25％

B 证券的预期收益率＝4.5％＋0.9×（12％－4.5％）＝12.45％

（2）标准离差。标准离差是各种可能的报酬率偏离期望报酬率的综合差异，是反映离散程度的一种量度，表示随机变量离散程度的量数，最常用的是方差和标准差。

① 方差。方差用来表示收益率偏离程度，它是离差平方的平均数，通常用 Var 和 $\sigma 2$ 表示。

$$Var=\frac{1}{n-1}\sum_{t=1}^{n}(R_t-\bar{R})^2$$

② 标准差。标准差是方差的平方根，用 SD 和 σ 表示。标准差是度量样本离散程度的标准统计指标，在大多数情况下都采用标准差的指标。

在已经知道每个变量值出现概率的情况下，标准差可以按下式计算：

$$标准差（\sigma）=\sqrt{\sum_{i=1}^{n}(R_i-\bar{R})^2\times P_i}$$

【例 8-13】　企业拟进行一项投资，投资收益率的情况会随着市场情况的变化而发生变化，已知市场繁荣、一般和衰退的概率分别为 0.3、0.5、0.2，相应的投资收益率分别为 20％、10％、－5％，求该项投资的投资收益率的标准差。

解：根据题意可知投资收益率的期望值＝20％×0.3＋10％×0.5＋（－5％）×0.2＝10％，投资收益率的标准差＝[（20％－10％）²×0.3＋（10％－10％）²×0.5＋（－5％－10％）²×0.2]^{1/2}＝8.66％。

【例 8-14】　某企业有甲、乙两个投资项目，计划投资额均为 100 万元，其收益的概率分布如表 8-1 所示。

表 8-1　甲乙投资项目状况

市场状况	概率/％	甲项目净现值/万元	乙项目净现值/万元
好	20	60	20
一般	60	10	10
差	20	5	－5

要求：① 分别计算甲、乙两项目的期望值；

② 分别计算甲、乙两项目净现值的标准差。

解：

① 甲项目期望值：20×20％＋10×60％＋5×20％＝11 万元

乙项目期望值：$30×20\%+10×60\%+(-5)×20\%=11$ 万元

② 甲项目标准差 $=[(20-11)^2×20\%+(10-11)^2×60\%+(5-11)^2×20\%]^{\frac{1}{2}}=4.90$

　　乙项目标准差 $=[(30-11)^2×20\%+(10-11)^2×60\%+(-5-11)^2×20\%]^{\frac{1}{2}}$
　　　　　　　$=11.14$

③ 甲优于乙。

【例 8 - 15】　　××公司现陷入经营困境，原有柠檬饮料因市场竞争激烈，消费者喜好产生变化等开始滞销。为改变产品结构，开拓新的市场领域，拟开发两种新产品。

① 开发洁清纯净水。面对全国范围内的节水运动及限制供应，尤其是北方十年九旱的特殊环境，开发部认为洁清纯净水将进入百姓的日常生活，市场前景看好，有关预测如表 8 - 2 所示。

表 8 - 2　开发洁清纯净水市场前景

市场销路	概率/%	预计年利润/万元
好	60	150
一般	20	60
差	20	-10

经过专家测定该项目的风险系数为 0.5。

② 开发消渴啤酒。北方人有豪爽、好客、畅饮的性格，亲朋好友聚会的机会日益增多，北方气温大幅度升高，并且气候干燥；北方人的收入明显增多，生活水平日益提高。开发部据此提出开发消渴啤酒方案，有关市场预测如表 8 - 3 所示。

表 8 - 3　开发消渴啤酒市场前景

市场销路	概率/%	预计年利润/万元
好	50	180
一般	20	85
差	30	-25

据专家测定该项目的风险系数为 0.7。

思考与讨论：

① 对两个产品开发方案的收益与风险予以计量；

② 进行方案评价。

解：

① 假设开发洁清纯净水方案用 A 表示，开发消渴啤酒方案用 B 表示，则 A、B 两方案的期望收益率为：

$$E(A)=150×60\%+60×20\%-10×20\%=100 \text{ 万元}$$
$$E(B)=180×50\%+85×20\%-25×30\%=99.5 \text{ 万元}$$

从期望收益来看，开发洁清纯净水比开发消渴啤酒有利，预期每年可多获利利润 0.5 万元。

② 计算标准差：

$$\sigma A = [(150-100)^2 \times 0.6 + (60-100)^2 \times 0.2 + (-10-100)^2 \times 0.2]^{\frac{1}{2}} \approx 65$$

$$\sigma B = [(180-99.5)^2 \times 0.5 + (85-99.5)^2 \times 0.2 + (-25-99.5)^2 \times 0.3]^{\frac{1}{2}} \approx 89$$

标准差以绝对数衡量决策方案的风险，在期望值相同的情况下，标准差越大，风险越大。

综合收益与风险的计量结果，可以看出开发纯净水方案收益较高，风险较小，属于首选方案。

（3）变异系数。标准差是以均值为中心计算出来的，因而有时直接比较标准差是不准确的，需要剔除均值大小的影响。为了解决这个问题，引入了变异系数（离散系数）的概念。变异系数是标准差与均值的比值，它是从相对角度观察的差异和离散程度。变异系数的计算公式为：

$$变异系数 = \frac{标准差}{均值}$$

变异系数是一个相对指标，它表示某资产每单位预期收益中所包含的风险的大小，变异系数可以理解为是反映相对风险的指标。变异系数越大，资产的相对风险越大；变异系数越小，资产的相对风险越小。相比之下，方差和标准差则是反映绝对风险的指标，方差和标准差大的绝对风险就大。所以，应结合标准差与变异系数的结果加以考虑。

【例 8 - 16】　A 证券的期望报酬率为 10%，标准差是 12%；B 证券的期望报酬率为 18%，标准差是 20%。

$$变异系数(A) = \frac{12\%}{10\%} = 1.20$$

$$变异系数(B) = \frac{20\%}{18\%} = 1.11$$

如果以各自的平均报酬率为基础观察，A 证券的标准差是其均值的 1.20 倍，而 B 证券的标准差只是其均值的 1.11 倍，B 证券的相对风险较小。这就是说，A 证券的绝对风险较小，但相对风险较大，B 证券与此正好相反。

8.1.4　资金成本

1. 资金成本的概念

1）定义

资金成本是企业筹集和使用资金所付出的代价，包括筹资费用和占用费用两部分。筹资费用是企业在筹集资金的过程中付出的代价，如发行股票支付的律师费等。占用费用是企业为了使用资金而付出的代价，比如向债权人支付的利息费用。

（1）筹资角度：是指企业为筹集和使用资金而付出的代价。

（2）资本提供者（股东和债权人）角度：预期获得的收益率。

（3）投资角度：是企业投资所要求的最低可接受收益率。

2）内容

占用费用：公司使用资金所付出的代价，其特征为经常性，如股利、利息。其金额与使用资本的数额及时间成正比，是资金成本的主要内容。

筹资费用：为获得资金而发生的费用，其特征为一次性，如发行费用（印刷费、评估费、公证费、代理发行费等)、手续费。其金额与资金筹措方式有关,一般与使用资金的数额和时间长短无关。

3)表示

绝对数:如借入长期资金,即指资金占用费、资金筹集费等。

相对数:如借入长期资金,即为资金占用费与实际取得资金之间的比率。如果不考虑所得税因素,资金成本应该按照下列公式计算:

$$资金成本 = \frac{年占用费用额}{筹资总额 - 筹资费用} \times 100\%$$

企业可以通过多种方式筹集资金,因此,在计算时分为个别资金成本和加权平均资金成本。

(1)个别资金成本。

个别资金成本是指各种筹资方式的成本,主要包括负债资金成本和权益资金成本。其中负债资金成本包括债券成本、银行借款成本。权益资金成本包括优先股成本、普通股成本和留存收益成本。

① $债券资金成本 = \frac{债券筹资额 \times 债券利率 \times (1 - 所得税率)}{债券筹资额 \times (1 - 债券筹资费用率)}$

【例 8 - 17】　公司债券名称:07 长电债,发行规模为人民币 40 亿元,面值 100 元,发行价 100 元,债券利率 5.35%,债券期限 10 年,发行费用:5 600 万元(发行费率:1.4%),还本付息的期限和方式:按年付息,到期一次还本。发行日及到期日为 2007 年 9 月 24 日和 2017 年 9 月 24 日。公司所得税率 25%。要求计算债券资本成本。

$$债券资金成本 = \frac{400\ 000 \times 5.35\% \times (1 - 25\%)}{400\ 000 \times (1 - 1.4\%)} = 4.069\%$$

② $长期借款资金成本 = \frac{长期借款年利息 \times (1 - 所得税率)}{长期借款金额 - 借款费用}$

【例 8 - 18】　ABC 公司从银行取得一笔长期借款 1 000 万元,手续费 0.1%,年利率 5%,期限 3 年,每年结息一次,到期一次还本。公司所得税税率 25%。求资金成本率。

$$长期借款资金成本 = \frac{1\ 000 \times 5\% \times (1 - 25\%)}{1\ 000 \times (1 - 0.1\%)} = 3.79\%$$

③ $优先股资金成本 = \frac{优先股年股利}{优先股发行价格 - 发行费用} \times 100\%$

【例 8 - 19】　XYZ 公司发行一批优先股,每股的发行价格 5 元,发行费用 0.2 元,预计年股利 0.5 元。求该优先股的资金成本。

$$优先股资金成本 = \frac{0.5}{5 - 0.2} \times 100\% = 10.42\%$$

④ $普通股资金成本 = \frac{预期第一年发放的现金股利}{普通股发行价格 - 发行费用} \times 100\% + 股利增长率$

【例 8 - 20】　XYZ 公司准备增发普通股,每股的发行价格 15 元,发行费用 1.5 元,预定第一年分派现金股利每股 2 元,以后每年股利增长 4%。求该普通股的资金成本。(固定股利增长模型)。

$$普通股资金成本 = \frac{2}{15 - 1.5} \times 100\% + 4\% = 18.81\%$$

⑤ 留存收益资金成本 $=\dfrac{预期年股利额}{普通股市价\times100\%}+$普通股利年增长率

【例 8 - 21】 某公司普通股目前的股价为 10 元/股，筹资费率为 6%，刚刚支付的每股股利为 2 元，股利固定增长率 2%，求该企业利用留存收益的资金成本。

$$留存收益资金成本=\dfrac{2\times(1+2\%)\times100\%}{10}+2\%=22.40\%$$

（2）综合资金成本

综合资金成本又称加权平均资金成本，是指企业所筹集资金的平均成本，它反映企业资金成本总体水平的高低。

综合资金成本率是一个企业全部长期资本的成本率，以各种资金占全部资金的比重为权数，对个别资金成本进行加权平均求和。

$$WACC = K_w = \sum_{i=1}^{n} K_i W_i$$

式中：K_w——综合资金成本率；

　　　K_i——第 i 种个别资金成本率；

　　　W_i——第 i 种资金比例。

【例 8 - 22】 ABC 公司资本结构是：40% 的长期债务、10% 的优先股、50% 的普通股。长期债务的税后成本是 3.90%，优先股的成本是 8.16%，普通股的成本是 11.80%。

该公司的加权平均资金成本是：

$$WACC=40\%\times3.9\%+10\%\times8.16\%+50\%\times11.80\%=8.276\%$$

【例 8 - 23】 S 公司计划筹资 6 000 万元。公司所得税税率为 25%。其他资料如下：

① 向银行借款 500 万元，借款年利率为 5%，手续费率为 2%；

② 按溢价发行债券，债券面值 2 000 万元，溢价发行价格为 2 200 万元，票面利率为 7%，期限为 10 年，每年支付一次利息，其筹资费率为 3%；

③ 发行普通股 3 000 万元，每股发行价格 15 元，筹资费率为 6%，今年刚发放的每股股利为 0.9 元，以后每年按 8% 递增；

④ 不足部分用企业留存收益补足。

要求：

① 计算该企业各种筹资方式的个别资金成本。

② 计算该企业的综合资金成本率。

解：

$$① 银行借款成本=\dfrac{500\times5\%\times(1-25\%)}{500\times(1-2\%)}=3.83\%$$

$$债券资金成本=\dfrac{2\,000\times7\%\times(1-25\%)}{2\,200\times(1-3\%)}=4.92\%$$

$$普通股资金成本=\dfrac{0.9\times(1+8\%)}{15\times(1-6\%)\times100\%}+8\%=14.89\%$$

$$留存收益资金成本=\dfrac{0.9\times(1+8\%)}{15\times100\%}+8\%=14.48\%$$

② $\frac{500}{6\,000}\times3.83\%+\frac{2\,200}{6\,000}\times4.92\%+\frac{3\,000}{6\,000}\times14.89\%+\frac{300}{6\,000}\times14.48\%=10.29\%$

（3）边际资金成本

边际资金成本是指每增加一个单位资金而需增加的资金成本。边际资金成本的计算公式为：

$$边际资金成本=\frac{增加的筹资总成本}{增加的筹资金额}$$

【例 8 - 24】　若某企业原有的资本结构为：长期借款 50 万元，债券 150 万元，优先股 100 万元，普通股（含留用利润）200 万元，资本总额 500 万元。现将其与追加筹资方案 1、2 汇总如表 8 - 4 所示。要求：通过计算边际资金成本对两种追加方案进行比较。

表 8 - 4　筹资方案

筹资方式	原资本结构		追加筹资方案 1		追加筹资方案 2		追加筹资后资本结构/万元	
	资本额/万元	资金成本/%	追加筹资额/万元	资金成本/%	追加筹资额/万元	资金成本/%	方案 1	方案 2
长期借款	50	6.5	50	7	60	7.5	100	110
债券	150	8					150	150
优先股	100	12	20	13	20	13	120	120
普通股	200	15	30	16	20	16	230	220
合计	500		100		100		600	600

方案 1：

$$\frac{50}{100}\times7\%+\frac{20}{100}\times13\%+\frac{30}{100}\times16\%=10.9\%$$

方案 2：

$$\frac{60}{100}\times7.5\%+\frac{20}{100}\times13\%+\frac{20}{100}\times16\%=10.3\%$$

两种追加筹资方案相比，方案 2 的边际资金成本低于方案 1，因此，追加筹资方案 2 优于方案 1。

2. 资金成本的作用

资金成本是企业投资管理的重要标准，是经营管理的重要工具。具体来说，资金成本具有以下作用：

（1）评价投资项目，比较投资方案，进行投资决策的重要标准。

评价投资项目最普遍的方法是净现值法和内含报酬率法。采用净现值法时，项目资金成本是计算净现值的折现率；采用内含报酬率法时，项目资金成本是其"取舍率"或必要报酬率。因此，项目资金成本是项目投资评价的基准。

（2）选择筹资方式，进行资本结构决策，选择追加筹资方案的依据。

筹资决策的核心问题是决定资本结构。最优资本结构是使股票价格最大化的资本结构。由于估计资本结构对股票价格的影响非常困难，通常的方法是假设资金成本不改变企业的现金流，使公司价值最大化的资本结构就是加权平均资本最小化的资本结构。预测资本结构变化对平均资金成本的影响，比预测其对股票价值的影响容易。因此，加权平均资金成本可以指导资本结构决策。

（3）用于营运资金管理。

公司各类资产的收益、风险和流动性不同，营运资金投资和长期资产投资的风险不同，其资金成本也不同。可以把各类流动资产投资看成是不同的"投资项目"，它们也有不同的期望报酬率。在管理营运资金方面，资金成本可以用来评估营运资金投资政策和营运资金筹资政策。

（4）用于企业价值评估。

企业在并购、重组和制定战略时，都会涉及企业价值评估。评估企业价值时，主要采用现金流量折现法，需要使用平均资产收益率作为公司现金流量的折现率。

（5）评价企业经营业绩的重要依据。

资金成本是投资人要求的最低报酬率，与公司实际的投资报酬率进行比较可以评价公司的业绩。日渐兴起的以价值为基础的业绩评价，其核心指标是经济增加值。计算经济增加值需要使用公司资金成本。公司资金成本与资本市场相关，所以经济增加值可以把业绩评价和资本市场联系在一起。

（6）连接投资和筹资的纽带。

首先，筹资决策决定了一个公司的加权平均资金成本，加权平均资金成本又是投资决策的依据，既是平均风险项目要求的必要报酬率，也是其他风险项目报酬调整的基础；其次，投资决策决定了公司所需资金的数额和时间，是筹资决策的重要依据；最后，投资高于现有资产平均风险的项目，会增加公司的风险，并提高公司的资金成本。为了实现股东财富最大化的目标，公司在筹资活动中寻求资金成本最小化，投资于报酬率高于资金成本的项目并力求净现值最大化。

8.2　投资现金流量分析

8.2.1　现金流量的概念

现金流量是指企业在一定会计期间按照现金收付实现制，通过一定经济活动（包括经营活动、投资活动、筹资活动和非经营性项目）而产生的现金流入、流出及其总量情况的总称，即企业一定时期内项目引起的企业现金收入和支出增加的数量，一般分为现金流出量、现金流入量和净现金流量（Net Cash Flow，NCF）。

在理解现金流量的概念时，要把握以下三个要点：

第一，投资决策中使用的现金流量是投资项目的现金流量，是由特定项目产生的。

第二，现金流量是指"增量"现金流量。

第三，这里的"现金"是广义的现金，不仅包括各种货币资金，而且包括项目需要投入企业拥有的非货币资产的变现价值（或重置价值）。

1. 现金流量的计算公式

现金流量的计算公式为：

$$净现金流量＝现金流入量－现金流出量＝税后净利润＋折旧$$

净现金流量具有以下两个特征：

(1) 无论是在经营期内还是在建设期内都存在净现金流量这个范畴。

(2) 由于项目在计算期不同阶段的现金流入和现金流出发生的可能性不同，使得各阶段的净现金流量在数值上表现出不同的特点。例如，建设期内的净现金流量一般小于或等于零，经营期内的净现金流量则多为正值。

2. 现金流量的内容(不考虑所得税)

现金流量包括初始现金流量、营业现金流量和终结现金流量。

1) 初始现金流量

初始现金流量是指开始投资时发生的现金流量，一般包括投资前费用、设备购置费用、设备安装费用、建筑工程费用、营运资金的垫支、原有固定资产的变价收入扣除相关税金后的净收益和不可预见费。

2) 营业现金流量

营业现金流量一般以年为单位计算。这里，现金流入一般是指营业现金收入。现金流出是营业现金支出和缴纳的税金。如果一个投资项目的每年销售收入等于营业现金收入，则付现成本就是指需要每年支付现金的成本。成本中不需要每年支付现金的部分称为非付现成本，其中主要是折旧费。

$$年营业净现金流量＝年营业收入－年付现成本－所得税$$
$$＝税后净利润＋折旧$$
$$付现成本＝营业成本－折旧$$

3) 终结现金流量

终结现金流量主要包括：固定资产的残值收入或变价收入(指扣除了所需要上缴的税金等支出后的净收入)、原垫支在各种流动资产上的资金的收回、停止使用土地的变价收入等。

8.2.2　现金流量的估计

为了正确计算投资方案的增量现金流量，需要正确判断哪些支出会引起企业总现金流量的变动，哪些支出不会引起企业总现金流量的变动。

在确定投资方案的相关现金流量时，应遵循的最基本原则是：只有增量现金流量才是与项目相关的现金流。增量现金流量是指接受或拒绝某个投资方案后，企业总现金流量因此发生的变动。只有那些由于采纳某个项目而引起的现金支出增加额，才是该项目的现金流出；只有那些由于采纳某个项目而引起的现金流入增加额，才是该项目的现金流入。在进行这种判断时，要注意以下几个问题。

1. 时点化假设

(1) 以第一笔现金流出的时间为"现在"时间，即"零"时点，不管它的日历时间是几月几日。在此基础上，一年为一个计息期。

（2）对于原始投资，如果没有特殊指明，均假设现金在每个"计息期期初"支付；如果特别指明支付日期，如3个月后支付100万元，则要考虑在此期间的时间价值。

（3）对于收入、成本和利润，若没有特殊指明，则均假设在"计息期期末"取得。

2. 区分相关成本和非相关成本

相关成本是指与特定决策有关的、在分析评价时必须加以考虑的成本，如差额成本、未来成本、重置成本、机会成本等。与此相反，与特定决策无关的、在分析评价时不必加以考虑的成本是非相关成本，如沉没成本、过去成本、账面成本等。比如，某公司在2009年打算新建一个车间，并请一家会计公司做了可行性分析，支付咨询费5万元。后来由于公司有了更好的投资机会，该项目被搁置下来，该笔咨询费作为费用已经入账了。2017年旧事重提，在进行投资分析时，这笔咨询费是否仍是相关成本呢？答案当然是否定的。这笔支出已经发生，不管公司是否采纳新建一个车间的方案，它都已经无法收回，与公司未来的总现金流量无关。如果将非相关成本纳入投资方案的总成本，则一个有利的方案可能因此变得不利，一个较好的方案可能变为较差的方案，从而造成决策错误。

3. 不要忽视机会成本

在投资方案的选择中，如果选择了一个投资方案，则必须放弃投资其他途径的机会。其他投资机会可能取得的收益是实行本方案的一种代价，被称为这项投资方案的机会成本。例如，上述公司新建车间的投资方案，需要使用公司拥有的一块土地。在进行投资分析时，因为公司不必动用资金去购置土地，可否不将该土地的成本考虑在内呢？答案是否定的。因为该公司若不利用这块土地来兴建车间，则它可将这块土地移作他用，并取得一定的收入。只是由于在这块土地上兴建才放弃了这笔收入，而这笔收入相当于兴建车间使用土地的机会成本。假设这块土地出售可净得15万元，它就是兴建车间的一项机会成本。值得注意的是，不管该公司当初是以5万元还是20万元购进这块土地，都应以现行市价作为这块土地的机会成本。机会成本不是我们通常意义上的"成本"，它不是一种支出或费用，而是失去的收益，这种收益不是实际发生的，而是潜在的。机会成本总是针对具体方案的，离开被放弃的方案就无从计量确定。机会成本在决策中的意义在于其有助于全面考虑可能采取的各种方案，以便为既定资源寻求最为有利的使用途径。

4. 关联效应

关联效应指采纳投资项目对公司其他部门的影响，分为互补关系与竞争关系，其中最重要的关联效应是侵蚀，即在考虑新产品现金流量增量时，要同时考虑其造成的老产品现金流量的损失，两者之差才是采纳新产品项目的增量现金流量。

当采纳一个新的项目后，该项目可能对公司的其他项目造成有利或不利的影响。例如，若新建车间生产的产品上市后，原有其他产品的销路可能减少，而且整个公司的销售额也许不增加甚至减少。因此，公司在进行投资分析时，不应将新车间的销售收入作为增量收入来处理，而应扣除其他项目因此减少的销售收入。当然，也可能发生相反的情况，新产品上市后将促进其他项目的销售增长。这要看新项目和原有项目是竞争关系还是互补关系。当然，诸如此类的交互影响，事实上很难准确计量。但决策者在进行投资分析时仍要将其考虑在内。对老产品的关联效应概括来说包括流失成本和关联收益。只要一种新产品与公司现有产品竞争，并降低了这些产品的销量，就会产生流失成本。与流失成本相反，如果新产品与另一种现有产品互补，并增加现有产品销售收入，这些增加的销售收入应该计入项目销售收入，这部分增加额就是关联收益。

5. 对净营运资金的影响

在一般情况下，当公司开办一个新业务并使销售额扩大后，对于存货和应收账款等经营性流动资产的需求也会增加，公司必须筹措新的资金以满足这种额外需求；另一方面，由于公司扩充，应付账款与一些应付费用等经营性流动负债也会同时增加，从而降低公司营运资金。当投资方案的寿命周期快要结束时，公司将与项目有关的存货出售，应收账款变为现金，应付账款和应付费用也随之偿付，营运资金恢复到原有水平。通常，在进行投资分析时，假定开始投资时筹措的营运资金在项目结束时收回。

6. 实际现金流量原则

实际现金流量原则是指预计投资项目的成本和收益时，采用现金流量，而不是会计收益。因为在会计收益的计算中包含了一些非现金因素，如折旧费及无形资产摊销，在会计上作为一种费用，抵减了当期的收益，但这种费用并没有发生实际的现金支出，只是账面记录而已。因此，在现金流量分析中，折旧及摊销应加回到收益中，如果将折旧及摊销作为现金支出，就会出现固定资产投资支出的重复计算。

7. 所得税效应

所得税效应是指固定资产重置时，变价收入的税赋损益。出售旧设备时，如果出售价高于原价或账面净值应缴纳所得税，则多缴的所得税就构成现金流出量。如果出售资产时发生损失，出售价低于账面价值，可以抵减当年所得税支出，则少缴的所得税就构成现金流入量。诸如此类由投资引起的税赋变化，应在计算项目现金流量时加以考虑。

8.2.3 现金流量的计算

1. 初始净现金流量

初始净现金流量是指开始投资时发生的现金流量，一般包括以下几部分：

(1) 固定资产的投资，包括固定资产的购置或建造成本、运输成本和安装成本等带来的现金流出。

(2) 流动资产的投资，包括对材料、在产品、产成品和现金等流动资产的投资。

(3) 其他费用，主要指与长期投资有关的职工培训费、谈判费、注册费等带来的现金流出。

(4) 原有固定资产的变价收入，主要指固定资产更新时，变卖原有固定资产所带来的现金收入。

每年初始净现金流量(初始期 NCF)＝－初始投资额

初始投资额＝投资在流动资产上的资金＋投资在固定资产上的资金

机会成本的计算方法如下：

(1) 变现成本＋抵税。

丧失的变现损失需要抵税(变现价值小于账面价值)。变现损失抵税的计算公式为：

$$变现损失抵税＝(账面价值－变现价值)×所得税税率$$

（2）变现成本－所得税。

节约变现收益需要多交税（变现价值大于账面价值）。变现收益多交税的计算公式为：

$$变现收益多交税＝（变现价值－账面价值）×所得税税率$$

【例 8－25】　一台旧设备账面价值为 15 000 元，变现价值为 16 000 元。企业打算继续使用该设备，但由于物价上涨，估计需增加流动资产 2 500 元，增加流动负债 2 000 元。假定所得税税率为 25％，则继续使用该设备初始的现金流出量为多少元？

$$丧失的旧设备变现初始流量＝旧设备变现价值－变现收益纳税$$
$$＝16 000－（16 000－15 000）×25％＝15 750 元$$

垫支营运资金＝流动资产－流动负债＝2 500－2 000＝500 元

继续使用该设备初始的现金流出量＝15 750＋500＝16 250 元

2. 每年营业净现金流量

每年营业净现金流量（营业期 NCF）＝每年营业收入－付现成本－所得税
　　　　　　　　　＝税后净利润＋折旧＝EBIT（1－T）＋折旧
　　　　　　　　　＝（收入－付现成本－折旧）×（1－T）＋折旧
　　　　　　　　　＝税后收入－税后付现成本＋折旧税盾
　　　　　　　　　＝（每年的营业收入－付现成本）×
　　　　　　　　　　（1－T）＋折旧×T

EBIT 为息税前利润，指企业支付利息和交纳所得税前的利润。T 为所得税税率。息税前利润的计算公式为：

$$息税前利润＝净利润＋利息费用＋所得税$$

在估计每年营业净现金流量时，如果项目在经营期内追加营运资金和资本性支出，则应当从当年现金流量中扣除。

此时，

$$项目净现金流量＝税后净利润＋折旧－资本性支出－营运资金增加额$$

【例 8－26】　某投资项目年营业收入为 180 万元，年付现营业费用为 60 万元，年折旧额为 40 万元，所得税税率为 25％，则该项目年营业现金流量为：

$$（180－60－40）×（1－25％）＋40＝100 万元$$

3. 终结净现金流量

每年终结净现金流量（终结期 NCF）＝最后一年营业期 NCF＋最后一年回收额
　　　　　　　　　＝最后一年营业期 NCF＋垫支营运资金回收＋
　　　　　　　　　　固定资产残值收入±残值税收损益

【例 8－27】　某项目终结时，长期资产的账面价值为 900 万元，变现价值为 1 000 万元，企业所得税税率为 25％，则终结净现金流量为：

$$1 000－（1 000－900）×25％＝975 万元$$

其中，（1 000－900）×25％＝25 万元为固定资产清理收益率纳税额，因此其应该作为变现收入的抵减项。

4. 营运资金的计算（投入或垫支）

$$垫支营运资本＝本年营运资金－上年营运资金$$

此处营运资金是指经营性营运资金,即经营流动资产减去经营流动负债的差额。营运资金是特定项目引起的需要追加的营运资金,可能一次追加,也可能分次追加,追加均在年初。项目寿命期结束,垫支的营运资金收回。计算方法如下:

(1) 根据营运资金概念计算。

营运资金需要(投入或垫支)=经营流动资产增加-经营流动负债增加

=营运资金增加

(2) 根据销售收入的一定百分比计算。

营运资金=销售收入×营运资金占销售收入的百分比

营运资金需要(投入)=年末营运资金-年初营运资金

8.2.4 所得税和折旧对现金流量的影响

折旧将固定资产的原始价值在规定的使用年限内转化为费用计入成本,是对固定资产在使用过程中损耗的价值补偿。但折旧并不会带来企业实际的资金流出,属于非付现成本,因此不能将折旧费用作为现金流出从流入的销售额中扣减掉。而在应税收入中减去折旧费用,故折旧是可以抵税的。项目折旧费用的大小和所得税率的高低直接影响营业项目营业现金流量的大小。

1. 税后成本和税后收入

由于所得税的作用,企业营业收入的金额有一部分会流出企业,企业实际得到的现金流入是税后收入。其计算公式为:

税后收入=收入金额×(1-税率)

这里所说的"收入金额"是指依据税法规定需要纳税的收入,不包括项目结束时收回垫支资金等现金收入。

扣除了所得税影响以后的费用净额称为税后成本。其计算公式为:

税后成本=支出金额×(1-税率)

2. 折旧抵税

折旧会增加成本,减少利润,从而使所得税减少。如果不计提折旧,则企业的所得税将会增加很多。折旧可以起到减少税赋的作用,这种作用被称为"折旧抵税"。

利用原有旧资产,要考虑丧失的变现价值及变现损益对税赋的影响。折旧计算方法始终按税法的规定来确定。按照税法规定计提折旧,即按照税法规定的折旧年限、折旧方法、净残值等数据计算各年的折旧额。当最终残值与税法规定的账面净残值不一致时,要考虑对所得税的影响。

折旧抵税的年限确定使用孰短法。

(1) 税法规定尚可使用年限 5 年,企业估计尚可使用年限 4 年(提前报废状况),抵税年限为 4 年。

(2) 税法规定尚可使用年限 5 年,企业估计尚可使用年限 6 年(超龄使用问题),抵税年限为 5 年。

【例 8-28】 某项目需要固定资产投资 150 万元,建设期 1 年,经营期 5 年,期满有残值 10 万元,直线法计提折旧,每年可获得净利润 2 万元。计算各年净现金流量。

$$固定资产原值 = 150 元$$

$$年折旧额 = \frac{150 - 10}{5} = 28 万元$$

$$项目计算期 = 1 + 5 = 6 年$$

$$终结点回收额 = 10 万元$$

$$NCF0 = -150 万元$$

$$NCF1 = 0 元$$

$$NCF2 \sim 5 = 2 + 28 = 30 万元$$

$$NCF6 = 2 + 28 + 10 = 40 万元$$

【例 8 - 29】　某项目需投资 1 200 万元用于构建固定资产,另外在第 1 年年初一次投入流动资金 300 万元,项目寿命 5 年,直线法计提折旧,5 年后设备残值 200 万元,每年预计付现成本 300 万元,可实现销售收入 800 万元,项目结束时可全部收回垫支的流动资金,所得税税率为 40%。

$$每年的折旧额 = \frac{1\ 200 - 200}{5} = 200 万元$$

固定资产营业现金流量如表8 - 5所示,固定资产各期的现金流入与流出如表 8 - 6 所示。

表 8 - 5　固定资产营业现金流量

销售收入	800
减:付现成本	300
减:折旧	200
税前净利	300
减:所得税	120
税后净利	180
营业现金流量	380

表 8 - 6　固定资产的现金流入与流出

	第 0 年	第 1 年	第 2 年	第 3 年	第 4 年	第 5 年
固定资产投资垫支流动资金	-1 200-300					
营业现金流量		380	380	380	380	380
固定资产残值收回流动资金						200+300
现金流量合计	-1 500	380	380	380	380	880

8.2.5　投资决策中使用现金流量的原因

1. 采用现金流量有利于科学地考虑时间价值因素

科学的投资决策必须认真考虑资金的时间价值，这就要求在做决策时一定要弄清每笔预期收入款项和支出款项的具体时间。而利润的计算并不考虑资金收付的时间，它是以权责发生制为基础的。要在投资决策中考虑时间价值的因素，就不能利用利润来衡量项目的优劣，而必须采用现金流量。

2. 采用现金流量才能使投资决策更符合客观实际情况

在长期投资决策中，应用现金流量能科学、客观地评价投资方案的优劣，而利润则明显存在不科学、不客观的成分。这是因为：

（1）净利润的计算比现金流量的计算有更大的主观随意性；

（2）利润反映的是某一会计期间"应计"的现金流量，而不是实际的现金流量。

8.3　投资决策指标

投资决策指标是评价投资方案是否可行或优劣的标志，可分为非折现现金流量指标和折现现金流量指标两大类。

8.3.1　非折现现金流量指标

非折现现金流量指标是指不考虑资金时间价值的各种指标，常见的有投资回收期和平均报酬率。

1. 投资回收期

（1）投资回收期的概念及计算。

投资回收期是指回收投资所需的时间，一般以年为单位。回收期越短，方案越有利。在初始投资一次支出，且每年的净现金流量相等时，投资回收期的计算公式为：

$$投资回收期 = \frac{原始投资额}{每年\ NCF}$$

如果每年营业现金流量不相等，则根据每年年末尚未收回的投资额来确定。

（2）投资回收期法的决策准则。

如果是独立项目，则通过比较投资回收期与基准投资回收期来确定方案是否可行。回收期小于规定最大回收期，则接受方案；反之则拒绝方案。如果是互斥项目则选择回收期较短的项目。

（3）投资回收期法的优缺点。

投资回收期法的概念容易理解，计算也比较简便，但是它忽视了货币的时间价值，而且没有考虑回收期满后的现金流量状况。它是过去评价投资方案最常用的方法，目前作为辅助方法使用，主要用来测定投资方案的流动性而非营利性。

【例 8 - 30】　某投资项目有两种投资方案，具体内容如表 8 - 7 所示。

表 8 - 7　甲乙方案投资状况

项目	第 0 年	第 1 年	第 2 年	第 3 年	第 4 年	第 5 年	第 6 年
甲方案：							
项目投资	−50 000						
营业现金流量		12 000	10 000	10 000	15 000	10 000	10 000
现金流量合计		−38 000	−28 000	−18 000	−3 000	7 000	17 000
乙方案：							
项目投资	−50 000						
营业现金流量		15 000	10 000	10 000	7 500	7 500	10 000
现金流量合计		−35 000	−25 000	−15 000	−7 500	0	10 000

由上表可知甲乙两种方案的初始投资金额相等，但甲方案从第 5 年就可以开始盈利，而乙方案从第 6 年才开始盈利，因此从投资回收期方面分析，甲方案流动性更佳。

2. 平均报酬率

（1）平均报酬率的概念及计算。

平均报酬率是指投资项目寿命周期内平均的年投资报酬率，也称平均投资报酬率。最常见的计算公式为：

$$平均报酬率 = \frac{平均现金流量}{初始投资额} \times 100\%$$

（2）平均报酬率法的决策规则。

在采用平均报酬率这一指标时，事先确定一个企业要求达到的平均报酬率，或称必要平均报酬率。在进行决策时，只有高于必要平均报酬率的方案才能入选。而在有多个互斥方案的选择中，则选用平均报酬率最高的方案。

（3）平均报酬率法的优缺点。

平均报酬率的优点是简明、易算、易懂，但是它没有考虑资金的时间价值，并且必要平均报酬率的确定具有很大的主观性。

【例 8 - 31】　××公司准备购入一项设备来扩充生产能力。设备初始投资 10 000 元，使用寿命为 5 年，采用直线法计提折旧，5 年后设备无残值，5 年中每年销售收入为 6 000 元，每年付现成本为 2 000 元。假设所得税税率为 25%，资金成本率为 10%，求出其平均报酬率。

$$每年折旧额 = \frac{10\ 000}{5} = 2\ 000\ 元$$

$$每年营业现金净流量（NCF）= 销售收入 - 付现成本 - 所得税$$
$$= 6\ 000 - 2\ 000 - (6\ 000 - 2\ 000 - 2\ 000) \times 25\%$$
$$= 3\ 500\ 元$$

$$平均报酬率 = \frac{3\ 500}{10\ 000} \times 100\% = 35\%$$

8.3.2　折现现金流量指标

折现现金流量指标是指考虑了资金时间价值的指标，主要有净现值（Net Present Value，NPV)、内含报酬率(Internal Rate of Return，IRR)、获利指数(Profitability Index，PI)等。

1. 净现值法

(1) 净现值的概念及计算。

净现值是指从投资开始到项目的寿命终结，所有现金流量的现值之和，即投资项目投入使用后的净现金流量按资金成本率或企业要求达到的报酬率折算为现值，再减去初始投资后的余额。其计算公式为：

$$NPV = \left[\frac{NCF_1}{(1+R)^1} + \frac{NCF_2}{(1+R)^2} + \cdots + \frac{NCF_n}{(1+R)^n} \right] - C$$
$$= \sum_{t=1}^{n} \frac{NCF_t}{(1+R)^t} - C = \sum_{t=0}^{n} \frac{CFAT_t}{(1+R)^t}$$

式中，NPV 表示净现值，NCF_t 表示第 t 年的净现金流量，K 表示折现率(资金成本率或公司要求的报酬率)，n 表示项目预计使用年限，C 表示初始投资额。

(2) 净现值法的决策规则。

在只有一个备选方案时，净现值为正则采纳，为负则不采纳。在有多个备选方案的互斥项目选择决策中，应采用的净现值是正值中的最大者。

(3) 净现值法的优缺点。

净现值的优点是：考虑了货币的时间价值，能够反映各项投资方案的净收益，是一种较好的方法。净现值的缺点是：不能揭示各个投资方案本身可能达到的实际报酬率是多少，内含报酬率法则弥补了这一缺陷。

【例 8-32】　以例 8-31 中的××公司为例，计算此方案的净现值。

净现值＝NCF×PVIFA$_{10\%,5}$－C＝3 500×3.791－10 000＝3 268.5 元

2. 获利指数

(1) 获利指数的概念及计算。

获利指数又称利润指数或现值指数，是指投资项目未来报酬的总现值与初始投资额的现值之比。其计算公式为：

$$PI = \frac{\sum_{t=1}^{n} \frac{NCF_t}{(1+R)^t}}{C}$$

即

$$PI = \frac{未来现金流量的总现值}{初始现金流出的总现值}$$

(2) 获利指数法的决策规则。

在只有一个备选方案时，获利指数大于 1 则采纳，否则就拒绝。在互斥方案中，应采用获利指数大于 1 最多的投资项目。

(3) 获利指数法的优缺点。

获利指数法的优点是考虑了资金的时间价值，能够真实地反映投资项目的盈利能力。由于获利指数是用相对数来表示，因此有利于在初始投资额不同的投资方案之间进行对比。但是获利指数只代表获得报酬的能力而不代表实际可能获得的财富，它忽略了互斥项

目之间投资规模上的差异,所以在多个互斥项目的选择中,可能会得到错误的答案。

【例 8 - 33】 以例 8 - 31 中的××公司为例,计算获利指数。

$$\text{投资方案的获利指数} = \frac{\text{未来现金流量的总现值}}{\text{初始投资额}} = \frac{13\ 268.5}{10\ 000} = 1.33$$

3. 内含报酬率

(1)内含报酬率的概念及计算。

内含报酬率也称内部报酬率,实际上反映了投资项目的真实报酬。目前越来越多的企业使用该指标对项目进行评价。内含报酬率的计算公式为:

$$\sum_{t=1}^{n} \frac{\text{NCF}_t}{(1+r)^t} - C = 0$$

式中,NCF_t表示第 t 年的净现金流量,r 表示内含报酬率,n 表示项目的使用年限,C 表示初始投资额。

(2)内含报酬率法的决策规则。

在只有一个备选方案时,如果计算出的内含报酬率大于或等于公司的资金成本率或必要报酬率就采纳,反之则拒绝。在有多个备选方案的互斥选择决策中,选择内含报酬率超过资金成本率或必要报酬率最多的投资项目。

(3)内含报酬率法的优缺点。

内含报酬率法的优点是考虑了资金的时间价值,反映了项目的真实报酬率,概念也便于理解,但这种方法的计算比较复杂,尤其是每年 NCF 不等的投资项目。

【例 8 - 34】 以 8 - 31 中的××公司为例,计算投资方案的内含报酬率。

$$\text{年金现值系数} = \frac{\text{初始投资额}}{\text{每年 NCF}} = \frac{10\ 000}{3\ 500} = 2.857$$

查年金现值系数表,此方案的内含报酬率应该为 20%~25%,现用插值法计算如下:
已知 $\text{PVIFA}_{20\%,5} = 2.991$,$\text{PVIFA}_{25\%,5} = 2.689$,假设内含报酬率为 $x\%$,于是有

$$(x-20)/(25-20) = (2.857-2.991)/(2.689-2.991)$$

则 $x = 22.22$

内含报酬率为 22.22%。

8.4 投资决策指标的比较

有调查表明,很多公司在进行决策时会采用两种以上的指标,其中规模较大的公司倾向使用折现现金流量指标,规模相对较小的公司则更多地使用非折现现金流量指标。折现现金流量指标使用广泛的原因有以下几点:

(1)非贴现指标忽略了资金的时间价值。

(2)投资回收期法只能反映投资的回收速度,不能反映投资的主要目标——净现值的多少。

(3)非贴现指标对寿命不同、资金投入的时间和提供报酬的时间不同的投资方案缺乏鉴别能力。

(4)平均报酬率、平均会计报酬率等指标由于没有考虑资金的时间价值,实际上是夸

大了项目的盈利水平。

（5）投资回收期是以标准回收期为方案取舍的依据，但标准回收期一般都是以经验或主观判断为基础来确定的，缺乏客观依据。而贴现指标中的净现值和内含报酬率等指标实际上都是以企业的资金成本为取舍依据的，任何企业的资金成本都可以通过计算得到，因此，这一取舍标准符合客观实际。

（6）管理人员水平的不断提高和电子计算机的广泛应用加速了贴现指标的使用。

折现现金流量指标是科学的投资决策指标。那么，折现现金流量指标的三种方法所得结论有何差异？下面对这三种方法作一比较。

8.4.1　净现值法和获利指数法的比较

只有当初始投资不同时，净现值和获利指数才会产生差异。由于净现值是用各期现金流量现值减初始投资额得到的，是一个绝对数，表示投资的效益或者说给公司带来的财富；而获利指数是用现金流量现值除以初始投资额，是一个相对数，表示投资的效率，因此评价的结果可能会不一致。

最高的净现值符合企业的最大利益，而获利指数只反映投资回收的程度，不反映投资回收的多少，在没有资金量限制情况下的互斥选择决策中，应选用净现值较大的投资项目。也就是说，当获利指数法与净现值法得到不同结论时，应以净现值法为准。

【例 8 - 35】　项目 A 与项目 B 的投资状况如表 8 - 8 与表 8 - 9 所示。

表 8 - 8　投资项目 A 和 B 的有关资料

项目 2	NCF_0	NCF_1	NCF_2	NCF_3	NCF_4	IRR/%	NPV(12%)	PI
A	−27 000	10 000	10 000	10 000	10 000	18	3 473	1.13
B	−56 000	20 000	20 000	20 000	20 000	16	4 746	1.08

表 8 - 9　投资项目 A 和 B 的增量现金流量

项目	NCF_0	NCF_1	NCF_2	NCF_3	NCF_4	IRR/%	NPV(12%)	PI
B−A	−29 000	10 000	10 000	10 000	10 000	14	1 373	1.05

表 8 - 8、表 8 - 9 中的 NPV(12%)表示当贴现率为 12% 时，相应项目的净现值。NPV 与 PI 评价标准之间的关系可表述为：如果 NPV>0，则 PI>1；如果 NPV=0，则 PI=1；如果 NPV<0，则 PI<1。在一般情况下，采用 NPV 和 PI 评价投资项目，得出的结论常常是一致的，但在投资规模不同的互斥项目的选择中，则有可能得出相反的结论。在例 8 - 35 中，如果按 PI 标准评价，则项目 A 优于 B；如果按 NPV 标准评价，则项目 B 优于 A。在这种情况下同样可考察现金流量增量的 PI 的方法来进一步分析两个投资项目的可行性。通过计算得到投资现金流量增量 B−A 的 PI 为 1.05，该数值大于 1，应该接受 B−A 项目。因此，选择项目 B 项目可使企业获得更多的净现值。

8.4.2　净现值法与内含报酬率法的比较

对于常规的独立项目，净现值法和内含报酬率法的结论是完全一致的，但对于互斥项目,有时会不一致,原因主要有以下两点。

1. 投资规模不同

当一个项目的投资规模大于另一个项目时,规模较小的项目的内含报酬率可能较大,但净现值可能较小。当互斥项目投资规模不同且资金可以得到满足时,净现值决策规则优先于内含报酬率决策规则。

2. 现金流量发生的时间不同

有的项目早期现金流入量比较大,有的项目早期现金流入量比较小。之所以会产生现金流量发生时间不同的问题,是因为"再投资率假设",即两种方法假定投资项目使用过程中产生的现金流量进行再投资时会产生不同的报酬率。净现值法假定产生的现金流入量重新投资会产生相当于企业资金成本率的利润率,而内含报酬率法却假定再投资的利润率与此项目的内含报酬率相同。

【例 8 - 36】　某公司有甲、乙两个投资项目,该公司要求的必要报酬率为 10%,两个投资项目的预计现金流量如表 8 - 10 所示。

表 8 - 10　两个投资项目的预计现金流量　　　　　单位:万元

项目	各年现金流量							净现值	内含报酬率/%
	当年	第 1 年	第 2 年	第 3 年	第 4 年	第 5 年	第 6 年		
甲	-250	100	100	75	75	50	25	76.2	22.20
乙	-250	50	50	75	100	100	125	94	20.02

由表 8 - 10 可知,甲项目前两年的现金流入量比较大,后 4 年逐渐减少;乙项目前两年的现金流入量比较小,后 4 年逐渐增加。就本例来说,若按净现值法,乙项目可行,甲项目不可行;若按内含报酬率法,则应采纳甲项目,拒绝乙项目。

产生这种差异的根本原因是内含报酬率法假定项目甲前两期产生的现金流量(第 1 年和第 2 年的 100 万元)若进行再投资,会产生与 22.20% 相等的报酬率;项目乙前两期产生的现金流量(第 1 年和第 2 年的 50 万元)若进行再投资,会产生与 20.02% 相等的报酬率。然而,净现值法假设前两期产生的现金流量若进行再投资产生的报酬率相等,即本例中的资金成本率 10%。

折现率不同,甲、乙两个项目的净现值和内含报酬率也不同。当折现率在 10% 的基础上不断增加时,甲项目的净现值会不断变大,乙项目的净现值会不断减小,超过某个临界点时,甲项目的净现值就会大于乙项目的净现值,而两个项目的内含报酬率却不会发生变化。在这种情况下,无论用净现值法还是内含报酬率法得出的结论是一致的,即采纳甲项目而拒绝乙项目。在临界点之前,甲、乙两个项目的初始投资相同,而乙项目的净现值比较大,可为企业带来更多的财富,所以应按照净现值法的结果选择乙项目。

结合以上分析,无论在临界点之前还是在临界点之后,净现值法得出的结论总是正确的,而内含报酬率法有时可能会导致错误的决策。所以,净现值法优于内含报酬率法。

在进行互斥项目选择时,若资金可以被满足,净现值法总是正确的,而内含报酬率法、获利指数法有时会导致错误的结论。

【**例 8 - 37**】　　××公司初创时拟筹资 1 200 万元，其中：向银行借款 200 万元，利率 10%，期限 5 年，手续费率 0.2%；发行 5 年期债券 400 万元，利率 8%，发行费用 10 万元；发行普通股 600 万元，筹资费率 4%，第 1 年末股利率 8%，以后每年增长 5%，假定××公司适用所得税率为 25%。

该公司正在考虑生产一种新产品，假定该产品行销期间估计为 5 年，5 年后停产。生产该产品所获得的收入和需要的成本有关资料如下：

投资购入机器设备 100 000 元，投产需垫支流动资金 50 000 元，每年的销售收入 80 000 元，每年的材料、人工等付现成本 50 000 元，前 4 年每年的设备维修费 2 000 元，5 年后设备的残值 10 000 元，新产品不考虑公司的所得税。

要求：

(1) 计算××公司的加权平均资金成本；

(2) 计算新产品各年的现金净流量；

(3) 计算该产品的内部收益率；

(4) 用内部收益率指标对该新产品开发方案是否可行做出评价。

解：

(1) ××公司的加权平均资金成本 $= \dfrac{200}{1\,200} \times \dfrac{200 \times 10\% \times (1 - 25\%)}{200 \times (1 - 0.2\%)} + \dfrac{400}{1\,200} \times$

$\dfrac{400 \times 8\% \times (1 - 25\%)}{400 - 10} + \dfrac{600}{1\,200} \times \left[\dfrac{600 \times 8\%}{600 \times (1 - 4\%)} + 5\% \right] \approx 9.97\%$

(2) 项目各年的现金净流量：

$NCF_0 =$ 固定资产投资 + 垫支的流动资金 $= -100\,000 - 50\,000 = -150\,000$ 元

$NCF_{1 \sim 4} =$ 销售收入 - 付现成本 $= 80\,000 - 50\,000 - 2\,000 = 28\,000$ 元

$NCF_5 =$ 销售收入 - 付现成本 + 残值 + 回收垫支的流动资金

　　　　$= 80\,000 - 50\,000 + 10\,000 + 50\,000 = 90\,000$ 元

(3) 项目内部收益率的计算。由于投产各年的经营净现金流量不等，所以采用试算法进行测试。从 9% 开始逐次测试，当折现率为 9% 时，项目的净现值为：

$NPV = -150\,000 + 28\,000 \times (P/A, 9\%, 4) + 90\,000 \times (P/F, 9\%, 5)$

　　　$= -150\,000 + 28\,000 \times 3.240 + 90\,000 \times 0.650 = -780$ 元

因为 NPV 为负数，必须用一个更小的折现率 8% 来测试：

$NPV = -150\,000 + 28\,000 \times (P/A, 8\%, 4) + 90\,000 \times (P/F, 8\%, 5)$

　　　$= -150\,000 + 28\,000 \times 3.312 + 90\,000 \times 0.681 = 4\,026$ 元

最后用插值法计算内部收益率：

　　　　　　$IRR = 8\% + 1\% \times [4\,026 / (4\,026 + 780)] = 8.838\%$

(4) 内部收益率 8.838% < 加权平均资金成本 9.97%，所以方案不可行。

8.5　固定资产更新项目决策

固定资产反映了企业的生产经营能力，固定资产更新决策是项目投资的重要组成部分。从决策性质上看，固定资产更新决策属于互斥投资方案的决策类型。更新决策的现金

流量主要是现金流出。即使有少量的残值变现收入，也属于支出抵减，而非实质上的流入增加。因此更新决策主要考虑现金流出量，即运营成本。此外旧设备的初始投资额应按变现价值考虑，设备的使用年限按尚可使用的年限考虑。

8.5.1　寿命期相同的设备重置决策

寿命相同时，固定资产更新决策采用的决策方法是净现值比较法和差量分析法(售旧购新)，一般不采用内含报酬率法。

【例8-38】　某公司3年前购置1台设备，现在考虑是否需要更新。该公司所得税税率为25%，要求的最低报酬率为10%，其他有关资料如表8-11所示。

表8-11　新旧设备相关资料　　　　　　　单位：元

项　目	旧设备	新设备
原价	60 000	50 000
税法规定残值(10%)	6 000	5 000
税法规定使用年限/年	6	4
已用年限	3	0
尚可使用年限	4	4
每年操作成本	8 600	5 000
两年末大修支出	28 000	
最终报废残值	7 000	10 000
目前变现价值	10 000	
折旧方法	(直线法)	(年数总和法)

要求：作出设备是否更新的决策。(表中税法规定残值为10%，指企业按照税法规定的折旧或摊销年限，对长期资产计提折旧或者摊销后的残值应为资产原值的10%)

方法一：净现值比较法(旧设备剩余年限与新设备使用年限相同)

(1)计算旧设备的净现值。

① 初始期现金流量。

$$旧设备年折旧=\frac{60\ 000-6\ 000}{6}=9\ 000\ 元$$

$$3\ 年末账面价值\ 60\ 000-9\ 000\times3=33\ 000\ 元$$

变现价值10 000元，变现损失对所得税影响为

$$(33\ 000-10\ 000)\times25\%=5\ 750\ 元$$

$$NCF_0=-10\ 000+(-5\ 750)=-15\ 750\ 元$$

②经营期营业现金流量。

$$NCF_1 = -8\ 600 \times (1-25\%) + 9\ 000 \times 25\% = -4\ 200\ 元$$

$$NCF_2 = -8\ 600 \times (1-25\%) + 9\ 000 \times 25\% - 28\ 000 \times (1-25\%) = -25\ 200\ 元$$

$$NCF_3 = -8\ 600 \times (1-25\%) + 9\ 000 \times 25\% = -4\ 200\ 元$$

$$NCF_4 = -8\ 600 \times (1-25\%) = -6\ 450\ 元$$

③与资产处置有关的现金流量。

$$NCF_4 = 7\ 000 - (7\ 000 - 6\ 000) \times 25\% = 6\ 750\ 元$$

现金流如图 8-5 所示。

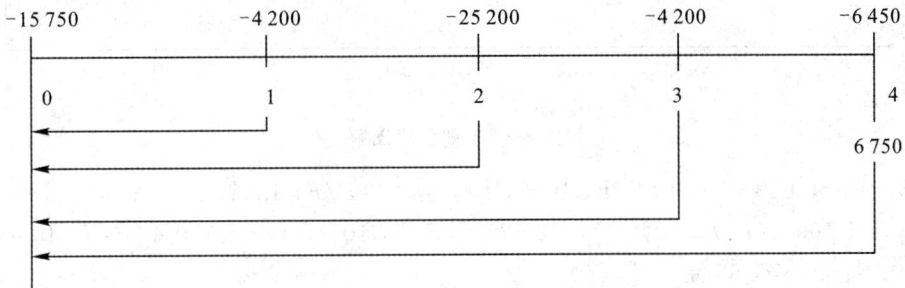

图 8-5　现金流图解

$$\begin{aligned}
PV = &-15\ 750 - 4\ 200 \times (P/F, 10\%, 1) - 25\ 200 \times (P/F, 10\%, 2) - \\
&4\ 200 \times (P/F, 10\%, 3) - 6\ 450 \times (P/F, 10\%, 4) + 6\ 750 \times (P/F, 10\%, 4) \\
= &-43\ 344.06\ 元
\end{aligned}$$

(2) 计算新设备的总成本(现金流出量总现值)。

① 初始期现金流量。

$$NCF_0 = -50\ 000\ 元$$

② 经营期营业现金流量。

$$第一年设备年折旧 = \frac{(50\ 000 - 5\ 000) \times 4}{10} = 18\ 000\ 元$$

$$第二年设备年折旧 = \frac{(50\ 000 - 5\ 000) \times 3}{10} = 13\ 500\ 元$$

$$第三年设备年折旧 = \frac{(50\ 000 - 5\ 000) \times 2}{10} = 9\ 000\ 元$$

$$第四年设备年折旧 = \frac{(50\ 000 - 5\ 000) \times 1}{10} = 4\ 500\ 元$$

$$NCF_1 = -5\ 000 \times (1-25\%) + 18\ 000 \times 25\% = 750\ 元$$

$$NCF_2 = -5\ 000 \times (1-25\%) + 13\ 500 \times 25\% = -375\ 元$$

$$NCF_3 = -5\ 000 \times (1-25\%) + 9\ 000 \times 25\% = -1\ 500\ 元$$

$$NCF_4 = -5\ 000 \times (1-25\%) + 4\ 500 \times 25\% = -2\ 625\ 元$$

③ 与资产处置相关的现金流量。

$$NCF_4 = 10\ 000 - (10\ 000 - 5\ 000) \times 25\% = 8\ 750\ 元$$

现金流如图 8-6 所示。

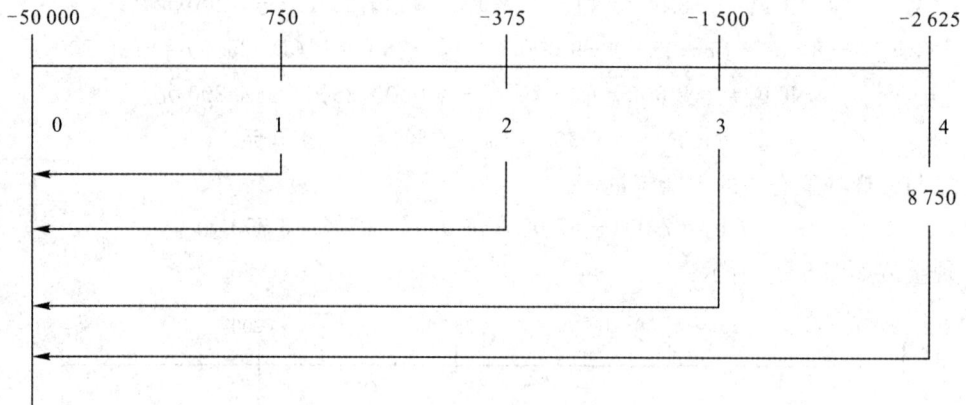

图 8-6 现金流图解

$$PV = -50\ 000 + 750 \times (P/F, 10\%, 1) - 375 \times (P/F, 10\%, 2) -$$
$$1\ 500 \times (P/F, 10\%, 3) - 2\ 625 \times (P/F, 10\%, 4) + 8\ 750 \times (P/F, 10\%, 4)$$
$$= -46\ 571.65\ 元$$

(3) 比较新旧设备的总成本(现金流出量总现值)。

使用旧设备的总成本 43 344.06 元,低于使用新设备的总成本 46 571.65 元,所以不应该更新设备。

方法二:差量分析法,如表 8-12 所示。

表 8-12 差量分析法   单位:元

		新设备	旧设备	新设备减旧设备
初始期	0	−50 000	−15 750	−34 250
经营期	1	750	−4 200	4 950
	2	−375	−25 200	24 825
	3	−1 500	−4 200	2 700
	4	−2 625	−6 450	−3 825
处置期	4	8 750	6 750	2 000

$$NPV = -34\ 250 + 4\ 950 \times (P/F, 10\%, 1) + 24\ 825 \times (P/F, 10\%, 2) +$$
$$2\ 700 \times (P/F, 10\%, 3) + 3\ 825 \times (P/F, 10\%, 4) + 2\ 000 \times (P/F, 10\%, 4)$$
$$= -3\ 227.59\ 元$$

由于 NPV 小于零,更新方案不可行。

8.5.2 寿命期不同的设备重置决策

当固定资产更新项目的旧设备和新设备的可使用年限不同时,设备重置决策有以下两种方法。

1. 等额年金法

$$固定资产等额年金 = \frac{现金流量净现值}{(P/A, i, n)}$$

【例 8 - 39】　公司准备用新设备替换旧设备，新旧设备均采用直线法，均无残值，公司所得税税率 25%，项目资金成本 10%，其他资料如表 8 - 13 所示。

表 8 - 13　新旧设备资料　　　　　　　　　单位：元

	旧设备	新设备
原值	50 000	70 000
预计使用年限	10	8
已经使用年限	6	0
尚可使用年限	4	8
目前变现价值	20 000	70 000
年销售收入	40 000	45 000
年付现成本	20 000	18 000

（1）计算新旧设备现金流量。

新旧设备现金流状况如表 8 - 14 所示。

表 8 - 14　新旧设备现金流　　　　　　　　　单位：元

项　目	旧设备		新设备	
	第 0 年	第 1～4 年	第 0 年	第 1～8 年
初始现金流量	−20 000		−70 000	
税后销售收入		30 000		33 750
税后付现成本		15 000		13 500
折旧抵税		1 250		2 187.5
现金流量	−20 000	16 250	−70 000	22 437.5

（2）计算新旧设备的净现值。

使用旧设备的净现值：$\text{NPV} = 16\ 250 \times (P/A, 10\%, 4) - 20\ 000 = 31\ 512.5$ 元

使用新设备的净现值：$\text{NPV} = 22\ 437.5 \times (P/A, 10\%, 8) - 70\ 000 = 49\ 704.1$ 元

计算使用新旧设备的等额年金：

使用旧设备等额年金 $= 31\ 512.5 / (P/A, 10\%, 4) = 9\ 941.17$ 元

使用新设备等额年金 $= 49\ 704.1 / (P/A, 10\%, 8) = 9\ 316.78$ 元

使用旧设备等额年金大于使用新设备，所以应继续使用旧设备。

2. 平均年成本法

固定资产平均年成本是指该资产引起的现金流出的年平均值。计算公式为：

$$\text{固定资产的平均年成本} = \frac{\text{现金流出总现值}}{(P/A, i, n)}$$

【例 8 - 40】　甲公司正面临设备的选择决策。它可以购买 8 台 X 型设备，每台价格 8 000 元。X 型设备将于第 4 年末更换，预计无残值收入。另一个选择是购买 10 台 Y 型设

备来完成同样的工作，每台价格 5 000 元。Y 型设备需于 3 年后更换，在第 3 年末预计有 500 元/台的残值变现收入。

　　该公司此项投资的机会成本为 10％，所得税率为 25％（假设该公司将一直盈利），税法规定的该类设备折旧年限为 3 年，残值率为 10％。预计选定设备型号后，公司将长期使用该种设备，更新时不会随意改变设备型号，以便与其他作业环节协调。

　　要求：分别计算采用 X、Y 设备的平均年成本，并据此判断应购买哪一种设备。

　　X 设备：

$$购置成本＝8\ 000\ 元$$

$$每年折旧抵税（前 3 年）＝[8\ 000×(1-0.1)/3]×25\%＝600\ 元$$

$$折旧抵税现值＝600×(P/A，10\%，3)＝600×2.486\ 9＝1\ 492.14\ 元$$

$$残值损失减税现值＝800×25\%×(P/F，10\%，4)＝240×0.683＝136.6\ 元$$

$$每台平均年成本＝(8\ 000-1\ 492.14-136.6)/(P/A，10\%，4)＝\frac{6\ 371.26}{3.169\ 9}＝2\ 009.92\ 元$$

$$8 台设备的年成本＝2\ 009.92×8＝16\ 079.36\ 元$$

　　Y 设备：

$$购置成本＝5\ 000\ 元$$

$$每年折旧抵税＝\frac{5\ 000×(1-0.1)}{3}×25\%＝375\ 元$$

$$每年折旧抵税现值＝375×(P/A，10\%，3)＝375×2.486\ 9＝932.59\ 元$$

$$残值流入现值＝500×(P/F，10\%，3)＝500×0.751\ 3＝375.65\ 元$$

$$每台平均年成本＝\frac{5\ 000-932.59-375.65}{2.486\ 9}＝1\ 484.483\ 元$$

10 台设备的平均年成本＝1 484.483×10＝14 844.83 元

Y 设备的平均年成本较低，应当购置 Y 设备。

练 习 题

一、单项选择题

1. 下列各项因素中，不会对投资项目内含报酬率指标产生影响的是（　　）。

A. 原始投资　　　　B. 现金流量　　　　C. 项目期限　　　　D. 设定的折现率

2. 某项目原始投资 100 万元，建设期为 0，运营期 5 年，每年净现金流量 32 万元，则该项目内含报酬率为（　　）。

A. 15.52％　　　　B. 18.03％　　　　C. 20.12％　　　　D. 15.26％

3. 当贴现率与内含报酬率相等时（　　）。

A. 净现值大于 0　　B. 净现值小于 0　　C. 净现值等于 0　　D. 净现值不确定

4. 下列关于净现值的表述中，不正确的是（　　）。

A. 净现值是项目计算期内各年现金净流量现值的代数和

B. 净现值大于 0，项目可行，净现值小于 0，项目不可行

C. 净现值的计算可以考虑投资的风险性

D. 净现值反映投资的效率

5. 当贴现率为 8% 时，项目的净现值为 45 元，则说明该项目的内含报酬率（　　）。

A. 低于 8%　　　　B. 等于 8%　　　　C. 高于 8%　　　　D. 无法界定

6. 关于内含报酬率的说法不正确的是（　　）。

A. 投资人要求得到的最低收益率

B. 使未来现金流入量现值等于未来现金流出量现值的贴现率

C. 使投资方案净现值为零的贴现率

D. 方案本身的投资报酬率

7. 企业投资 10 万元建一条生产线，投产后年净利 1.5 万元，年折旧率为 10%，则投资回收期为（　　）年。

A. 3　　　　B. 5　　　　C. 4　　　　D. 6

8. 某投资方案贴现率为 16% 时，净现值为 12.3，贴现率为 18% 时，净现值为 -47.7，该方案净现值为 0 时的报酬率为（　　）。

A. 16%　　　　B. 16.41%　　　　C. 17.88%　　　　D. 18%

9. 已知某投资项目的原始投资额为 500 万元，建设期为 2 年，投产后第 1～5 年每年 NCF 为 90 万元，第 6～10 年每年 NCF 为 80 万元，则该项目包括建设期的静态投资回收期为（　　）。

A. 6.375 年　　　　B. 8.375 年　　　　C. 5.625 年　　　　D. 7.625 年

10. 某投资项目不需要维持运营投资，原始投资额为 100 万元，使用寿命为 9 年，已知项目投产后每年的经营净现金流量均为 30 万元，期满处置固定资产的残值收入为 5 万元，回收流动资金 8 万元，则该项目第 9 年的净现金流量为（　　）万元。

A. 30　　　　B. 35　　　　C. 43　　　　D. 38

11. 以下有关资本市场线的论述中正确的是（　　）。

A. 只有有效的投资组合才落在资本市场线上，其余将落在其上或其下

B. 资本市场线与证券市场线相同

C. 位于资本市场线上的点代表在不同系数下的收益率

D. 资本市场线的斜率表示单位风险收益率

12. 关于公司的资金成本和投资项目的资金成本，下列说法不正确的是（　　）。

A. 公司资金成本的高低取决于无风险报酬率、经营风险溢价和财务风险溢价

B. 投资项目资金成本的高低主要取决于从哪些来源筹资

C. 如果公司新的投资项目的风险与企业现有资产平均风险相同，则项目资金成本等于公司资金成本

D. 每个项目都有自己的资金成本，同一个公司的各个项目的资金成本可能是不同的

13. 某公司适用的所得税税率为 50%，打算发行总面值为 1 000 万元，票面利率为 10%，偿还期限 4 年，发行费率为 4% 的债券，该债券发行价为 1 075.385 4 万元，则债券税后资金成本为（　　）。

A. 8%　　　　B. 9%　　　　C. 4.5%　　　　D. 10%

14. 企业向银行取得借款 500 万元，年利率为 6%，期限 3 年。每年付息一次，到期还本，所得税税率为 25%，手续费忽略不计，则该项借款的资金成本为（　　）。

A. 3.5%　　　　B. 5%　　　　C. 4.5%　　　　D. 3%

15. 下列关于债务资金成本的表述中，正确的是（　　）。

A. 现有债务的历史成本，对于未来的决策来说是相关成本

B. 债权人的承诺收益是债务的真实成本

C. 在实务中，往往把债务的承诺收益率作为债务成本

D. 以期望收益率作为债务成本，可能会出现债务成本高于股权成本的结论

二、多项选择题

1. 下列能够计算营业现金流量的公式有（　　）。

A. 税后收入－税后付现成本＋税负减少

B. 税后收入－税后付现成本＋折旧抵税

C. 收入×（1－税率）－付现成本×（1－税率）＋折旧×税率

D. 税后利润＋折旧

2. 确定一个投资方案可行的必要条件有（　　）。

A. 内部收益率大于 1　　　　　　　　　B. 净现值大于零

C. 获利能力指数大于 1　　　　　　　　D. 回收期大于 1 年

3. 对于同一投资方案，下列表述正确的有（　　）。

A. 资金成本越高，净现值越高

B. 资金成本越低，净现值越高

C. 资金成本等于内含报酬率时，净现值为零

D. 资金成本高于内含报酬率时，净现值为负数

4. 项目投资决策分析使用的贴现指标主要包括（　　）。

A. 获利指数　　　B. 投资回收期　　　C. 净现值　　　　D. 内含报酬率

5. 下列因素中影响内含报酬率的有（　　）

A. 现金净流量　　B. 贴现率　　　C. 投资项目计算期　　D. 投资总额

6. 利润与现金流量的差异主要表现在（　　）。

A. 购置固定资产付出大量现金时不计入成本

B. 将固定资产的原值以折旧的形式记入成本时，不需要付出现金

C. 现金流量一般来说大于利润

D. 计算利润时不考虑垫支的流动资产的数量和回收的时间

7. 评价投资方案的静态回收期指标的主要缺点有（　　）。

A. 不能衡量企业的投资风险

B. 没有考虑资金时间价值

C. 没有考虑超过原始投资额的现金流量

D. 不能计算出较为准确的投资经济效益

8. 公司拟投资一项目 10 万元，投产后年均现金流入 48 000 元，付现成本 13 000 元，预计有效期 5 年，按直线法提折旧，无残值，所得税税率 33％，则该项目（　　）。

A. 回收期 2.86 年　　　　　　　　　　B. 回收期 3.33 年

C. 会计收益率 10.05％（税后）　　　　D. 会计收益率 35％（税后）

9. 当一项长期投资方案的净现值大于 0 时则说明（　　）。

A. 该方案可以投资

B. 该方案未来现金净流量的总现值大于初始投资额

C. 该方案的现值指数大于 1

D. 该方案的内部报酬率大于其资本成本

E. 该方案不能投资

10. 在下列评价指标中，属于非折现指标的有（　　）。

A. 静态投资回收期　　　B. 平均报酬率　　　　C. 内部报酬率　　　D. 净现值

11. 下列事项中，会导致公司平均资金成本降低的有（　　）。

A. 因总体经济环境变化，导致无风险报酬率降低

B. 企业经营环境复杂多变

C. 公司股票上市交易，改善了股票的市场流动性

D. 企业一次性需要筹集的资金规模大、占用资金时限长

12. 资金成本是企业的投资者对投入企业的资本所要求的最低收益率，从企业的角度看，资金成本是投资项目的（　　）。

A. 实际成本　　　　B. 过去成本　　　　C. 未来成本　　　D. 机会成本

13. 根据资本资产定价模型估计普通股资金成本，下列相关表述中正确的有（　　）。

A. 名义现金流量要使用名义折现率进行折现，实际现金流量要使用实际折现率进行折现

B. 公司风险特征无重大变化时，可以采用 5 年或更长的预测期长度

C. 估计市场收益率时通常选择较长的时间跨度，既包括经济繁荣时期，也包括经济衰退时期

D. 实际现金流量＝名义现金流量×（1＋通货膨胀率）

14. 采用资本资产定价模型估计普通股资金成本，下列关于 β 值的估计的表述中错误的有（　　）。

A. 如果公司风险特征发生重大变化，应当使用变化后的年份作为预测期长度

B. 一般采用年度报酬率估计 β 值

C. β 值的关键驱动因素有经营杠杆、财务杠杆和无风险利率

D. 如果 β 值的关键驱动因素没有显著变化，可以用历史 β 值估计股权成本

15. 公司在下面哪些方面没有显著改变时可以用历史的 β 值估计股权成本（　　）。

A. 经营杠杆　　　　B. 财务杠杆　　　　C. 收益的周期性　　　D. 管理目标

三、判断题

1. 企业现金形式的转换不会产生现金的流入和流出。（　　）

2. 若 A 方案的净现值大于 B 方案的净现值，则必有 A 方案的现值指数大于 B 方案的现值指数。（　　）

3. 按发生的时期不同，现金流量可分为初始现金流量、营业现金流量和终结现金流量。（　　）

4. 净现值大于 0，则净现值率大于 1。（　　）

5. 税后成本是指扣除了折旧影响以后的费用净额。（　　）

6. 在互斥选择决策中，净现值法有时会作出错误的决策，而内部报酬率法则一般会得出正确的结论。（　　）

7. 进行长期投资决策时，如果某一备选方案净现值比较小，那么该方案的内含报酬率也相对较低。（　　）

8. 由于获利指数是用相对数来表示，因此获利指数法优于净现值法。（　　）

9. 贴现率与现值呈正向关系，即贴现率越高现值越大。（　　）

10. 净现值率是一个绝对指标，它反映单位投资现值所能带来的净现值。（　　）

11. 如果投资的项目属于高风险项目，项目要求的报酬率会更高，与筹资来源无关。（　　）

12. 某企业在讨论购买一台新设备，有两个备选方案，A 方案的净现值为 100 万元，现值指数为 10%；B 方案的净现值为 150 万元，现值指数为 8%，据此可以认定 A 方案较好。（　　）

13. 当贴现率为 10%，甲项目的净现值为正，则该项目的内含报酬率必定低于 10%。（　　）

14. 计算内含报酬率时不必事先选择折现率，根据内含报酬率就可以排定独立投资的优先顺序，不需要考虑实际的资金成本或最低报酬率。（　　）

15. 为了正确计算投资方案的增量现金流量，应注意投资项目对净营运资金的需要，所谓净营运资金的需要是指增加的流动资产与增加的流动负债之间的差额。（　　）

四、思考题

1. 投资活动的现金流量是如何构成的？为什么说进行投资决策时，使用折现现金流量指标更合理？

2. 如果通过事后审计将赔偿责任引入投资项目预测阶段，会对公司的投资活动产生什么影响？

3. 既然净现值决策规则优于其他规则，那么是不是可以认为，对于所有的投资项目，只使用净现值指标进行分析即可？为什么还要使用获利指数与内含报酬率指标？

4. 资金成本的定义是什么？可以从哪些角度来理解？

5. 资金成本具体有哪些作用？

6. 分别简要阐述非折现现金流量指标中投资回收期、平均报酬率，以及折现现金流量指标中净现值、获利指数、内含报酬率的计算方法。

五、计算题

1. ××公司准备投资一个新的项目来扩充生产能力，预计该项目可持续 5 年，固定资产投资 750 万元。固定资产采用直线法计提折旧，折旧期限为 5 年，预计净残值为 50 万元。预计每年的付现固定成本为 300 万元，每件产品单价为 250 元，年销售量为 30 000 件，均为现金交易。预计期初需要垫支营运资金 250 万元。假设资金成本为 10%，所得税率为 25%。

（1）计算项目净现值；

（2）计算项目的内含报酬率；

（3）计算项目的获利指数。

2. 假设××公司只能投资于项目 S(短期)和项目 L(长期)中的一个。公司的资金成本为 10%，两个项目的期望未来现金流量如下表：

项目	第 0 年	第 1 年	第 2 年	第 3 年	第 4 年	第 5 年	第 6 年
S	−250	100	100	75	75	50	25
L	−250	50	50	75	100	100	125

要求：分别计算两个项目的净现值和获利指数，并比较哪个项目更合适。

3. ××软件公司目前有 A、B 两个项目可供选择，其各年现金流情况如下表所示。

年　次	项目 A	项目 B
1	−7 500	−5 000
2	4 000	2 500
3	3 500	1 200
4	1 500	3 000

请回答：

(1) 若××软件公司要求项目资金必须在两年内收回，应选择哪个项目？

(2) ××软件公司现在采用净现值法，设定折现率为 15%，应采纳哪个项目？

4. 某项目需要固定资产投资 300 万元，建设期 1 年，经营期 5 年，期满有残值 35 万元，直线法计提折旧，每年可获得净利润 5 万元。计算各年净现金流量。

5. ABC 公司目标资本结构为：35% 的长期债务、15% 的优先股、50% 的普通股。长期债务的税后成本是 5.19%，优先股的成本是 9.12%，普通股的成本是 12.65%。该公司的加权平均资金成本是多少？

6. 某企业拟进行甲、乙、丙三项投资，投资收益率的情况会随着市场情况的变化而发生变化，已知市场情况较佳和一般的概率分别为 0.85 和 0.15，甲相应的投资收益率分别为 30% 和 12%，乙相应的投资收益率分别为 35% 和 15%，丙相应的投资收益率分别为 28% 和 10%，分别计算甲、乙、丙三项投资的投资收益率的期望值。

六、案例题

1. ××快餐公司在一家公园内租用了一间售货亭向游人出售快餐。快餐公司签订的租赁合同的期限为 3 年，3 年后售货亭作为临时建筑将被拆除。经过一个月的试营业后，快餐公司发现，每天的午饭和晚饭时间买快餐的游客很多，但因为售货亭很小，只有一个售货窗口，所以顾客不得不排起长队，有些顾客因此而离开。为了解决这一问题，××快餐公司设计了四种不同的方案，试图增加销售量，从而增加利润。

方案一：改装售货亭，增加窗口。这一方案要求对现有售货亭进行大幅度的改造，所以初始投资较多，但是因为增加窗口吸引了更多的顾客，所以收入增加也相应较多。

方案二：在现有售货窗口的基础上，更新设备，提高每份快餐的供应速度，缩短供应时间。

以上两个方案并不互相排斥，可以同时选择。但是，以下两个方案则要放弃现有的售货亭。

方案三：建造一个新的售货亭。此方案需要将现有的售货亭拆掉，在原来的地方建一个面积更大、售货窗口更多的新的售货亭。此方案的投资需求最大，预计增加的收入也最多。

方案四：在公园内租一间更大的售货亭。此方案的初始支出是新售货亭的装修费用，以后每年的增量现金流出是当年的租金支出净额。

××快餐公司可用于这项投资的资金需要从银行借入，资金成本为15%，与各方案有关的现金流量预计如下表所示：

方案	投资额	第1年	第2年	第3年
增加售货窗口	−75 000	44 000	44 000	44 000
更新现有设备	−50 000	23 000	23 000	23 000
建造新售货亭	−125 000	70 000	70 000	70 000
租赁更大售货亭	−10 000	12 000	13 000	14 000

思考题：

（1）如果运用内含报酬率指标，应选择哪个方案？

（2）如果运用净现值指标，应选择哪个方案？

（3）如何解释运用内含报酬率指标和净现值指标进行决策时所得到的不同结论？哪个指标更好？

2. A公司生产甲产品使用的设备是5年前购买的，原始价格15 000元，税法规定使用年限为10年，预计尚可使用6年，税法规定的残值率为10%，预计报废时，可以取得残值收入500元。由于设备陈旧，每年税后营运成本较高，预计为销售额的10%。此设备现在市场价格为8 000元。

A公司计划购入一台新设备代替此旧设备，新设备现行价格为18 000元，税法规定使用年限为10年，预计使用10年，税法规定的残值率为10%，预计报废时可以取得残值收入1 500元。使用该新设备，预计每年的税后营运成本维持在10 000元。

已知该公司所得税税率为25%，公司项目投资的机会成本为10%。公司今年甲产品销售额为150 000元，以后每年增长5%。

要求：通过计算判断该公司应该选择继续使用旧设备还是更换新设备。

3. 若某企业原有的资本结构为：长期借款90万元，债券190万元，优先股105万元，普通股（含留用利润）215万元，资本总额600万元。现将其与追加筹资方案1、2汇总列示见下表。要求：通过计算边际资金成本对两种追加方案进行比较。

筹资方案

筹资方式	原资本结构		追加筹资方案1		追加筹资方案2		追加筹资后资本结构/万元	
	资本额/万元	资金成本/%	追加筹资额/万元	资金成本/%	追加筹资额/万元	资金成本/%	方案1	方案2
长期借款	90	5.8	60	8	65	8	150	155
债券	190	9.2					190	190
优先股	105	11.6	55	12	85	12	160	190
普通股	215	16.5	85	15	50	15	300	265
合计	600		200		200		800	800

附录 A　××电器资产负债表

报表日期	20×71231	20×61231
单位	元	元
流动资产		
货币资金	99 610 431 730.40	95 613 130 731.47
交易性金融资产	602 045 597.22	0.00
衍生金融资产	481 055 568.00	250 848 418.63
应收票据	32 256 413 538.14	29 963 355 478.45
应收账款	5 814 491 641.18	2 960 534 651.37
预付款项	3 717 874 635.44	1 814 945 790.78
应收利息	1 889 248 005.80	1 045 542 563.43
应收股利	0.00	0.00
其他应收款	252 825 686.48	244 984 154.67
买入返售金融资产	0.00	0.00
存货	16 568 347 179.12	9 024 905 239.41
划分为持有待售的资产	0.00	0.00
一年内到期的非流动资产	0.00	0.00
待摊费用	0.00	0.00
待处理流动资产损益	0.00	0.00
其他流动资产	10 341 912 577.58	1 992 536 503.43
流动资产合计	171 534 646 159.36	142 910 783 531.64
非流动资产		
发放贷款及垫款	6 673 429 372.96	4 737 184 235.79
可供出售金融资产	2 174 941 527.25	1 384 303 560.40
持有至到期投资	0.00	0.00
长期应收款	0.00	0.00
长期股权投资	110 391 368.86	103 913 171.51
投资性房地产	516 630 135.79	597 736 633.95
固定资产净额	17 467 371 455.63	17 681 655 478.06
在建工程	1 020 709 311.31	581 543 756.84
工程物资	0.00	0.00
固定资产清理	14 742 800.07	36 949 646.14
生产性生物资产	0.00	0.00
公益性生物资产	0.00	0.00

油气资产	0.00	0.00
无形资产	3 604 467 335.23	3 355 276 284.72
开发支出	0.00	0.00
商誉	0.00	0.00
长期待摊费用	2 208 646.95	1 051 286.89
递延所得税资产	10 838 333 080.79	9 667 717 152.15
其他非流动资产	1 010 128 134.18	1 311 590 311.26
非流动资产合计	43 433 353 169.02	39 458 921 517.71
资产总计	214 967 999 328.38	182 369 705 049.35
流动负债		
短期借款	18 646 095 044.32	10 701 081 645.32
交易性金融负债	0.00	0.00
应付票据	9 766 929 541.33	9 127 336 849.68
应付账款	34 552 886 331.56	29 541 466 861.10
预收款项	14 143 038 242.58	10 021 885 515.93
应付手续费及佣金	0.00	0.00
应付职工薪酬	1 876 728 937.34	1 702 949 427.06
应交税费	3 908 873 986.27	3 126 302 754.29
应付利息	196 103 905.86	41 781 977.25
应付股利	707 913.60	87 732 811.56
其他应付款	2 604 482 345.30	2 222 613 974.82
预提费用	0.00	0.00
一年内的递延收益	0.00	0.00
应付短期债券	0.00	0.00
一年内到期的非流动负债	0.00	0.00
其他流动负债	6 091 222 0150.82	59 758 848 571.94
流动负债合计	147 490 788 889.61	126 876 279 738.73
非流动负债		
长期借款	0.00	0.00
应付债券	0.00	0.00
长期应付款	0.00	0.00
长期应付职工薪酬	112 708 961.00	117 732 064.00
专项应付款	0.00	0.00
预计非流动负债	0.00	0.00

续表二

递延所得税负债	403 487 740.43	280 009 411.36
长期递延收益	126 215 974.15	172 081 044.75
其他非流动负债	0.00	0.00
非流动负债合计	642 412 675.58	569 822 520.11
负债合计	148 133 201 565.19	127 446 102 258.84
所有者权益		
实收资本（或股本）	6 015 730 878.00	6 015 730 878.00
资本公积	103 880 600.71	183 400 626.71
减：库存股	0.00	0.00
其他综合收益	−91 700 671.13	−177 172 013.61
专项储备	0.00	0.00
盈余公积	3 499 671 556.59	3 499 671 556.59
一般风险准备	327 347 621.67	267 370 640.37
未分配利润	55 740 076 085.90	44 074 949 590.07
归属于母公司股东权益合计	65 595 006 071.74	53 863 951 278.13
少数股东权益	1 239 791 691.45	1 059 651 512.38
所有者权益（或股东权益）合计	66 834 797 763.19	54 923 602 790.51
负债和所有者权益（或股东权益）总计	214 967 999 328.38	182 369 705 049.35

附录 B　××电器利润表

报表日期	20×71231	20×6×1231
单位	元	元
一、营业总收入	150 019 551 611.75	110 113 101 850.23
营业收入	148 286 450 009.18	108 302 565 293.70
二、营业总成本	124 698 812 663.70	91 529 379 824.61
营业成本	99 562 912 753.17	72 885 641 217.00
营业税金及附加	1 513 035 444.41	1 430 404 246.95
销售费用	16 660 268 494.07	16 477 265 963.04
管理费用	6 071 143 700.01	5 488 955 551.20
财务费用	431 284 686.19	−4 845 546 598.04
资产减值损失	263 787 001.82	−991 560.45
公允价值变动收益	9 212 503.59	1 093 332 134.65
投资收益	396 648 138.32	−2 221 356 324.55
其中：对联营企业和合营企业的投资收益	6 487 470.38	8 034 445.96
汇兑收益	0.00	0.00
三、营业利润	26 126 666 010.26	17 455 697 835.72
加：营业外收入	511 059 113.01	1 096 234 774.23
减：营业外支出	20 540 169.37	20 742 533.35
其中：非流动资产处置损失	0.00	15 083 762.45
四、利润总额	26 617 184 953.90	18 531 190 076.60
减：所得税费用	4 108 585 909.81	3 006 555 172.73
五、净利润	22 508 599 044.09	15 524 634 903.87
归属于母公司所有者的净利润	22 401 576 204.94	15 420 964 990.94
少数股东损益	107 022 839.15	103 669 912.93
六、每股收益		
基本每股收益（元/股）	3.72	2.56
稀释每股收益（元/股）	3.72	2.56
七、其他综合收益	125 720 324.63	−54 469 476.32
八、综合收益总额	22 634 319 368.72	15 470 165 427.55
归属于母公司所有者的综合收益总额	22 530 653 868.47	15 368 721 503.36
归属于少数股东的综合收益总额	103 665 500.25	101 443 924.19

附录 C ××电器现金流量表

报表日期	20×71231	20×61231
单位	元	元
一、经营活动产生的现金流量		
销售商品、提供劳务收到的现金	107 599 120 105.06	69 896 621 293.21
收到的税费返还	1 657 283 101.37	1 139 337 699.60
收到的其他与经营活动有关的现金	2 679 909 329.74	2 938 826 213.65
经营活动现金流入小计	113 641 295 891.16	75 515 435 932.31
购买商品、接受劳务支付的现金	58 365 165 226.98	40 478 783 811.27
支付给职工以及为职工支付的现金	7 684 869 151.88	5 657 046 182.44
支付的各项税费	13 196 771 806.07	11 333 898 757.72
支付的其他与经营活动有关的现金	15 589 887 099.86	8 371 524 851.14
经营活动现金流出小计	97 282 757 643.33	60 655 483 825.39
经营活动产生的现金流量净额	16 358 538 247.83	14 859 952 106.92
二、投资活动产生的现金流量		
收回投资所收到的现金	3 403 888 789.05	3 142 289 553.35
取得投资收益所收到的现金	152 095 873.45	264 728 491.86
处置固定资产、无形资产和其他长期资产所收回的现金净额	3 549 493.80	27 196 374.80
处置子公司及其他营业单位收到的现金净额	0.00	0.00
收到的其他与投资活动有关的现金	443 244 425.45	6 500 000.00
投资活动现金流入小计	4 002 778 581.75	3440714420.01
购建固定资产、无形资产和其他长期资产所支付的现金	2 424 806 990.73	3 276 936 026.68
投资所支付的现金	12 419 732 249.51	1 496 403 698.86
取得子公司及其他营业单位支付的现金净额	0.00	0.00
支付的其他与投资活动有关的现金	51 411 697 310.27	17 913 927 388.57
投资活动现金流出小计	66 256 236 550.51	22 687 267 114.11
投资活动产生的现金流量净额	−62 253 457 968.76	−19 246 552 694.10
三、筹资活动产生的现金流量		
吸收投资收到的现金	90 490 000.00	0.00
其中：子公司吸收少数股东投资收到的现金	90 490 000.00	0.00
取得借款收到的现金	21 610 162 758.28	12 382 413 204.61

发行债券收到的现金	0.00	0.00
收到其他与筹资活动有关的现金	160 275 000.00	2 110 522 945.98
筹资活动现金流入小计	21 860 927 758.28	14 492 936 150.59
偿还债务支付的现金	13 008 985 202.68	11 054 156 840.31
分配股利、利润或偿付利息所支付的现金	11 121 283 724.41	9 180 067 571.71
其中：子公司支付给少数股东的股利、利润	0.00	0.00
支付其他与筹资活动有关的现金	0.00	10 271 924.02
筹资活动现金流出小计	24 130 268 927.09	20 244 496 336.04
筹资活动产生的现金流量净额	-2 269 341 168.81	-5 751 560 185.45
四、汇率变动对现金及现金等价物的影响	-1 798 027 435.57	4 094 503 950.24
五、现金及现金等价物净增加额	-49 962 288 325.31	-6 043 656 822.39
加：期初现金及现金等价物余额	71 321 360 022.83	77 365 016 845.22
六、期末现金及现金等价物余额	21 359 071 697.52	71 321 360 022.83
附注		
净利润	22 508 599 044.09	15 524 634 903.87
少数股东权益	0.00	0.00
未确认的投资损失	0.00	0.00
资产减值准备	263 787 001.82	-991 560.45
固定资产折旧、油气资产折耗、生产性物资折旧	1 947 939 761.97	1 734 645 267.76
无形资产摊销	84 703 931.72	73 307 470.22
长期待摊费用摊销	355 828.90	8 722 728.06
待摊费用的减少	0.00	0.00
预提费用的增加	0.00	0.00
处置固定资产、无形资产和其他长期资产的损失	1 022 346.31	12 245 120.40
固定资产报废损失	7 440 716.00	0.00
公允价值变动损失	-9 212 503.59	-1 093 332 134.65
递延收益增加（减：减少）	-138 721 557.03	0.00
预计负债	0.00	0.00
财务费用	1 532 766 275.29	-3 245 961 681.45
投资损失	-396 648 138.32	2 221 356 324.55
递延所得税资产减少	-1 155 397 827.01	-909 857 443.38
递延所得税负债增加	128 934 696.45	87 552 076.53
存货的减少	-7 583 437 385.83	421 521 791.28

续表二

经营性应收项目的减少	−7 844 171 074.42	−5 230 038 952.26
经营性应付项目的增加	9 710 075 219.29	4 723 681 135.75
已完工尚未结算款的减少(减：增加)	0.00	0.00
已结算尚未完工款的增加(减：减少)	0.00	0.00
其他	−2 699 498 087.81	532 467 060.69
经营活动产生现金流量净额	16 358 538 247.83	14 859 952 106.92
债务转为资本	0.00	0.00
一年内到期的可转换公司债券	0.00	0.00
融资租入固定资产	0.00	0.00
现金的期末余额	21 359 071 697.52	71 321 360 022.83
现金的期初余额	71 321 360 022.83	77 365 016 845.22
现金等价物的期末余额	0.00	0.00
现金等价物的期初余额	0.00	0.00
现金及现金等价物的净增加额	−49 962 288 325.31	−6 043 656 822.39

附录 D　练习题答案

第 1 章

一、单项选择题

1~5 DCDBA　　　　　　　6~10 BADCC

二、多项选择题

1. ABCE　2. ABCD　3. ABE　4. ABCD　5. CD　6. ABCD　7. BCDE　8. ADE
9. BC　10. ACDE

三、判断题

1~5 ×××√×　　　　　　6~10 ×√×√√

四、简答题(略)

五、思考题

1. 如何理解会计的本质?

会计本质问题涉及对会计根本属性的认识和理解。我国会计学者在 20 世纪 80 年代曾对会计本质问题展开过广泛、深入的讨论,比较有代表性的学术观点有"会计信息系统论""会计管理活动论""会计控制论"等。正确理解会计的本质首先需要明确界定"会计"的内涵和外延,从现代会计发展现状来看,以提供经济信息为目的的会计无疑具有"经济信息系统"的根本特征,会计作为一个经济信息系统,其主要特征是将企业经济活动的各种数据转换为货币化的会计信息,而这些信息是企业内部管理者和企业外部的利益相关者进行相关经济决策的主要依据。

会计作为一个经济信息系统,不但具有一般信息系统的基本特征,而且属于企业管理信息系统的一个子系统。

2. 如何理解会计的目标?

企业会计的目标是指企业会计行为的目的。首先,由于企业的会计行为属于企业管理行为的内容,因此,企业会计的目标必须融汇于整个企业的目标,即"通过优化企业资源促使企业价值最大化"。其次,企业会计行为作为一种具有鲜明技术性的管理行为,其本身具有特定的工作目标,即"提供具有决策有用性的会计信息",在会计上,将前者称为"终极目标",后者称为"直接目标"。

3. 如何从会计角度理解企业经济活动及其资金运动的特征?

企业的生产经营活动十分复杂,企业的会计行为对企业经济活动信息的披露以及企业财务行为对经济资源配置的控制,不可能涉及企业经济活动的全部内容,而只能是企业经济活动中能够以价值形式来表现的那部分内容,即资金运动。资金运动是企业经济活动的价值表现形式,具有以下基本特征:① 企业的资金运动以现金为核心;② 企业的资金流转具有关联性和有序性;③ 企业的资金运动具有增值性。

4. 如何理解会计要素之间的基本关系?

会计要素是从会计的视角对企业经济活动内容进行分类的结果,因此,会计要素之间的关系体现了企业经济活动的基本规律。从形式上看,"资产=负债+所有者权益""收入－费用＝利润"等会计恒等式基本说明了相关要素之间的基本关系，但并不完整。

首先，会计要素的变动规律代表着企业经济活动及其资金运动变化的基本规律；其次，资产要素是收入、费用、利润要素之间关系的连接点，因此，收入、费用以及利润要素的变化都以资产要素为物质基础和实际表现形式；最后，从企业经济活动的基本规律来看，资产要素是所有会计要素变动的聚焦点，也是企业经济活动及其资金运动的核心。

5. 如何理解会计计量的含义和计量属性？

会计计量是对经济交易与事项的价值数量关系进行计算和衡量的过程，其实质是以货币表示的价值量关系揭示经济事项之间的内在联系。会计计量包括计量属性和计量单位两个基本要素。

计量属性是指被计量客体的数量特征或外在表现形式，主要包括历史成本、现行成本、现行市价、可变现净值和现值等。

6. 如何理解会计信息的质量要求？

会计信息的质量特征实际上就是企业提供的会计信息应当达到的质量标准，基于决策有用性的总体要求，会计信息的质量特征是一个"质量标准体系"。从重要程度来看，会计信息的质量特征包括主要质量特征和其他质量特征。主要质量特征包括相关性和可靠性；其他质量特征包括可比性、及时性、重要性、可理解性、实质重于形式、稳健性。

就单一质量特征而言，不同质量特征之间有时存在一定程度的矛盾，例如相关性与可靠性。因此，就特定企业来看，应当关注企业会计信息的整体质量特征而不是某一项质量特征。

7. 如何理解会计职业判断？

会计职业判断是指会计人员根据法律、法规和规章等会计标准，充分考虑企业现实与未来的理财环境和经营特点，运用自身专业知识和职业经验，通过识别、计算、分析、比较等方法，对不确定会计事项所做的裁决与断定，其目的是保证会计信息的质量。

会计职业判断具有以下几个方面的特点：① 技术性与社会性；② 主观性与客观性；③ 权衡性和动态性；④ 会计职业判断是"有规律的创造"。

8. 如何理解会计职业道德的重要性？

我国会计人员职业道德的内容可以概括为爱岗敬业、诚实守信、廉洁自律、客观公正、坚持准则、提高技能、参与管理和强化服务等。

（1）会计职业道德是对会计法律制度的重要补充。会计法律制度是会计职业道德的最低要求，其作用是其他会计法律制度所不能替代的。

（2）会计职业道德是规范会计行为的基础。约束会计人员树立正确的职业观念，遵循职业道德要求，从而可以达到规范会计行为的目的。

（3）会计职业道德是实现会计目标的重要保证。会计目标就是为会计职业关系中的各个服务对象提供有用的会计信息。能否为这些服务对象及时提供相关的、可靠的会计信息，取决于会计职业者能否严格履行职业行为准则。

（4）会计职业道德是会计人员提高素质的内在要求。社会的进步和发展，对会计职业者的素质要求越来越高。会计职业道德是会计人员素质的重要体现。倡导会计职业道德，加强会计职业道德教育，并结合会计职业活动，引导会计职业者进一步加强自我修养，提高专业胜任能力，有利于促进会计职业者整体素质的不断提高。

第 2 章

一、单项选择题

1～5 ADBDA　6～10 DCABD　11～15 CDDCD

二、多项选择题

1．AD　2．AD　3．ACD　4．ABD　5．ABC　6．ABCD　7．BDE　8．AD　9．AC
10．BC

三、判断题

1～5 √×√××　　6～10 ×√√√×　　11～15 ××××√　　16～20 √×√×√

四、简答题

1．什么是会计科目？什么是会计账户？两者之间有什么区别与联系？

会计科目是对会计要素按其经济内容所做的进一步分类。会计账户是根据会计科目开设的，它是连续、分类记录各项经济业务，反映各个会计要素增减变化情况及其结果的一种工具。它们的联系在于：科目是设置账户的依据，是会计账户的名称，会计账户是会计科目的具体运用，会计科目所要反映的经济内容就是账户所要登记的内容。两者区别在于：会计科目是按照经济内容对会计要素具体内容的分类，会计科目本身没有结构；会计账户不仅要有明确的经济内容，而且要有一定的结构、格式，并通过账户的结构来核算会计要素的增减变动情况。

两者在经济内容上是相同的，会计科目是账户的名称。

2．试述会计账户的基本结构。

账户的结构都是由两个基本部分组成：一部分登记资金数量的增加；另一部分登记资金数量的减少。至于哪一方登记增加，哪一方登记减少，则取决于记账方法和账户所记录的经济业务的内容，即账户的性质。

一般由期初余额、本期增加发生额、本期减少发生额、期末余额四个要素构成。

3．什么是借贷记账法？借贷记账法的主要内容有哪些？

借贷记账法是指以"借""贷"为记账符号的一种复式记账法。借贷记账法将每一个账户分为借方和贷方，在登记经济业务数据时，依据会计等式，按经济业务所属的会计要素及其发生的增加金额和减少金额，分别确定其在账户中的记录方位。

4．说明资产类账户的结构的基本结构。

以资产账户的借方来登记期初余额和本期增加额，而以账户的贷方来登记本期减少额。在正常情况下，资产账户的期初余额与本期增加额之和总是大于本期减少额，资产账户的期末余额往往在借方。

5．说明负债类账户结构的特点。

在负债账户的贷方登记期初余额和本期增加额，而在账户的借方登记本期减少额。在正常情况下，负债的期初余额和本期增加额之和总是大于本期减少额，负债账户的余额一般在贷方。

6．说明权益类账户结构的特点。

在所有者权益账户的贷方登记期初余额和本期增加额，而在账户的借方登记本期减少额。在正常情况下所有者权益账户的期初余额和本期增加额之和总是大于本期减少额，所有者权益账户的余额一般在贷方。

7. 什么是会计分录? 它有哪些基本要素?

会计分录是指预先确定每笔经济业务所涉及的账户名称、记入账户的方向和金额的一种记录,它是会计语言的表达方式。

8. 试述试算平衡法原理。

试算平衡法的原理即是会计等式的平衡原理,通过所有账户借贷两方本期发生额和期末余额的试算,如果借贷两方金额相等,则可以认为账户记录基本正确,反之表明账户记录已发生错误。借贷记账法下,账户发生额及余额的试算平衡公式分别为:

全部账户借方发生额合计＝全部账户贷方发生额合计

全部账户借方余额合计＝全部账户贷方余额合计

9. 设置会计科目应遵循的原则有哪些?

合法性原则、相关性原则、适用性原则、简要性与稳定性原则、全面性原则。

10. 总分类账户和明细分类账户有什么联系和区别?

总分类账户和所属明细分类账户核算的内容相同,只是反映内容的详细程度有所不同。两者相互补充,相互制约,相互核对。总分类账户统驭和控制所属明细分类账户,而明细分类账户从属于总分类账户。

五、业务题

1.

单位:元

账户名称	期初余额	本期借方发生额	本期贷方发生额	期末余额
库存现金	20 000	10 000	25 000	5 000
原材料	1 000	4 000	2 000	3 000
应付账款	50 000	10 000	30 000	70 000
短期借款	5 680 000	80 000	400 000	6 000 000
实收资本	900 000	400 000	500 000	1 000 000

2.

① 借:库存现金　2 400
　　贷:银行存款　2 400

② 借:银行存款　50 000
　　贷:短期借款　　50 000

③ 借:原材料　30 000
　　贷:应付账款　　30 000

④ 借:应付账款　11 700
　　贷:银行存款　11 700

⑤ 借:银行存款　300 000
　　贷:实收资本　　　300 000

⑥ 借:固定资产　10 000

　　　　　贷：银行存款　　　　　　10 000
　⑦ 借：银行存款　　50 000
　　　　　贷：应收账款　　　　　50 000

3.

　　　① 借方　　　　　　　　　　　　　库存现金　　　　　　　　　　　　　贷方

期初余额　　　　50 000	
本期发生额　　1.2 400	
本期增加额合计　　2 400	
期末余额　　52 400	

　　　借方　　　　　　　　　　　　　银行存款　　　　　　　　　　　　　贷方

期初余额　　　320 000	
2. 50 000	1. 2 400
本期发生额　5. 300 000	4. 11 700
7. 50 000	6. 10 000
本期增加额合计　　400 000	本期减少额合计　　24 100
期末余额　　695 900	

　　　借方　　　　　　　　　　　　　应收账款　　　　　　　　　　　　　贷方

期初余额　　60 000	
	本期发生额　　7. 50 000
本期增加额合计　　0	本期减少额合计　　50 000
期末余额　　10 000	

　　　借方　　　　　　　　　　　　　实收资本　　　　　　　　　　　　　贷方

	期初余额　　41 000
	本期发生额　　5. 300 000
本期减少额合计　　0	本期增加额合计　　300 000
	期末余额　　710 000

　　　借方　　　　　　　　　　　　　应付账款　　　　　　　　　　　　　贷方

	期初余额　　62 000
4. 11 700	本期发生额　　3. 30 000
本期减少额合计　　11 700	本期增加额合计　　30 000
	期末余额　　80 300

借方		固定资产		贷方
期初余额　　180 000				
本期发生额　6. 10 000				
本期增加额合计　10 000		本期减少额合计　　0		
期末余额　190 000				

借方		资本公积		贷方
		期初余额　　34 000		
本期减少额合计　　0		本期增加额合计　　0		
		期末余额　　34 000		

借方		原材料		贷方
期初余额　　0				
本期发生额　3. 30 000				
本期增加额合计　30 000		本期增加额合计　　0		
期末余额　30 000				

借方		短期借款		贷方
		期初余额　　104 000		
		本期发生额　2. 50 000		
本期增加额合计　　0		本期增加额合计　50 000		
		期末余额　　154 000		

②

试算平衡表						
账户名称	期初余额		本期发生额		期末余额	
	借方	贷方	借方	贷方	借方	贷方
库存现金	50 000		2 400		52 400	
银行存款	320 000		400 000	24 100	695 900	
应收账款	60 000			50 000	10 000	
实收资本		410 000		300 000		710 000
应付账款		620 000	117 000	3 000		80 300
短期借款		104 000		50 000		154 000
固定资产	180 000		10 000		190 000	
资本公积		34 000				34 000
原材料	0		30 000		30 000	
合计	610 000	610 000	454 100	454 100	978 300	978 300

第 3 章

一、单项选择题

1～5 ABBBC　　　6～10 DCCDC

二、多项选择题

1. ABD　2. BCD　3. AB　4. ACDE　5. BCE　6. ABC　7. BCD　8. ADE
9. ABD　10. BCDE

三、判断题

1～5 √×××√　　　6～10 √√××√

四、业务题

(一)编制会计分录

1. 会计分录如下：

(1)丙材料费用分配率 $=\dfrac{4\ 500}{100+50}=30$ 元/件

$$A\ 产品应分配丙材料费用 = 100×30 = 3\ 000\ 元$$

$$B\ 产品应分配丙材料费用 = 50×30 = 1\ 500\ 元$$

借：生产成本——A 产品　　　　　　　　　13 000

　　　　——B 产品　　　　　　　　　　　9 500

　　贷：原材料——甲材料　　　　　　　　　　　　　10 000

　　　　　——乙材料　　　　　　　　　　　　　　　8 000

　　　　　——丙材料　　　　　　　　　　　　　　　4 500

(2)借：制造费用　　　　　　　　　　　　　200

　　　管理费用　　　　　　　　　　　　　250

　　　贷：库存现金　　　　　　　　　　　　　　　450

(3)借：制造费用　　　　　　　　　　　　　700

　　　管理费用　　　　　　　　　　　　　300

　　　　贷：银行存款　　　　　　　　　　　　　　1 000

(4)计算分配职工薪酬：

车间生产工人工资分配率 $=\dfrac{7\ 500}{1\ 000+500}=5$ 元/小时

A 产品应分配生产工人工资 $= 1\ 000×5 = 5\ 000\ 元$

B 产品应分配生产工人工资 $= 500×5 = 2\ 500\ 元$

借：生产成本——A 产品　　　　　　　　5 000

　　　　——B 产品　　　　　　　　　　2 500

　　制造费用　　　　　　　　　　　　2 500

　　管理费用　　　　　　　　　　　　1 500

　　贷：应付职工薪酬　　　　　　　　　　　　11 500

(5)借：制造费用　　　　　　　　　　　　5 500

管理费用	500
贷：原材料—丙材料	6 000

（6）借：制造费用　3 000
　　　　管理费用　1 000
　　　　贷：银行存款　4 000
（7）借：制造费用　7 000
　　　　管理费用　5 000
　　　　贷：累计折旧　12 000
（8）车间本月共发生制造费用＝200＋700＋2 500＋5 500＋3 000＋7 000＝18 900 元

$$制造费用分配率＝\frac{18\ 900}{1\ 000＋500}＝12.6\ 元/小时$$

　　　　A 产品应分配制造费用＝1 000×12.6＝12 600 元
　　　　B 产品应分配制造费用＝500×12.6＝6 300 元
借：生产成本—A 产品　12 600
　　　　　—B 产品　6 300
　　贷：制造费用　18 900
（9）期初在产品成本＋本期生产成本＝期末完工产品成本＋期末在产品成本

由于 A、B 产品均为本月投产，且本月投产的两种产品全部完工，所以期初在产品成本＝0；期末在产品成本＝0，期末完工产品成本＝本期生产成本。
　　　　A 产品本期生产成本＝13 000＋5 000＋12 600＝30 600 元
　　　　B 产品本期生产成本＝9 500＋2 500＋6 300＝18 300 元
本月完工 A 产品成本＝30 600 元
本月完工 B 产品成本＝18 300 元
借：库存商品—A 产品　30 600
　　　　　—B 产品　18 300
　　贷：生产成本—A 产品　30 600
　　　　　　—B 产品　18 300
2. 会计分录如下：
（1）借：银行存款　195 264
　　　　贷：主营业务收入　192 000
　　　　　应交税费—应交增值税—销项税额　3 264
（2）借：银行存款　119 340
　　　　贷：营业务收入　102 000
　　　　　应交税费—应交增值税—销项税额　17 340
（3）借：销售费用　1 350
　　　　贷：银行存款　1 350
（4）借：银行存款　1 200
　　　　贷：应付利息　1 200
（5）借：主营业务成本—A 产品　12 476

　　　　　　贷：库存商品　　　　　　　　　　　　　　　　　　　12 476
　　　　借：主营业务成本—B产品　　　　　　　　69 000
　　　　　　贷：库存商品　　　　　　　　　　　　　　　　　69 000
　　（6）借：城市维护建设税　　　　　　　　　　1 100
　　　　　　教育附加费　　　　　　　　　　　　　610
　　　　　　贷：应交税金　　　　　　　　　　　　　　　　　1 710
　　（7）借：银行存款　　　　　　　　　　　　　6 084
　　　　　　贷：其他业务收入　　　　　　　　　　5 200
　　　　　　　　应交税费—应交增值税—销项税额　　　　　　884
　　　　借：其他业务成本　　　　　　　　　　　　4 900
　　　　　　贷：原材料—丙材料　　　　　　　　　　4 900

（二）制造企业综合经济业务的核算

1. 企业收到某公司投入的货币资金600 000元，存入银行。
借：银行存款　　　　　　600 000
　　贷：实收资本　　　　　600 000

2. 企业从银行取得为期2年的借款500 000元，所得借款存入银行。
借：银行存款　　　　　　500 000
　　贷：长期借款　　　　　500 000

3. 从A公司购入甲材料200千克，每千克单价50元；乙材料300千克，每千克单价100元。甲、乙材料运杂费共4 000元，增值税率17%，货款尚未支付，材料尚未验收入库。（运杂费按材料重量比例分配）
借：材料采购—甲材　　11 600　　　（200×50＋1600）
　　　　　—乙材料　32 400　　　　（300×100＋2 400）
　　应交税费—应交增值税　6 800　　　　　　（40 000×0.17）
　　贷：应付账款　　　50 800

4. 上述材料运达企业，验收入库。
借：原材料　　　　44 000
　　贷：材料采购　　44 000

5. 仓库发出甲材料一批，共计70 500元，其中，Ⅰ号产品生产耗用68 000元，车间一般耗用1 700元，行政管理部门耗用800元。
借：生产成本　　　　68 000
　　制造费用　　　　1 700
　　管理费用　　　　800
　　贷：原材料—甲材料　　70 500

6. 收到××公司拖欠的货款23 400元，款项存入银行。
借：银行存款　　　　23 400
　　贷：应收账款　　23 400

7. 本月共发生职工薪酬42 000元，其中生产工人工资30 000元，车间管理人员工资5 200元，行政人员工资6 800元。

借：生产成本 30 000
　　制造费用 5 200
　　管理费用 6 800
　　贷：应付职工薪酬 42 000

8. 结转本月完工验收入库产成品的实际成本，Ⅰ号产品 500 件，每件单位成本 80 元，Ⅱ号产品 300 件，每件单位成本 150 元。

借：库存商品——Ⅰ号产品 40 000
　　　　　　——Ⅱ号产品 45 000
　　贷：生产成本 85 000

9. 企业向××公司销售Ⅰ号产品 1 000 件，每件售价 200 元，增值税率 17%，货款尚未收到。

借：应收账款 23 4000
　　贷：主营业务收入——Ⅰ号产品 200 000
　　　　应交税费——应交增值税 34 000

10. 用银行存款购买办公用品 2 000 元。

借：管理费用 2 000
　　贷：银行存款 2 000

11. 支付本月的短期借款利息 1 000 元。

借：财务费用 1 000
　　贷：银行存款 1 000

12. 用现金支付广告费 2 200 元。

借：销售费用 2 200
　　贷：库存现金 2 200

13. 职工刘洋报销差旅费 800 元，原预借 1 000 元，余款以现金退回。

借：管理费用 800
　　库存现金 200
　　贷：其他应收款 1 000

14. 结转本月收入及费用至"本年利润"账户。其中：主营业务收入 86 000 元，主营业务成本 60 000 元，营业税金及附加 1 000 元，管理费用 4 000 元，销售费用 6 200 元，财务费用 1 600 元，营业外收入 4 000 元，营业外支出 2 000 元，其他业务收入 10 000 元，其他业务成本 6 000 元，投资收益 3 500 元。

借：主营业务收入 86 000
　　营业外收入 4 000
　　其他业务收入 10 000
　　投资收益 3 500
　　贷：本年利润 103 500
借：本年利润 80 800
　　贷：主营业务成本 60 000
　　　　营业税金及附加 1 000

管理费用	4 000
销售费用	6 200
财务费用	1 600
营业外支出	2 000
其他业务成本	6 000

15. 计算并结转应交所得税，税率为25%。

$$利润总额 = 103\ 500 - 80\ 800 = 22\ 700$$

$$所得税费用 = 22\ 700 \times 25\% = 5\ 675$$

$$净利润 = 22\ 700 - 5\ 675 = 17\ 025$$

借：所得税费用   5 675

　　贷：应交税费—应交所得税   5 675

借：本年利润   5 675

　　贷：所得税费用   5 675

16. 结转本年利润。

借：本年利润   17 025

　　贷：利润分配—未分配利润   17 025

17. 按税后利润的10%提取法定盈余公积。

$$17\ 025 \times 10\% = 1\ 702.5$$

借：利润分配—提取法定盈余公积   1 702.5

　　贷：盈余公积—法定盈余公积   1 702.5

18. 按税后利润的5%计提任意盈余公积。

$$应计提任意盈余公积 = 1\ 702.5 \times 5\% = 851.25$$

借：利润分配—提取任意盈余公积   851.25

　　贷：盈余公积—任意盈余公积   851.25

19. 企业股东大会决定本期分配股利10 000元。

借：利润分配—应付现金股利   10 000

　　贷：应付股利   10 000

20. 年终结转企业各利润分配明细账，计算本年最终实现的净利润。

借：利润分配—未分配利润   12 553.75（10 000＋851.25＋1 702.5＝12 553.75）

　　贷：利润分配—提取法定盈余公积   1 702.5

　　　　　—提取任意盈余公积   851.25

　　　　　—应付现金股利   10 000

　　本年实现净利润＝17 025－12 553.75＝4 471.25

第 4 章

一、单项选择题

1～5 ADBBC   6～10 BCAAD

二、多项选择题

1. AD 2. AB 3. ABCD 4. ABCD 5. ABC 6. AD 7. ABC 8. ABD
9. ACD 10. ABCD

三、判断题

1～5 ××× √√ 6～10 × √ ×× √

四、计算分析题

1.

(1)

① 借：应收账款　　　　　　　　　1 130

　　　贷：主营业务收入　　　　　　　　　　1 000

　　　　　应交税费—应交增值税（销项税额）　130

　借：主营业务成本　　700

　　　贷：库存商品　　700

② 借：管理费用　　50

　　　在建工程　　150

　　　贷：应付职工薪酬　　200

③ 借：银行存款　　10

　　　贷：无形资产　　10

④ 借：原材料　　　　　　　　　　220

　　　应交税费—应交增值税（进项税额）　28.6

　　　贷：银行存款　　　　　　　　　　248.6

⑤ 借：管理费用　　50

　　　财务费用　　20

　　　营业外支出　　5

　　　贷：银行存款　　75

⑥ 借：交易性金融资产—公允价值变动　　25

　　　贷：公允价值变动损益　　　　　　25

⑦ 借：应收股利　　50

　　　贷：投资收益　　　　50

　借：银行存款　　50

　　　贷：应收股利　　50

　企业所得税费用＝250×25％＝62.5

(2)

单位：万元

项 目	影响金额（损失以"－"号填列）
营业收入	1 000
营业成本	700
营业利润	255
利润总额	250
净利润	187.5

2.

(1) 资产负债表的填列。

<table>
<tr><td colspan="6" align="center">资产负债表(简表)</td></tr>
<tr><td colspan="6"></td></tr>
<tr><td colspan="6" align="center">20××年5月</td></tr>
<tr><td colspan="6" align="center">制表企业：甲公司</td></tr>
<tr><td>资产</td><td>期初数</td><td>期末数</td><td>负债所有者权益</td><td>期初数</td><td>期末数</td></tr>
<tr><td>流动资产</td><td>(略)</td><td></td><td>流动负债</td><td>(略)</td><td></td></tr>
<tr><td>货币资金</td><td></td><td>346 000</td><td>短期借款</td><td></td><td>530 000</td></tr>
<tr><td>应收账款</td><td></td><td>90 000</td><td>应付账款</td><td></td><td>995 000</td></tr>
<tr><td>预付账款</td><td></td><td>7 000</td><td>流动负债合计</td><td></td><td>1 525 000</td></tr>
<tr><td>存货</td><td></td><td>3 657 000</td><td>非流动负债</td><td></td><td></td></tr>
<tr><td>流动资产合计</td><td></td><td>4 100 000</td><td>长期借款</td><td></td><td>760 000</td></tr>
<tr><td>非流动资产：</td><td></td><td></td><td>应付债券</td><td></td><td>1 560 000</td></tr>
<tr><td>长期应收款</td><td></td><td>65 000</td><td>非流动负债合计</td><td></td><td>2 320 000</td></tr>
<tr><td>固定资产</td><td></td><td>1 200 000</td><td>负债合计</td><td></td><td>3 845 000</td></tr>
<tr><td>无形资产</td><td></td><td>100 000</td><td>所有者权益</td><td></td><td></td></tr>
<tr><td>非流动资产合计：</td><td></td><td>1 365 000</td><td>实收资本</td><td></td><td>1 000 000</td></tr>
<tr><td></td><td></td><td></td><td>盈余公积</td><td></td><td>620 000</td></tr>
<tr><td></td><td></td><td></td><td>所有者权益合计</td><td></td><td>1 620 000</td></tr>
<tr><td>资产合计：</td><td></td><td>5 465 000</td><td>负债及所有者权益合计</td><td></td><td>5 465 000</td></tr>
</table>

货币资金＝库存现金＋银行存款＋其他货币资金＝3 000＋320 000＋23 000＝346 000

存货＝材料采购＋原材料＋库存商品＋材料成本＝57 000＋3 600 000＝3 657 000

(2) 利润表的填列。

计算利润表各项目如下：

① 营业收入＝主营业务收入＋其他业务收入＝93 000

② 营业成本＝主营业务成本＋其他业务成本＝51 000

③ 营业利润＝93 000－51 000－4 500－2 000－8 500－2 000－2 800＋1 500＝23 700

④ 利润总额＝23 700＋3 500－1 800＝25 400

⑤ 净利润＝25 400－9 400＝16 000

<table>
<tr><td colspan="3" align="center">利　润　表</td></tr>
<tr><td align="center">项　目</td><td align="center">本年累计数</td><td align="center">上年数(略)</td></tr>
<tr><td>一、营业收入</td><td>93 000</td><td></td></tr>
<tr><td>减：营业成本</td><td>51 000</td><td></td></tr>
<tr><td>税金及附加</td><td>4 500</td><td></td></tr>
</table>

续表

利 润 表		
项　目	本年累计数	上年数(略)
销售费用	2 000	
管理费用	4 000	
研发费用	4 500	
财务费用	2 000	
其中:利息费用	2 750	
利息收入	750	
资产减值损失	2 800	
加:投资收益	1 500	
二、营业利润	23 700	
加:营业外收入	3 500	
减:营业外支出	1 800	
三、利润总额	25 400	
减:所得税费用	9 400	
四、净利润	16 000	

第 5 章

一、单项选择题

1～5 EBDCB　6～10 CADCD

二、多项选择题

1. ABC　2. CD　3. ABCDE　4. BDE　5. ABCD　6. ABC　7. ABE　8. BCD
9. BCDE　10. ABC

三、判断题

1～5 ××√√×　6～10 ×√×××

四、思考题(略)

五、计算题

1.

(1) 存货平均余额 $=\dfrac{950+1\,050}{2}=1\,000$ 万元

(2) 存货周转率 $=\dfrac{850}{1\,000}=0.85$

2.

(1) 速动资产 $=363-63=300$ 万元

(2) 速动比率 $=\dfrac{300}{400}=0.75$

3.

(1) 流动资产 $=3\times60=180$ 万元

(2) 速动资产 $=2.5\times60=150$ 万元

(3) 年末存货数额 $=180-150=30$ 万元

(4) 存货周转率 $=\dfrac{81}{\dfrac{30+30}{2}}=2.7$

4.

(1) 存货数额 $=400\times2.5-400\times1.2=520$ 万元

(2) 应收账款数额 $=400\times2.5-400\times0.6-520=240$ 万元

5.

(1) 净资产收益率 $=\dfrac{1\,250}{8\,000}\times\dfrac{8\,000}{10\,000}\times\dfrac{3\,000+7\,000}{4\,000}=31.25\%$

第 6 章

一、单项选择题

1～5 ACDBC　6～10 CCBCB　11～15 ABACD

二、多项选择题

1. AB　2. ABD　3. ABD　4. ABCD　5. BC　6. ABCDE　7. ABCD　8. AD
9. AB　10. ACD　11. ABC　12. ABCD　13. ABCDE　14. ABC　15. ABCD

三、判断题

1～5 ×√××√　6～10 √×√√√　11～15 ×√×√√

四、简答题

1. 简述管理会计与财务会计的区别。

(1) 职能不同：管理会计的职能侧重于对未来的预测、决策和规划，对现在的控制、考核和评价，属于经营管理型会计；而财务会计的职能侧重于核算和监督，属于报账型会计。

(2) 服务对象不同：管理会计主要向企业内部各管理层级提供有效经营和最优化决策所需的管理信息；而财务会计主要向企业外部各利益相关者提供信息，是对外报告会计。

(3) 约束条件不同：管理会计不受会计准则、会计制度的制约；而财务会计进行会计核算、财务监督必须受会计准则、会计制度及其他法规的制约。

(4) 报告期间不同：管理会计面向未来进行预测、决策，因此其报告的编制不受固定会计期间的限制，而是根据管理需要；财务会计应按规定的会计期间编制报告。

(5) 会计主体不同：管理会计既要提供反映企业整体情况的资料，又要提供反映企业内部各责任单位经营活动情况的资料，因而其会计主体是多层次的；财务会计以企业为会计主体提供反映整个企业财务状况、经营成果和资金变动的会计资料。

(6) 计算方法不同：管理会计在进行预测、决策时，要大量应用现代数学方法和计算机技术；而财务会计多采用一般的数学方法进行会计核算。

(7) 信息精确程度不同：由于管理会计的工作重点是面向未来，未来期间影响经济活动的不确定因素比较多，一般只能相对精确；而财务会计反映已经发生或已经完成的经济活动，因此其提供的信息应力求精确，数字必须平衡。

(8) 计量尺度不同：适应不同管理活动的需要，管理会计虽然主要使用货币量度，但也大量采用非货币量度，如实物量度、劳动量度、关系量度等；为了综合反映企业的经济活动，财务会计几乎全部使用货币量度。

2. 简述固定成本与变动成本的定义及特征。

固定成本是指在特定的业务量范围内不受业务量变动影响，一定期间的总额能保持相对稳定的成本。固定成本具有两个特征：① 固定成本总额的不变性；② 单位固定成本的反比例变动性。

变动成本是指在特定的业务量范围内其总额随业务量变动而正比例变动的成本。变动成本具有两个特征：① 变动成本总额的正比例变动性；② 单位变动成本的不变性。

3. 简述变动成本法的优缺点。

优点：① 变动成本法增强了成本信息的有用性，有利于企业的短期决策；② 变动成本法更符合配比原则中的"期间配比"；③ 变动成本法便于进行各部门的业绩评价；④ 变动成本法能够促使企业管理者重视销售；⑤ 变动成本法可以简化成本计算工作，还可以避免固定性制造费用分摊中的主观臆断性。

缺点：① 按变动成本法计算的产品成本至少目前还不合乎税法的有关要求；② 按成本性态将成本划分为固定成本与变动成本本身的局限性即这种划分在很大程度上是假设的结果；③ 当面临长期决策时，变动成本法的作用会随决策期的延长而削弱。

4. 简述变动成本法与完全成本法的区别。

成本划分的标准、类别及产品成本的构成内容不同：完全成本法按照成本的经济用途把企业的全部成本分为产品成本和期间费用两大类。产品成本包括全部生产成本，非生产成本作为期间费用处理。变动成本法按照成本性态把企业的全部成本分为变动成本和固定成本两大类。产品成本只包括变动生产成本，固定制造费用则作为期间费用处理。

存货计价及成本流程不同。在完全成本法下，期末存货都是按全部生产成本计价。在变动成本法下，变动成本法的存货成本必然小于完全成本法的存货成本。

5. 简述边际成本的概念与含义。

从数学的角度来看，边际成本是指当产量发生无穷小的变化时成本的变化量，它可以用成本函数的一阶导数来表示；从经济学的角度来看，边际成本是指产量变化一个单位所引起的成本的变动。在一定范围内，产量增加或者减少一个单位的差别成本就是单位产品的变动成本，这时边际成本、差别成本和单位变动成本是一致的。

6. 什么是保本点？保本点分析有哪些具体内容？

保本点也称盈亏临界点，指企业收入和成本相等的经营状态，即边际贡献等于固定成本时企业所处的既不盈利又不亏损的状态。

保本点分析是基于本量利基本关系原理进行的损益平衡分析或盈亏临界分析。它主要研究如何确定保本点以及有关因素变动的影响，为决策提供超过哪个业务量企业会有盈利，或者低于哪个业务量企业会亏损等信息。在特定情况下，也可以为企业内部制定经济责任制提供依据。

7. 举例说明机会成本在经营决策中的作用。

机会成本是指企业为从事某项经营活动而放弃另一项经营活动的机会，或利用一定资源获得某种收入时所放弃的另一种收入。例如，企业现在有两个投资机会：① 投资 100 万元，能赚取 20 万元的利润；② 投资 70 万元，能赚取 15 万元的利润。而企业现在只有 100 万元，如果选择①的话，就会失去取得 15 万元利润的机会，这就是机会成本。同样，企业选择②的话，就会失去取得 20 万元利润的机会。（意思对即可）

8. 试说明新产品定价的两种策略。

新产品的定价一般有两种策略：撇脂定价和渗透定价。

（1）撇脂定价：在新产品刚上市时，把产品的价格定得很高，同时花费巨额广告费用和销售费用促销。以后随着市场扩大，竞争加剧，再把价格逐步降低。这样，在不同时期，产品利润的"油脂"被逐步撇掉，直到以低价维持销售。

（2）渗透定价：在新产品刚上市时，为了开拓新产品市场，把产品的价格定得较低，以吸引大量顾客，提高市场占有率，赢得竞争优势后再逐步提价。这种策略尽管在初期获利不多，但它能有效地排除其他企业的竞争，便于在市场上建立长期的领先地位，能持久地为企业带来日益增长的经济效益，因而是一种长期性的定价策略。

9. 构建经济订货量基本模型需要的假设条件有哪些？

（1）企业能够及时补充存货，即需要订货时便可立即取得存货。

（2）货物能集中到货，而不是陆续入库。

（3）不允许缺货，即无缺货成本，TC_s 为零，这是因为良好的存货管理本来就不应该出现缺货成本。

（4）货物的年需求量稳定，并且能够预测，即 D 为已知常量。

（5）存货单价不变，即 U 为已知常量。

（6）企业现金充足，不会因现金短缺而影响进货。

（7）所需存货市场供应充足，不会因买不到需要的存货而影响其他方面。

10. 什么是关键绩效指标法？

关键绩效指标（Key Performance Indicator，KPI）是通过对组织内部流程的输入端、输出端的关键参数进行设置、取样、计算、分析，衡量流程绩效的一种目标式量化管理指标，是把企业的战略目标分解为可操作的工作目标的工具，是企业绩效管理的基础。

KPI 可以是部门主管明确部门的主要责任，并以此为基础，明确部门人员的业绩衡量指标。建立明确的切实可行的 KPI 体系，是做好绩效管理的关键。关键绩效指标是用于衡量工作人员工作绩效表现的量化指标，是绩效计划的重要组成部分。

11. 简述关键绩效指标法的应用。

制定绩效计划包括构建关键绩效指标体系、设定关键绩效指标权重、设定关键绩效目标值等。

（1）构建关键绩效指标体系

按照从宏观到微观的顺序，依次建立各级的指标体系。首先明确企业的战略目标，找出企业的业务重点，并确定这些关键业务领域的关键业绩指标，在此基础上建立企业级 KPI。接下来，各部门的主管需要依据企业级 KPI 建立部门级 KPI。然后，各部门的主管和部门的 KPI 人员一起再将 KPI 进一步分解为更细的 KPI，直至最终明确到每一个具体岗位上。

（2）设定关键绩效指标权重

关键绩效指标权重分配应以企业战略目标为导向，反映被评价对象对企业价值贡献或支持的程度，以及各指标之间的重要性水平。单项关键绩效指标权重一般设定为5%～30%，对特别重要的指标可适当提高权重。对特别关键、影响企业整体价值的指标可设立"一票否决"制度，即如果某项关键绩效指标未完成，无论其他指标是否完成，均视为未完成绩效目标。

（3）设定关键绩效指标目标值

企业确定关键绩效指标目标值，一般参考如下标准：一是参考国家有关部门或权威机构发布的行业标准或参考竞争对手标准，比如国务院国资委考核分配局编制并每年更新出版的《企业绩效评价标准值》；二是参考企业内部标准，包括企业战略目标、年度生产经营计划目标、年度预算目标、历年指标水平等；三是如果不能按照前面两种方法确定的，可以根据企业历史经验值确定。

12. 简述经济增加值的含义。

经济增加值指从税后净营业利润扣除全部投入资本的成本后的剩余收益。经济增加值及其改善值是全面评价经营者有效使用资本和为企业创造价值的重要指标。经济增加值为正值，表明经营者在为企业创造价值；经济增加值为负，表明经营者在损毁企业价值。

13. 简述经济增加值的优缺点。

优点：经济增加值考虑了所有资本的成本，更真实地反映了企业的价值创造能力；实现了企业利益，经营者利益和员工利益的统一，激励经营者和所有员工为企业创造更多价值；能有效遏制企业盲目扩张规模以追求利润总量和增长率的倾向，引导企业注重长期价值创造。在经济增加值的框架下，公司可以向投资人宣传他们的目标和成就，投资人也可以用经济增加值选择最有前景的公司。经济增加值还是股票分析家手中的一个强有力的工具。

缺点：首先，EVA仅对企业当期或未来1～3年价值创造情况进行衡量和预判，无法衡量企业长远发展战略的价值创造情况；其次，EVA计算主要基于财务指标，无法对企业的营运效率与效果进行综合评价；再次，不同行业、不同发展阶段以及不同规模等的企业，其会计调整项和加权平均资本成本各不相同，计算比较复杂，影响指标的可比性；最后，由于经济增加值是绝对数指标，因而不便于比较不同规模公司的业绩。

14. 什么是平衡计分卡？简述平衡计分卡的优缺点。

平衡计分卡是指基于企业战略，从财务、顾客、内部业务流程和学习与成长四个维度，将战略目标逐层分解转化为具体的、相互平衡的绩效指标体系，并据此进行绩效管理的方法。

平衡计分卡的优点：① 战略目标逐层分解并转化为被评价对象的绩效指标和行动方案，使整个组织行动协调一致；② 从财务、客户、内部业务流程和学习与成长四个维度确定绩效指标，使绩效评价更为全面完整；③ 将学习与成长作为一个维度，注重员工的发展要求和组织资本、信息资本等无形资产的开发利用，有利于增强企业可持续发展的动力。

平衡计分卡的缺点：① 专业技术要求高，工作量较大，操作难度也较大，需要持续沟通和反馈，实施比较复杂，实施成本高；② 各指标权重在不同层级及各层级不同指标之间的分配比较困难，且部分非财务指标的量化工作难以落实；③ 系统性强，涉及面广，需要专业人员的指导、企业全员的参与和长期持续地修正完善，对信息系统、管理能力的要求较强。

15. 评价企业的财务指标与非财务指标分别有哪些？

常见的财务业绩评价指标有：净资产报酬率、总资产报酬率、净收益和每股收益额、营业现金流量、市盈率、净资产倍率和托宾 Q 比率。

常见的非财务业绩评价指标有：市场占有率、产品品质、可信赖程度和交货效率、敏感性与应变能力、员工积极性、创新能力和技术领导定位以及顾客满意程度。

五、计算分析题

1. 解：（1）K 产品的单位边际贡献＝160－100＝60 元

（2）K 产品当期的保本量＝$\dfrac{330\,000}{160-100}$＝5\,500 件

（3）假设 K 产品单位变动成本提高了 10%，那么

$$保本量＝\dfrac{330\,000}{160-[100\times(1+10\%)]}＝6\,600 件$$

（4）假设 K 产品的当期固定成本下降为 300\,000 元，那么

$$保本量＝\dfrac{300\,000}{160-100}＝5\,000 件$$

（5）假设 K 产品当期计划销售 23\,000 件，则

$$预期利润＝160\times23\,000-100\times23\,000-330\,000＝1\,050\,000 元$$

2. 解：外购方案成本＝110\times2\,000＝220\,000 元

自制方案成本＝65\times2\,000+23\,000+12\,000＝165\,000 元

外购方案成本＞自制方案成本，选择自制 C 产品。

3. ××企业年需甲材料 1\,000 千克，甲采购单价 3 元，一次订货成本 5 元，单位储存费用 1 元。

$$经济订货量\ Q^*＝\sqrt{2\times1\,000\times5\div1}＝100 千克$$

$$每年最佳订货次数\ N^*＝\dfrac{1\,000}{100}＝10 次$$

$$存货总成本\ TC(Q^*)＝\sqrt{2\times5\times1\,000\times1}＝100 元$$

$$最佳订货周期\ t^*＝\dfrac{1}{10}$$

$$经济订货量占用资金\ I^*＝\dfrac{100}{2}\times3＝150 元$$

六、综合题

1.

（1）甲产品：$\dfrac{30\,000}{100\,000}\times100\%＝30\%$，乙产品：$\dfrac{22\,000}{100\,000}\times100\%＝22\%$，

丙产品：$\dfrac{48\,000}{100\,000}\times100\%＝48\%$

（2）甲产品：$\dfrac{12\,000}{30\,000}\times100\%＝40\%$，乙产品：$\dfrac{6\,600}{22\,000}\times100\%＝30\%$，

丙产品：$\dfrac{18\,000}{48\,000}\times100\%＝37.5\%$

加权平均边际贡献率＝40%\times30%+30%\times22%+37.5%\times48%＝36.6%

（3）$$综合保本点销售额＝\dfrac{128\,100}{26.6\%}＝350\,000 元$$

(4)　　　甲产品的保本点销售额＝350 000×30％＝105 000 元

乙产品的保本点销售额＝350 000×22％＝77 000 元

丙产品的保本点销售额＝350 000×48％＝168 000 元

2.

(1) 变动成本法：三年的营业利润都一样

营业利润＝(200−90)×1 000−20 000−50 000＝40 000 元

完全成本法：第一年，单位固定制造费用＝$\frac{20\ 000}{1000}$＝20 元

营业利润＝(200−90−20)×1 000−50 000＝40 000 元

第二年，单位固定制造费用＝$\frac{20\ 000}{1\ 200}$＝16.67 元

营业利润＝(200−90−16.67)×1 000−50 000＝43 330 元

第三年，单位固定制造费用＝$\frac{20\ 000}{800}$＝25 元

营业利润＝(200−90−25)×1 000−50 000＝35 000 元

(2)产量＝销量，完全成本法与变动成本法计算出的营业利润相同；

产量＞销量，完全成本法利润大于变动成本法；

产量＜销量，变动成本法利润大于完全成本法；

因为在完全成本法中，存货吸收了一部分固定性制造费用。

在完全成本法中，固定性制造费用作为产品成本，变动成本法中，固定性制造费用作为期间费用，随同销售扣除。

3.

(1) 甲产品提供的边际贡献总额＝20 000×(1−75％)×5＝25 000 元，乙产品提供的边际贡献总额＝20 000×(1−75％)×6＝30 000 元，企业应投产乙产品。

(2) 租入设备时，乙产品提供的边际贡献总额＝30 000−3 000＝27 000 元；购入设备时，乙产品提供的边际贡献总额＝30 000−$\frac{20\ 000}{5}$＝26 000 元。所以，企业应投产乙产品，并且租入该设备。

第 7 章

一、单项选择题

1～5. CADCC　　6～10. DCABC

二、多项选择题

1. ABD　2. BC　3. AB　4. ABC　5. ABC　6.AB　7. AB　8. ABD　9. ABCDE
10. BD

三、简答题

1.（1）分清费用性支出与非费用性支出的界限；

（2）分清生产费用与期间费用的界限；

（3）分清本期费用与后期费用的界限；

（4）分清各种产品应负担费用的界限；

　　（5）分清完工产品与月末在产品费用的界限。

　　2.（1）确定成本计算对象；（2）确定成本项目；

　　　　（3）确定成本计算期；（4）审核生产费用；

　　3.（1）分批法的产品成本计算对象就是产品的批别；

　　　　（2）分批法的成本计算期与生产周期相同，与会计核算的报告期不一致；

　　　　（3）分批法一般不存在在完工产品与在产品之间分配费用的问题。

　　分批法主要适用于单件、小批且管理上不要求分步骤计算成本的多步骤生产企业，有时也用于按单件小批组织生产而管理上又要求分批计算成本的单步骤生产企业，如精密仪器、专用设备、船舶制造、重型机械制造等生产企业。具体来说，主要有以下几种情况：

　　（1）根据购买者订单生产的企业；

　　（2）产品种类经常变动的小规模制造企业；

　　（3）承揽修理业务的工厂；

　　（4）新产品试制车间。

　　4. 品种法是以产品品种为成本对象，归集生产费用，计算产品成本的一种方法。

　　特点：（1）成本计算对象是产品品种。如果企业只生产一种产品，全部生产费用都是直接费用，可直接记入该产品成本明细账的有关成本项目中，不存在在各成本计算对象之间分配费用的问题。如果是生产多种产品，间接费用则要采用适当的方法，在各成本计算对象之间进行分配。

　　（2）品种法下一般定期（每月月末）计算产品成本。

　　（3）如果企业月末有在产品，要将生产费用在完工产品和在产品之间进行分配。

　　5. 平行结转分步法指半成品成本并不随半成品实物的转移而结转，而是在哪一步骤发生就留在该步骤的成本明细账内，直到最后加工成产成品，才将其成本从各步骤的成本明细账转出的方法。

　　特点：（1）成本计算对象是最终完工产品；

　　（2）在平行结转分步法中，各生产步骤的半成品都不作为成本计算对象，各步骤的成本计算都是为了算出最终产品的成本；

　　（3）成本计算期是每月的会计报告期，这是由大批量生产的组织特点所决定的；

　　（4）半成品实物流转与半成品成本的结转相分离。

　　6. 成本会计的职能是指成本会计作为一种管理经济的活动，在生产经营过程中所能发挥的作用。由于现代成本会计与管理紧密结合，因此，它实际上包括了成本管理的各个环节。现代成本会计的主要职能有：成本预测、成本决策、成本计划、成本控制、成本核算、成本分析和成本考核。在成本会计的各个职能中，成本核算是最基本的职能，没有成本核算就没有成本会计。成本会计的各个职能是相互联系，互为条件的，并贯穿于企业生产经营活动的全过程，在全过程中发挥作用。

　　7. 成本核算是指将企业在生产经营过程中发生的各种耗费按照一定的对象进行分配和归集，以计算总成本和单位成本。成本核算通常以会计核算为基础，以货币为计算单位。

　　（1）根据生产特点和成本管理的要求，确定成本核算对象。

　　（2）确定成本项目。

　　（3）设置有关成本和费用明细账。

（4）收集确定各种产品的生产量、入库量、在产品盘存量以及材料、工时、动力消耗等，并对所有已发生费用进行审核。

（5）归集所发生的全部费用，并按照确定的成本计算对象予以分配，按成本项目计算各种产品的在产品成本、产成品成本和单位成本。

（6）结转产品销售成本。

8．定额法的优点：（1）通过对生产耗费脱离定额（计划）差异的日常核算，能够在生产耗费（生产费用）发生的当时就反映和监督其脱离定额（计划）的差异，从而加强成本控制，及时、有效地促进节约生产耗费，降低生产成本。

（2）由于产品实际成本是按照定额成本和各种成本差异分别反映的，因此便于进行产品成本的定期分析，有利于进一步挖掘降低成本的潜力。

（3）通过脱离定额差异和定额变动差异的核算，有利于提高成本管理和计划管理的工作水平。

（4）由于有着现成的定额成本资料，因而能够比较合理和简便地解决各种差异在完工产品和月末在产品之间的分配问题。

定额法的缺点：由于要制定定额成本，单独计算脱离定额的差异，在定额变动时还要修订定额成本和计算变动差异，因而计算工作量较大。

9．（1）不计算在产品成本法。

（2）在产品固定成本计算法。

（3）在产品按所耗直接材料成本计价法。

（4）约当产量比例法。

（5）在产品按定额成本计价法。

（6）定额比例法。

10．（1）品种法。品种法是以产品品种作为成本计算对象来归集生产费用、计算产品成本的一种方法。由于品种法不需要按批计算成本，也不需要按步骤来计算半成品成本，因此主要适用于大批量单步骤生产的企业。

（2）分批法。分批法也称订单法，是以产品的批次或订单作为成本计算对象来归集生产费用、计算产品成本的一种方法。分批法主要适用于单件和小批的多步骤生产，如重型机床、船舶、精密仪器和专用设备等。

（3）分步法。分步法是按产品的生产步骤归集生产费用、计算产品成本的一种方法。分步法适用于大量或大批的多步骤生产，如机械、纺织、造纸等。分步法由于生产的数量大，在某一时间上往往既有已完工的产成品，又有未完工的在产品和半成品，不可能等全部产品完工后再计算成本。因而分步法一般是按月定期计算成本，并且要把生产费用在产成品和半成品之间进行分配。

四、计算题

1．（1）　　　A 产品甲材料定额消耗量＝1 800×4.5＝8 100 千克

　　　　　　B 产品甲材料定额消耗量＝1 200×2.25＝2 700 千克

（2）　　　应分配甲材料费用＝13 500×2.16＝29 160 元

（3）　　　材料耗量分配率＝$\dfrac{29\ 160}{8\ 100+2\ 700}$＝2.7

（4）　　　　　A 产品应分配甲材料费用＝8 100×2.7＝21 870 元

　　　　　　　B 产品应分配甲材料费用＝2 700×2.7＝7 290 元

2. 直接材料费用的分配：

$$分配率＝\frac{24\ 000}{500＋100}＝40$$

完工产品成本＝500×40＝20 000 元

月末在产品成本＝100×40＝4 000 元

其他费用的分配：

在产品约当产量为＝100×50％＝50 件

$$直接人工分配率＝\frac{11\ 000}{500＋50}＝20$$

完工产品成本＝500×20＝10 000 元

月末在产品成本＝50×20＝1 000 元

$$制造费用分配率＝\frac{5\ 500}{500＋50}＝10$$

完工产品成本＝500×10＝5 000 元

月末在产品成本＝50×10＝500 元

A 产品完工产品成本＝20 000＋10 000＋500＝35 000 元

A 产品月末在产品成本＝4 000＋1 000＋500＝5 500 元

3. D 产品的标准产量合计＝2 000×0.8＋2 500×0.8×60％＝2 800

E 产品的标准产量合计＝2 400×1＋3 500×1×40％＝3 800

F 产品的标准产量合计＝1 500×1.2＋2 000×1.2×80％＝3 720

月末在产品成本＝30 284 元，完工产品总成本＝388 600 元

其中，D 产品总成本＝10 720 元　　单位成本＝5.36 元

E 产品总成本＝16 080 元　　单位成本＝6.7 元

F 产品总成本＝12 060 元　　单位成本＝8.04 元

第 8 章

一、单项选择题

1～5 DBCDC　6～10 ACBDC　11～15 DBCCC

二、多项选择题

1. BCD　2. BC　3. BCD　4. ACD　5. ACD　6. ABD　7. BCD　8. BC　9. ABCD
10. AB　11. AC　12. CD　13. ABC　14. BC　15. ABC

三、判断题

1～5 √×√√×　6～10 ×××××　11～15 ××××√

四、思考题

1. 投资活动的现金流量是如何构成的？为什么说进行投资决策时，使用折现现金流量指标更合理？

按照现金流量的发生时间，投资活动的现金流量可以被分为初始现金流量、营业现金流量和终结现金流量。初始现金流量一般包括如下的几个部分：① 投资前费用；② 设备购置费

用；③ 设备安装费用；④ 建筑工程费；⑤ 营运资金的垫支；⑥ 原有固定资产的变价收入扣除相关税金后的净收益；⑦ 不可预见费。营业现金流量一般以年为单位进行计算。营业现金流入一般是指营业现金收入，营业现金流出是指营业现金支出和交纳的税金。终结现金流量主要包括：① 固定资产的残值收入或变价收入(指扣除了所需要上缴的税金等支出后的净收入)；② 原有垫支在各种流动资产上的资金的收回；③ 停止使用的土地的变价收入等。

按照现金流动方向，可以将投资活动的现金流量分为现金流入量、现金流出量和净现金流量。① 一个方案的现金流入量是指该方案引起的企业现金收入的增加额；② 现金流出量是指该方案引起的企业现金收入的减少额；③ 净现金流量是指一定时间内现金流入量与现金流出量的差额。现金流入量大于现金流出量，净现金流量为正值，否则为负值。

投资决策采用折现现金流量指标更合理的原因是：

(1) 非贴现指标忽略了资金的时间价值。

(2) 非折现指标中的投资回收期法只能反映投资的回收速度，不能反映投资的主要目标——净现值的多少。

(3) 投资回收期、平均报酬率等非折现指标对使用寿命不同、资金投入的时间和提供收益的时间不同的投资方案缺乏鉴别能力。

(4) 非折现指标中的平均报酬率、平均会计报酬率等指标由于没有考虑资金的时间价值，实际上是夸大了项目的盈利水平。

(5) 在运用投资回收期这一指标时，标准回收期是方案取舍的依据，但标准回收期一般都是以经验或主观判断为基础来确定的，缺乏客观依据。而贴现指标中的净现值和内含报酬率等指标实际上都是以企业的资金成本为取舍依据的，任何企业的资金成本都可以通过计算得到，因此这一取舍标准符合客观实际。

(6) 管理人员水平的不断提高和电子计算机的广泛应用，加速了贴现指标的使用。

2. 如果通过事后审计将赔偿责任引入投资项目预测阶段，会对公司的投资活动产生什么影响？

如果通过事后审计将赔偿责任引入投资项目的预测阶段，从积极的方面来说，由于赔偿责任的约束，一方面进行投资预测的工作人员会不断地改进预测方法，总结经验教训，更加认真踏实地做好本职工作，从而提高投资项目预测的准确度，从而持续提高投资管理的效率。另一方面，进行投资预测的工作人员在进行项目预测时会更加谨慎，从而降低企业的投资风险。从消极的方面来说，由于赔偿责任的存在，进行预测的工作人员为了规避这种风险，可能故意低估一些风险比较大的项目的决策指标，从而使公司丧失投资效率最高的项目。另外，某一项目的实际值和预测值的偏差可能是多种原因导致的，其中可能有环境变化方面的原因，可能有投资实施阶段的原因，如果责任划分不清，会使投资项目预测的工作人员感到不公平，降低他们的工作满意度，从而影响他们的工作积极性、主动性和创造性，最终对投资项目造成不利影响。

3. 既然净现值决策规则优于其他规则，那么是不是可以认为，对于所有的投资项目，只使用净现值指标进行分析即可？为什么还要使用获利指数与内含报酬率指标？

对于所有的投资项目，只使用净现值指标进行分析就可以是不正确的。一方面，净现值决策优于其他规则是有限制条件的，是在没有资本限制的条件下。另一方面，即使在没有资本限额的情况下，只用净现值决策也是有问题的，因为净现值指标有其自身的缺陷，净现值法并不能揭示各个投资方案本身可能达到的实际报酬率是多少，而内含报酬率则弥补了这一缺陷。另外，由于净现值指标是一个绝对值，如果企业还有其他的投资项目，在进行不同投资项目决策时，可能更注重投资效率，这时获利指数和内部报酬率优于相对值指标，更便于初始投资额不同的方案之间的比较。

4. 资金成本的定义是什么？可以从哪些角度来理解？

资金成本是企业筹集和使用资金所付出的代价，包括筹资费用和用资费用两部分。筹资费用是企业在筹集资金的过程中付出的代价，如发行股票支付的律师费等。用资费用是企业为了使用资金而付出的代价，比如向债权人支付的利息费用。

(1) 筹资角度：是指企业为筹集和使用资金而付出的代价。

(2) 资本提供者(股东和债权人)角度：预期获得的收益率。

(3) 投资角度：是企业投资所要求的最低可接受收益率。

5. 资金成本具体有哪些作用？

资金成本是企业投资管理的重要标准，是经营管理的重要工具，具体来说，资金成本具有以下作用：

(1) 评价投资项目、比较投资方案、进行投资决策的重要标准。评价投资项目最普遍的方法是净现值法和内含报酬率法。采用净现值法时，项目资金成本是计算净现值的折现率；采用内含报酬率法时，项目资金成本是其"取舍率"或必要报酬率。因此，项目资金成本是项目投资评价的基准。

(2) 选择筹资方式、进行资本结构决策、选择追加筹资方案的依据。筹资决策的核心问题是决定资本结构。最优资本结构是使股票价格最大化的资本结构。由于估计资本结构对股票价格的影响非常困难，通常的方法是假设资金成本不改变企业的现金流，那么能使公司价值最大化的资本结构就是加权平均资本最小化的资本结构。预测资本结构变化对平均资金成本的影响，比预测其对股票价值的影响要容易。因此，加权平均资金成本可以指导资本结构决策。

(3) 用于营运资金管理。公司各类资产的收益、风险和流动性不同，营运资金投资和长期资产投资的风险不同，其资金成本也不同。可以把各类流动资产投资看成是不同的"投资项目"，它们也有不同的期望报酬率。在管理营运资金方面，资金成本可以用来评估营运资金投资政策和营运资金筹资政策。

(4) 用于企业价值评估。企业在并购、重组和制定战略时，都会涉及企业价值评估。评估企业价值时，主要采用现金流量折现法，需要使用平均资产收益率作为公司现金流量的折现率。

(5) 评价企业经营业绩的重要依据。资金成本是投资人要求的最低报酬率，与公司实际的投资报酬率进行比较可以评价公司的业绩。日渐兴起的以价值为基础的业绩评价，其核心指标是经济增加值。计算经济增加值需要使用公司资金成本。公司资金成本与资本市场相关，所以经济增加值可以把业绩评价和资本市场联系在一起。

(6) 连接投资和筹资的纽带。首先，筹资决策决定了一个公司的加权平均资金成本，加权平均资金成本是投资决策的依据，是平均风险项目要求的必要报酬率，也是其他风险项目报酬调整的基础。其次，投资决策决定了公司所需资金的数额和时间，是筹资决策的重要依据。最后，投资高于现有资产平均风险的项目会增加公司的风险，并提高公司的资金成本。为了实现股东财富最大化的目标，公司在筹资活动中寻求资金成本最小化，与此同时，投资报酬率高于资金成本的项目并力求净现值最大化。

6. 分别简要阐述非折现现金流量指标中投资回收期、平均报酬率，以及折现现金流量指标中净现值、获利指数、内含报酬率的计算方法。

（1）非折现现金流量指标。

① 投资回收期（PP）。投资回收期的计算公式为：

$$投资回收期 = \frac{原始投资额}{每年\ NCF}$$

如果每年营业现金流量不相等，则根据每年年末尚未收回的投资额来确定。

② 平均报酬率。最常见的计算公式为：

$$平均报酬率 = \frac{平均现金流量}{初始投资额} \times 100\%$$

（2）折现现金流量指标。

① 净现值法，计算公式为：

$$NPV = \left[\frac{NCF_1}{(1+K)^1} + \frac{NCF_2}{(1+K)^2} + \cdots + \frac{NCF_n}{(1+K)^n} \right] - C$$

$$= \sum_{t=1}^{n} \frac{NCF_t}{(1+K)^t} - C = \sum_{t=0}^{n} \frac{CFAT_t}{(1+K)^t}$$

式中，NPV 表示净现值，NCF_t 表示第 t 年的净现金流量，K 表示折现率（资金成本率或公司要求的报酬率），n 表示项目预计使用年限，C 表示初始投资额。

② 获利指数，计算公式为：

$$PI = \frac{\sum_{t=1}^{n} \frac{NCF_t}{(1+K)^t}}{C}$$

即

$$PI = \frac{未来现金流量的总现值}{初始现金流出的总现值}$$

③ 内含报酬率，计算公式为：

$$\sum_{t=1}^{n} \frac{NCF_t}{(1+r)^t} - C = 0$$

式中，NCF_t 表示第 t 年的净现金流量，r 表示内含报酬率，n 表示项目的使用年限，C 表示初始投资额。

五、计算题

1.　　　　　　　　　　初始投资 $= -(750+250)$ 万元

（1）　　　　　　　　固定资产年折旧额 $= \dfrac{750-50}{5} = 140$ 万元

营业净现金流量 $=$（营业收入 $-$ 付现成本）$\times$（$1-$ 所得税率）$+$ 折旧额 $\times$ 所得税率

$\qquad\qquad = (250 \times 3 - 300) \times (1 - 25\%) + 140 \times 25\%$

$\qquad\qquad = 372.5$ 万元

第 0 年：$-1\ 000$ 万元；第 1～4 年：372.5 万元；第 5 年：$372.5 + 250 + 50 = 672.5$ 万元

NPV $= 372.5 \times (P/A, 10\%, 4) + 672.5 \times (P/F, 10\%, 5) - 1\ 000 = 372.5 \times 3.169\ 9 +$

$672.5 \times 0.620\ 9 - 1\ 000 = 598.343$

（2）计算项目的内含报酬率。

按 28% 的贴现率进行测试，$372.5 \times (P/A, 28\%, 4) + 672.5 \times (P/F, 28\%, 5) -$

1 000＝30.47 万元

按 32％的贴现率进行测试，372.5×(P/A，32％，4)＋672.5×(P/F，32％，5)－1 000＝－51.56 万元

内含报酬率 IRR＝28％＋$\dfrac{30.47-0}{30.47+51.56}$×(32％－28％)＝29.49％

(3) 获利指数＝$\dfrac{1\ 598.35}{1\ 000}$＝1.6

2. (1) 按照净现值：

NPVS＝－250＋100×(P/A，10％，2)＋75×(P/F，10％，3)＋75×(P/F，10％，4)＋50×(P/F，10％，5)＋25×(P/F，10％，6)

＝－250＋100×1.735 5＋75×0.751 3＋75×0.683 0＋50×0.620 9＋25×0.564 5

＝76.28(元)

NPVL＝－250＋50×(P/A，10％，2)＋75×(P/F，10％，3)＋100×(P/A，10％，4)＋100×(P/F，10％，5)＋125×(P/F，10％，6)

＝－250＋50×1.735 5＋75×0.751 3＋100×0.683 0＋100×0.620 9＋125×0.564 5

＝94.08(元)

因为 NPVS＜NPVL，所以 L 优。

(2) 按照获利指数法：

$$PIS＝\dfrac{326.28}{250}＝1.31,\ PIL＝\dfrac{344.08}{250}＝1.38$$

因为 PIS＜PIL，所以 L 优。

3. (1) PPA＝2 年；PPB＝2＋$\dfrac{1\ 300}{3\ 000}$＝2.43 年

若该公司要求的项目资金必须在两年内收回，应选择项目 A。

(2) NPVA＝－7 500＋4 000×(P/F，15％，1)＋3 500×(P/F，15％，2)＋1 500×(P/F，15％，3)

＝－7 500＋4 000×0.869 6＋3 500×0.756 1＋1 500×0.657 5＝－389 元

NPVB＝－5 000＋2500×(P/F，15％，1)＋1 200×(P/F，15％，2)＋3 000×(P/F，15％，3)

＝－5 000＋2 500×0.869 6＋1 200×0.756 1＋3 000×0.657 5＝53.82 元

NPVA 小于 0，NPVB 大于 0，则应采纳项目 B。

4. 固定资产原值 300 万元，年折旧额＝$\dfrac{300-35}{5}$＝53 万元

项目计算期＝1＋5＝6 年，终结点回收额＝35 万元

NCF0＝－300 万元

NCF1＝0 万元

NCF2、NCF3、NCF4、NCF5＝5＋53＝58 万元

NCF6＝5＋35＋53＝93 万元

5. 加权平均资金成本＝35％×5.19％＋15％×9.12％＋50％×12.65％

＝1.8165％＋1.368％＋6.325％＝9.5095％

6. 甲三项投资的投资收益率的期望值＝30％×0.85＋12％×0.15＝27.30％

乙三项投资的投资收益率的期望值＝35％×0.85＋15％×0.15＝32.00％

丙三项投资的投资收益率的期望值＝28％×0.85＋10％×0.15＝25.30％

六、案例题

1.（1）方案一的每年 NCF 相等，可采用以下办法：

$$年金现值系数＝\frac{初始投资额}{每年\ NCF}＝\frac{75\ 000}{44\ 000}＝1.705$$

查年金现值系数表，在第 3 期找到与 1.705 最相邻近的两个年金现值系数，分别为 1.816 和 1.696，其所对应的折现率分别为 30％和 35％，由此可知，所要求的内部报酬率在 30％和 35％之间，用插值法计算得：

$$\frac{x}{5}＝\frac{-0.111}{-0.12}$$

则 $x＝4.625$。

故方案一的内部报酬率＝30％＋4.625％＝34.625％

$$方案二的年金现值系数＝\frac{初始投资额}{每年\ NCF}＝\frac{50\ 000}{23\ 000}＝2.174$$

查年金现值系数表，得$(P/F, 18％, 3)＝2.174$

方案二的内部报酬率为 18％

与方案一同理，得方案三的内部报酬率为 31.25％

方案四的每年 NCF 不等，因此必须逐次进行测算。设其内部报酬率为 R，则

$12\ 000×(P/F, i, 1)＋13\ 000×(P/F, i, 2)＋14\ 000×(P/F, i, 3)－10\ 000＝0$

利用试误法计算 R＝112.3％，所以方案四的内含报酬率为 112.3％，所以应选择方案四。

（2）计算各个方案的净现值。

方案一的 NPV＝44 000×2.283－75 000＝25 452 元

方案二的 NPV＝23 000×2.283－50 000＝2 509 元

方案三的 NPV＝70 000×2.283－125 000＝34 810 元

方案四的 NPV＝12000×(P/F, 15％, 1)＋12000×(P/F, 15％, 2)＋12 000×(P/F, 15％, 3)－10 000

＝23 000×2.283－50 000＝19 480 元

由于方案三的净现值最高，应选择方案三。

（3）在互斥项目中，采用净现值指标和内含报酬率指标进行决策，有时会得出不一致的结论，原因主要有两点：一是投资规模不同，当一个项目的投资规模大于另一个项目时，规模较小的项目的内含报酬率可能较大，但净现值可能较小。二是现金流量发生的时间不同，有的项目早期现金流入量比较大，如方案三；有的项目早期现金流入量比较小，如方案四。所以有时项目的内含报酬率较高，但净现值却较小。

最高的净现值符合企业的最大利益，净现值越高，企业的收益就越大。在资金无限量的情况下，利用净现值指标在所有的投资评价中都能做出正确的决策，而内含报酬率指标在互斥项目中有时会做出错误的决策。因此，净现值指标更好。

2.　　　　$$旧设备每年折旧＝\frac{15\ 000×(1-10％)}{10}＝1\ 350\ 元$$

旧设备目前账面价值＝15 000－1 350×5＝8 250 元

旧设备变现损失抵税＝(8 250－8 000)×25％＝62.5 元

$$继续使用旧设备投资额 = 8\ 000 + 62.5 = 8\ 062.5\ 元$$
$$1 至 5 年每年折旧抵税 = 1\ 350 \times 25\% = 337.5\ 元$$

继续使用旧设备各年的营运成本分别为：

$$150\ 000 \times (1 + 5\%) \times 10\% = 15\ 750\ 元$$
$$150\ 000 \times (1 + 5\%)^2 \times 10\% = 16\ 537.5\ 元$$
$$150\ 000 \times (1 + 5\%)^3 \times 10\% = 17\ 364.38\ 元$$
$$150\ 000 \times (1 + 5\%)^4 \times 10\% = 18\ 232.59\ 元$$
$$150\ 000 \times (1 + 5\%)^5 \times 10\% = 19\ 144.22\ 元$$
$$150\ 000 \times (1 + 5\%)^6 \times 10\% = 20\ 101.43\ 元$$

旧设备第 6 年末税后残值净流入 $= 500 + (15\ 000 \times 10\% - 500) \times 25\% = 750\ 元$

继续使用旧设备现金净流出总现值 $= 8\ 062.5 + [15\ 750 \times (P/F, 10\%, 1) + 16\ 537.5 \times (P/F, 10\%, 2) + 17\ 364.38 \times (P/F, 10\%, 3) + 18\ 232.59 \times (P/F, 10\%, 4) + 19\ 144.22 \times (P/F, 10\%, 5) + 20\ 101.43 \times (P/F, 10\%, 6)] - 337.5 \times (P/A, 10\%, 5) - 750 \times (P/F, 10\%, 6)$

$= 8\ 062.5 + (15\ 750 \times 0.909\ 1 + 16\ 537.5 \times 0.826\ 4 + 17\ 364.38 \times 0.751\ 3 + 18\ 232.59 \times 0.683 + 19\ 144.22 \times 0.620\ 9 + 20\ 101.43 \times 0.564\ 5) - 337.5 \times 3.790\ 8 - 750 \times 0.564\ 5 = 83\ 077.27\ 元$

继续使用旧设备年金成本 $= \dfrac{83\ 077.27}{P/A, 10\%, 6} = \dfrac{8\ 3077.27}{4.355\ 3} = 19\ 074.98\ 元$

新设备投资额 $= 18\ 000\ 元$

使用新设备每年折旧抵税 $= \dfrac{18\ 000 \times (1 - 10\%)}{10 \times 25\%} = 405\ 元$

使用新设备每年营运成本 $= 10\ 000\ 元$

使用新设备 10 年后税后残值收入 $= 1\ 500 + (18\ 000 \times 10\% - 1500) \times 25\% = 1\ 575\ 元$

现金流出总现值 $= 18\ 000 - 405 \times (P/A, 10\%, 10) + 10\ 000 \times (P/A, 10\%, 10) - 1575 \times (P/F, 10\%, 10)$

使用新设备年金成本 $=$

$$\dfrac{18\ 000 - 405 \times \left(\dfrac{P}{A}, 10\%, 10\right) + 10\ 000 \times \left(\dfrac{P}{A}, 10\%, 10\right) - 1\ 575 \times \left(\dfrac{P}{F}, 10\%, 10\right)}{\left(\dfrac{P}{A}, 10\%, 10\right)}$$

$$= 12\ 425.59\ 元$$

由于使用新设备的年金成本低于继续使用旧设备的年金成本，因此，需要更换新设备。

3. 方案 1：

$$\frac{60}{200} \times 8\% + \frac{55}{200} \times 12\% + \frac{85}{200} \times 15\% = 12.075\%$$

方案 2：

$$\frac{65}{200} \times 8\% + \frac{85}{200} \times 12\% + \frac{50}{200} \times 15\% = 11.45\%$$

两个追加筹资方案相比，方案 2 的边际资金成本＜方案 1 的边际资金成本，追加筹资方案 2 优于追加筹资方案 1。

附录 E　复利系数、年金系数、自然对数及连续复利系数表

本附录给出了会计学中的几个相关表格，可扫码查看。

参 考 文 献

［1］　刘永泽，陈文铭. 会计学［M］. 大连：东北财经大学出版社，2019.

［2］　谭青，张利民. 会计制度设计［M］. 北京：经济科学出版社，2020.

［3］　王化成. 财务管理［M］. 北京：中国人民大学出版社，2019.

［4］　于富生，张敏. 成本会计［M］. 北京：中国人民大学出版社，2017.

［5］　张新民. 财务报表分析［M］. 北京：中国人民大学出版社，2018.

［6］　中国注册会计师协会. 财务成本管理［M］. 北京：中国财政经济出版社，2021.

［7］　中国注册会计师协会. 会计［M］. 北京：中国财政经济出版社，2021.

［8］　中华人民共和国会计法.